分销链
智能运作管理

FENXIAOLIAN ZHINENG YUNZUO GUANLI

张庆民 ○ 主编

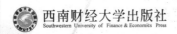
西南财经大学出版社
Southwestern University of Finance & Economics Press

图书在版编目(CIP)数据

分销链智能运作管理/张庆民主编.—成都:西南财经大学出版社,2013.11
ISBN 978 - 7 - 5504 - 1218 - 7

Ⅰ.①分…　Ⅱ.①张…　Ⅲ.①企业管理—销售管理—教材　Ⅳ.①F274

中国版本图书馆 CIP 数据核字(2013)第 235545 号

分销链智能运作管理

张庆民　主编

责任编辑:王正好
助理编辑:涂洪波　赵　琴
封面设计:何东琳设计工作室
责任印制:封俊川

出版发行	西南财经大学出版社(四川省成都市光华村街 55 号)
网　　址	http://www.bookcj.com
电子邮件	bookcj@foxmail.com
邮政编码	610074
电　　话	028 - 87353785　87352368
照　　排	四川胜翔数码印务设计有限公司
印　　刷	四川森林印务有限责任公司
成品尺寸	170mm×240mm
印　　张	17.75
字　　数	370 千字
版　　次	2013 年 11 月第 1 版
印　　次	2013 年 11 月第 1 次印刷
印　　数	1— 2000 册
书　　号	ISBN 978 - 7 - 5504 - 1218 - 7
定　　价	35.00 元

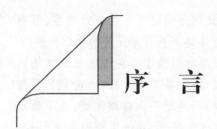

序 言

　　分销链管理的根本目标是降低分销链的总成本、提升整体的服务水平。如何有效地增强分销链的管理,尤其是与运作管理有关的优化问题,一直是学术界研究的热点。近几十年来,尽管传统运筹学的理论在优化管理中取得了较大进展,但是由于分销链运作管理的复杂性,其理论研究成果与实际应用的需求还有相当大的差距。多智能体(Multi-Agent,MA)等技术作为复杂系统的研究方法得到了迅速发展,相应学科的研究也不断深入,新的分析方法和平台也不断完善。供应链/分销链智能运作管理作为一个复杂性问题,基于 MA 的分销链运作管理模型优化和分析扩展了传统运作管理理论,这不仅使得运作管理模型更加接近于分销链管理的实际,而且也推动了分销链企业向智能化管理的方向发展,也将有力推动现代企业管理从信息化时代向智能化时代迈进。

　　本书的研究方法与传统的研究方法的不同之处在于:传统的研究方法是采用从分销链整体成本优化的角度和从上到下的对象建模方式进行研究,本书采用了分布式和自下而上的建模方式把分销链运作管理看成一个多智能体系统(Multi-Agent System,MAS)的研究方法。该 Agent 具有感知外部事件和信息处理的能力,能够根据自身的信息和目标,运用智能等方法进行决策。基于 MA 的分销链运作管理模型既能够降低计算机数据运算的复杂性,又能够贴近现实中的分销链运作管理的决策过程。

　　从系统工程、智能管理和 MAS 的角度入手,从分销链一体化运作管理的视角出发,利用模型构建、流程分析和数值仿真等方法,通过应用优化理论、智能技术和 MA 理论等对分销链协同运作管理模型进行了探讨。具体的研究内容如下:

　　(1)给出了利用 MA 理论构建分销链运作管理模型。在信息化的基础上提出了智能运作管理模式 MAOMFPS 概念,从软件的使用目标、信息共享、预测计划调度等方面对 CPFR、ERP 与 MAOMFPS 进行了比较,并从 Agent 技术视角讨论了 MAS 的建模开发方法;运用本体理论分析了分销链运作的底层信息模型,建立了分销链 MAOMFPS 的结构框架和协同运作控制模型、流程。基于本体理论和 MAS,构建了一种集成多种智能算法的分销链可靠性设计模型,服务本体实现成员企业的服务发布与发现,工作流本体实现订单任务的动态分解。

(2) 构建并优化了基于 MA 的分销链预测计划模型。在传统预测方法的基础上,运用 MA 理论构建了单层库存预测模型;完善了基于 MA 的分销链预测计划的运作管理,并运用遗传算法 GA 进行求解;通过引入模糊理论,在不确定条件下优化了基于 MA 的分销链预测计划的运作管理,并运用模糊数学和 GA 进行了计算分析。同时,分别通过 BP 神经网络预测分销链目标的可靠度,通过模糊逻辑评估各个投标企业的可靠度,通过多目标遗传算法求得最佳中标企业,实现可靠分销链的最优设计。分销链可靠性预测预警研究分析了分销链可靠性预测预警系统功能及运作流程等,在归纳和分析各类预测预警方法的基础上,构造了基于不同视角的分销链可靠性分层预警体系架构。着重构建了基于 MAS 的分销链可靠性综合预警模型,由下往上依次对节点企业、子系统以及系统进行可靠性预警。节点 Agent 利用遗传投影寻踪法得到各节点可靠性预警等级,子系统 Agent 利用特征值赋权法得到各个环节与各条子链可靠性预警等级,子系统 Agent 负责分销链整体可靠性预警。

(3) 构建并优化了基于 MA 的分销链计划订货模型。运用 MA 理论和传统运筹方法构建了分销链的计划订货模型;通过模糊评价,运用模糊和贝叶斯理论构建并优化了分销链协同计划运作;结合扁平化管理的需求,运用 MA 理论和工作流重组了分销链订货运作的模型和流程。

(4) 构建并优化了基于 MA 的分销链调度补货模型。在基于 MA 的预测计划、计划订货研究的基础上,给出了正常运作状况下基于 MA 的分销链计划调度模型和协作流程,在时间窗内构建了多层递推的计划调度模型;给出了冲突条件下的分销链预调度整体优化模型和基于 MA 的基于案例推理 CBR 调度模型;为应对分销链运作过程中的突发事件,优化了随机需求条件下由基于传统规划的动态补货和基于权重的协同补货组成的补货运作过程。从系统可靠性角度出发,通过可靠性最优设计实现了子任务分配给合适的企业目标。

(5) 分销链可靠性改进研究。提出生产依赖度和生产相关度概念,通过网络分析法计算分销链运作可靠度。通过成员重要度分析找到需要进行冗余设计的分销链特定环节。如果存在多个投标企业,根据风险指标和风险指标变化率,通过模糊逻辑推理计算各类风险的发生概率,结合投标企业风险应对能力信息选取最优冗余企业,并且融合反应式和慎思式的典型结构,设计了一类混合结构的改进 Agent 以实现分销链可靠性改进。构建了基于 MAS 的成员企业可靠性监管系统。为了激励成员企业提高运行效率,改善服务可靠性,提出了一套基于标尺竞争的结合价格和服务可靠性监管的成员企业激励性监管模式与方法。对价格监管采用价格上限管制方式,服务可靠性监管从供应可靠度和产品合格率两个方面进行控制,同时,采用数据包络分析方法建立了相应的监管数学模型。

（6）给出了基于 MA 的分销链运作管理系统的构建方法。针对智能管理系统的需求,给出了基于 MA 的分销链运作管理系统 MAOMS 的总体设计要求。然后根据系统的组成,分析了 MAOMS 的感应部分和处理部分等,并讨论了通信机制和协商问题;在讨论了相关开发平台的基础上,给出了 MAOMS 的智能开发平台、系统功能模块和构建过程。

分销链智能运作管理研究是一项复杂的系统工程,涉及的研究内容和技术手段众多。这里仅是对这个领域的一次有益探索,研究的深度还有待加强,还有一些问题值得在今后的工作中进一步研究。

本书是在笔者博士论文研究成果的基础上,扩充了近期的研究成果而写成的。在此期间,本研究得到了中国博士后科学基金面上项目、江苏省教育厅高校哲学社会科学项目等基金资助,在此笔者对科技基金资助单位的大力支持表示由衷的感谢。也感谢博士班陈成博士参与完成了分销链智能运作管理课题的研究,即本书第六篇和部分章节内容的撰写工作。本书编写过程中,还得到了南京财经大学管理科学与工程学院、南京大学工程管理学院、南京理工大学经济管理学院同仁的支持和帮助,笔者在此表示感谢。此外,本书在编写过程中,参考并借鉴了一些相关文献的内容,笔者在此向这些文献的作者表示感谢。

由于笔者水平有限,书中一定存在缺点和不足,敬请广大读者批评指正。

张庆民

2013 年 8 月

目　录

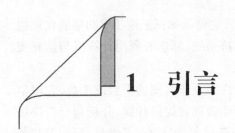

1 引言

我国经济正处于从"以规模扩张为主的粗放式增长"向"精细化管理"转型的重要时期,过去粗放式的管理模式已不太适用竞争市场变化的客观需求,销售商与销售商之间的竞争也逐渐演变成分销链与分销链之间的竞争,如服装、食品、手机、计算机、虚拟产品等大众消费品行业。现在需要通过对分销链中物流、信息流、资金流以及价值流等有效管理,实现分销链企业之间的无缝连接和有效整合,提升分销链的整体效益。人们不难判断,分销链运作管理(Operation Management,OM)在现代企业管理中占有越来越重要的地位。

同时,我国又处在信息化带动工业化发展的重要阶段,信息化建设在我国国民生产活动中占有重要地位。国家给出了"十一五"至2020年信息化目标,"信息技术在传统产业改造中有显著成效,计算机辅助设计、辅助制造、过程控制及辅助管理在各类企业中进一步普及,分阶段实现不同层次的企业信息化:初级企业信息化(CAD、CAM、DCS、MIS、ERP 的普及率达 30% ~ 50%);中级企业信息化(CAD、CAM、MIS、ERP、EC 的普及率达 60% ~ 80%);高级企业信息化(CAD、CAM、ERP、EC 的普及率达 80% 以上)"。未来一段时期,随着计算机技术、网络技术、人工智能(Artificial Intelligence,AI)、软件工程以及相关科学的发展与应用,可以预见,不久的将来,企业管理将逐渐实现信息化、智能化管理,现代企业也将从工业化时代迈向智能化时代,我们的社会也将进入智能化或智慧化时代。

1.1 企业信息化与智能化背景

1.1.1 概述

纵观企业信息化发展的历史进程,20 世纪 60 年代出现的管理信息系统(Management Information System,MIS)将企业信息化管理水平提高到一个新层次,在制造业中出现了物料需求计划、企业资源计划和分销资源计划(Distribution Resource Planning,DRP)系统等;70 年代中期,Keen 和 Morton 首次提出了决策支持系统(Decision Support System,DSS),它借助知识工程技术和集成化思想构筑了集成化、交互式和智能型的决策支持系统,标志着利用计算机与信息支持决策的研究与应用进入了新的发展阶段[1]。

当前,企业资源计划(ERP)[2]已成为许多企业管理的平台或工具,它以信息技术为基础,利用先进的管理理念为企业管理者提供计划、分析和经营决策的数据和工作流管理平台。一般采用工作流技术、组件化、柔性化、可配置和基于面向服务的体系结构等手段提高信息系统的可重构性、可伸缩性和可演化性等。ERP整合了基础数据、业务流程和商业智能等功能的企业资源管理系统,ERP更多的是在提供信息共享的条件下,通过工作流模式完成企业的分销模块(库存管理、计划订货、补货和调度等)、生产模块、供应模块、财务模块、人力资源模块和办公自动化等管理活动。

我们知道ERP是当前重要的管理软件之一,早期的ERP软件主要关注企业内部的信息化管理问题,现在它通过自身软件升级以及与其他软件集成,逐渐扩展到跨企业的信息化管理。对于分销系统来说,信息化管理系统主要是指分销资源计划(DRP),而DRP是ERP软件的一部分功能,涉及销售订单管理、库存管理和产品管理等。狭义的DRP是指对分销网络中的库存进行计划和管理,包括订单管理、库存管理和财务管理等内容。目前,由于分销链的发展需求,DRP又将应用范围扩展到企业之间的分销网络中。广义的DRP是在对分销链库存、销售订单管理的基础上,又增加了客户关系管理和物流管理等功能。DRP的应用一方面有利于预测未来的库存和订货需求、减少渠道营销费用和加强对应收账款的控制;另一方面可以大大提高企业运营业务的处理效率、降低员工工作强度,提高信息传递效率及准确性。

随着企业全球化战略的实施,不断增加的供应链复杂性将导致无效的成本结构,通过运用联合计划、预测和补充(Collaborative Planning, Forecasting and Replenishmen,CPFR)[3]理论将有助于减少供应链运营成本并重新增加销售额。CPFR能及时、准确地预测由各项促销措施或异常变化带来的销售高峰或波动,使销售商和供应商能做好充分准备、赢得主动。CPFR既是一种供应链管理理念,又是一系列活动和流程,该流程以提高消费者价值为共同目标,通过供应链企业的相互合作和共享信息,制订有的放矢的计划、开展精确的市场预测和有效的库存管理,提高整个供应链的业绩和效率。CPFR理论已成为供应链研究领域的一个热点,引起了世界各国学者的广泛关注。

这些信息管理模式具有明显的集控式特点,随着分销链/供应链管理的精细化需求,可能越来越不能适应企业复杂性管理的需要,如何构建高效、智能和动态交互的协同管理模式显得十分重要。

随着传感器技术的广泛应用,企业不再像过去那样完全依赖人工来完成跟踪和监控工作,现在获取任何生产管理活动或过程已经不是技术难题。以前由人工向信息系统中输入数据的模式将逐步由传感器、射频识别技术(Radio Frequency Identification,RFID)标签、执行器和其他设备系统等所代替,各物体之间可以直接通信和协作而无需人为干预。通过实时数据处理实现企业管理的数字化,智能系统将能衡量各种约束和选择条件,模拟各种运作管理过程,实现分销链自主学习,无需人工干预即自行做出某些优化决策。例如,当突发事件发生时,它可以根据当前情景重新优化企业运作管理过程与参数,基于优化建模和仿真技术,通过自动获取方式获得相应对策,这样企业管理将从过去的"感应—响应"模式转变为"预测—执行"模式。使用这种智能管理模式不仅可以进行实时决策,而且还可以预测未来的情况,最终实现企业管理的智能化,为分布式管理的应用提供了条件,协助管理决策者进行运作管理决策。

众所周知,计算机技术和人工智能等越来越多地渗透到企业信息化管理中,企业信息系统具有了更多地智能交互性,不仅可以与用户、供应商和IT系统实现交互,而且还可以对正在监控的对象进行实时交互。我们可以想象,企业之间不仅可以互相连接,而且还可以与物流系统、服务金融、环境监测系统等建立连接,这样我们的需求都可以转化为具体的企业执行行动,最终实现分销链企业价值。

1.1.2　智能管理的必要性

目前,尽管国内外学者们从控制理论、运筹学理论、仿真技术等方面,提出了各种各样的管理模型与控制模型,但是这些模型和策略仍存在不同程度的缺陷与不足:①由于所建立的数学优化模型过于复杂,可能会导致无法计算求解;②太多的理论假设使得模型难以理解,从而失去了实际应用价值;③难于根据系统结构变化进行及时的调整,导致模型适应性较差;④模型对分系统参数变化过于敏感,导致模型鲁棒性不强等。

为了提高企业管理效率、减少运营成本和最大限度地满足消费者的需求,需要对企业管理提出更高的要求:

1.1.2.1　完善信息化管理软件的不足

在大多数ERP软件中,DRP更关注企业的进销存管理,对分销链/供应链中的预测、计划和调度等业务管理方面的能力比较薄弱,难以适应分销链/供应链对现代经营管理的需求。一般认为,运作管理中产品积压和产品缺货等现象时常发生是由于ERP软件中的往来单据数据准确性差和人为干扰等因素造成的,这些导致了运作管理存在较大的风险性和滞后性,最终导致了企业管理无从入手,更谈不上与供应链企业结成紧密的合作关系等。因此,我们认为,当前企业信息化软件在预测未来库存、制订合理的计划订货、协调调度补货和发掘商机等方面的能力有所欠缺,这需要对其相关理论进行研究,并为应用到 ERP 和 DRP 等软件做些探讨。以上这些运作管理问题并没有随着 ERP、CPFR 的实施而得到较好的解决。问题主要表现为:

(1)产品需求的不确定性始终是企业面临的重要问题。在瞬息万变的市场环境中,如何应对市场变化的需求变得尤为重要。例如,在 ERP 软件中预测管理仅仅是采用传统预测方法,而在 CPFR 软件中预测也仅仅是考虑管理者参与下的协商订货问题。对于在以市场需求为导向的拉式管理模式下,需求预测的合理程度不可避免地影响和制约着企业的营销计划、生产计划、物流计划,乃至财务计划和人力资源计划等,尤其是在分销链/供应链的管理中如何通过预测有效地减少牛鞭效应、增加各层企业和核心企业的利润显得十分重要。

(2)核心企业对各层企业的协同性不强。分销链/供应链网络存在复杂多样性的层次网络关系,如多层次之间缺乏合理的运作管理流程、不合理的仓库布局、企业间的运作博弈和分销中心信息管理系统落后等问题。以多层库存研究为例,多层库存控制一直是分销链/供应链研究的热点问题。近年来,提出了许多解决分销链/供应链协同运作管理方法,如电子数据交换(Electronic Data Interchange,EDI)、供应商管理库存(Vendor Managed Inventory,VMI)、分类管理(Category Management,CM)、持续补充(Continuous Replenishment,CR)、快速响应(Quick Response,QR)、有效用户响应(Efficient Consumer Response,ECR)和 CPFR。虽然这些方法从不同的方面阐述了协同运作管理的理念,但是各层企业的物流、信息流和资金流依然存在着滞后与失真的现象,最终导致了各企业难以科学、及时地进行决策。

(3)管理软件中的智能化程度不强。以 CPFR 为例,CPFR 把分销链/供应链中的计划、预测和补货运作管理联合在一起,其基本理念是通过分销链/供应链成员间的信息流通提升产品服务。虽然 CPFR 能够提高分销链/供应链的运作效率,减少库存成本,但是 CPFR 软件本身的智能管理还有待改善。在运作管理过程中,CPFR 更多地需要各个企业管理者参与共同解决不协调与冲突问题,这无疑增加了各个企业管理者参与时间和工作强度,且在冲突消解中过多的人为因素干扰和相互间的博弈也将可能导致企业运作管理的复杂性进一步增加。对于 ERP、CPFR 等管理软件来说,虽然它们提供了信息共享平台和预先设计好的、固化的流程式操作模式,但是它们不太能够适应组织结构的变化,柔性不够。这些流程性的操作不但没有给操作人员减少工作强度,也没有为管理者带来优化决策的结果,反而还可能增加他们的工作强度。

对于企业管理实践和理论研究中存在的这些问题,需要通过智能技术、智能管理等手段实现系统中的信息流、物流、资金流等无缝对接,从根本上解决信息孤岛的问题,将运作管理的关注点从过去的以"产品为中心"转变到"以服务为中心"上来,进而采取有针对性、目的性地增强企业的运作管理能力。

1.1.2.2　加强智能化方法的应用

信息技术的快速发展是推进企业智能管理的关键要素。为更好地推进企业信息化向智能化转化,智能制造、智能控制、计算智能、智能管理等将成为企业实现智慧化管理的重要途径。智能制造是指在非确定和不可预测的环境下,可以在没有先前经验和不完全、不精确的信息情况下完成拟人的制造任务,该系统就是把人的智能活动变成制造机器的智能活动,并通过集成知识工程、制造软件系统、机器人视觉和智能控制等技术形成大规模高度自动化生产[4]。智能控制是指采用智能化理论和技术驱动智能机器实现其目标的过程,是在无人干预的条件下能够独立的驱动智能机器实现其目标的自动控制,它可以分为递阶控制、专家控制、模糊控制、学习控制、神经网络控制(Neural Network Control,NNC)和仿生控制等[5]。智能制造和智能控制同样也离不开计算智能。计算智能是以生物进化的观点认识和模拟智能,按照这一观点,智能是在生物的遗传、变异、生长以及外部环境的自然选择中产生的,这些智能方法有机地融合起来就能为建立一种统一的智能系统提供基础,主要方法有人工神经网络、遗传算法、演化程序、局部搜索、模拟退火、禁忌搜索、蚁群搜索等。这些方法具有以下共同要素:自适应的结构、随机产生的或指定的初始状态、适应度的评测函数、修改结构的操作、系统状态存储器、终止计算的条件、指示结果的方法、控制过程的参数等。计算智能的自学习、自组织、自适应特征和简单、通用、鲁棒性适于并行处理方式。计算智能在并行搜索、联想记忆、模式识别、知识自动获取等方面得到了广泛的应用,智能优化技术在资源分配、生产计划安排、规划、运输、调度等领域都得到了广泛的应用,取得了巨大的经济效益[6]。智能管理就是运用人工智能、管理科学、信息科学、知识系统工程、计算技术、通信技术、软件工程等新兴学科知识,提高企业的智能管理水平。将智能管理应用于制造分析,可以实现制造过程的实时控制与检测、故障诊断,实时监测生产进度和生产效率,加强产品质量控制,减少不必要的中间库存。通过实时计划分析企业的生产需求、生产时间和成本等,达到有效配置资源,提高企业绩效和效率,降低企业总成本;将智能管理用于采购分析,可以帮助企业选择合适的供应商,通过物联网、云计算等新技术整合企业的所有资源;将智能管理用于配送分析,可以通过 GPS、RFID 等技术分析库存流动和损失情况,监测运输时间和配送成本,为产品选择和管理交通工具,优化配送绩效。

1.2　智能运作管理

杰伊·海泽等[7]给出了运作管理的定义:运作管理是指将输入转化为输出

的一系列创造价值的活动,并以产品、服务的形式来体现。在制造业中产品生产活动通常十分明显,在不提供有形产品的企业里,产品形式也是多样的,如机票预售服务、物流服务和教育服务等。

目前,运作管理研究主要集中在两个领域:制造业和服务业。当然,制造业领域的运作管理研究一直是学者们的研究热点,它包含了供应运作管理、生产运作管理和分销运作管理等内容。Prasad 等[8,9]回顾了 1986—1997 年运作管理杂志文献,随后 Shafer 等[10,11]总结了 1970—2000 年 20 多种运作管理期刊论文后,把运作管理分为 17 类:装配线平衡(Assembly Line Balancing)、产能规划(Capacity Planning)、单元制造(Cellular Manufacturing)、分销(Distribution)、设施选址(Facility Location)、预测(Forecasting)、库存管理(Inventory Management)、准时生产(Just – in – time)、工艺设计制造(Process Design – manufacturing)、工艺设计服务(Process Design – service)、生产计划与库存控制(Production Planning and Inventory Control)、采购(Purchasing)、资源分配(Resource Allocation)、调度(Scheduling)、策略(Strategy)、供应链管理(Supply Chain Management)和人力计划(Workforce Planning)。

根据这 17 类分类对运作管理的研究内容按照供应运作管理、生产运作管理和分销运作管理三大领域进行了整理,如表 1 – 1 所示。表 1 – 1 中标注粗体、斜体的内容为本书所研究的内容,包括分销、供应链管理、预测、资源分配、调度、策略和库存管理。

表 1 – 1　　　　　　　　　　运作管理功能分类

分类	供应运作管理	生产运作管理	分销运作管理
具体运作功能	采购(Purchasing)	装配线平衡(Assembly Line Balancing) 产能规划(Capacity Planning) 单元制造(Cellular Manufacturing) 准时生产(Just – in – time) 工艺设计制造(Process Design – manufacturing) 工艺设计服务(Process Design – service) 生产计划与库存控制(Pruduction Planning and Inventory Control)	**分销**(*Distribution*)
公共运作功能	预测(*Forecasting*) 资源分配(*Resource Allocation*) 调度(*Scheduling*) 设施选址(Facility Location)	策略(*Strategy*) 供应链管理(*Supply Chain Management*) 库存管理(*Inventory Management*) 人力计划(*Workforce Planning*)	
本书研究内容	表中标加粗体、斜体的内容		

以分销链为例。分销链具有多企业、多层次、多地点和多库存组织的分销网络，是一种典型的供应链管理模式，分销链围绕核心企业，通过对信息流、物流以及资金流控制，把产品通过网络渠道送到消费者手中，将制造商、分销商、零售商直到最终用户连成一个网络整体。

分销链运作管理是指在满足一定的用户服务水平的条件下，为使整个分销链系统成本达到最小，而把制造商、分销商、零售商和用户等有效地组织在一起，来进行产品制造、转运、分销及销售等管理的过程，一般包括预测、计划、采购、制造、配送等活动。通常情况下，分销链作为供应链的一部分，在分销链运作管理过程中需要做出的决策主要包括：在给定的计划时间内，确定每个时间段产品的预测订货量、分销链企业向上层企业的订货量以及分销链企业对下层企业的调度补货等。因此，必须仔细权衡订货、库存、运输和缺货等成本，在给定的时间范围内进行优化管理，使系统的总成本最小。因此，我们认为在消费者需求越来越个性化的今天，如何有效地预测分销链各层企业的订货需求、优化订货批量，以最适当的库存储备保证各层企业和消费者的正常需求，及时根据分销链中各类信息快速地做出决策等都是当前运作管理的重点。

分销链运作管理过程具有如下几个特点：①动态性：不仅企业之间的合作内容与合作过程可以进行变更，而且所选择的合作对象也能动态变化；②自治性：各企业可能是独立的法人实体，能够独立自主地决定其自身的行为；③分散性：在一般情况下，各企业的地理位置通常较为分散；④异构性：各企业已有的应用系统和平台可能会互不兼容。这些特征表明分销链是一个复杂、动态分布的柔性系统，采用传统的集中式管理方法将会面临严峻挑战。

1.2.1 集中式与分布式管理

我们知道，产品市场占有率、网络布局与运作、复杂库存管理、产品调度及物流配置、快速反应和营销策略等一定程度上影响着分销链运作管理效率。这些不确定性一方面是链条自身的一些特性造成的，如市场需求变化、内部激励措施、异质个体利益不一致产生的冲突和异质个体的运作管理中产生的冲突等；另一方面是由于各层企业的预测、订货、销售、库存和调度等运作数据和信息的不准确性和反馈滞后造成的结果，如用户需求和市场信息不能及时反馈到核心企业，经营决策者缺乏准确数据和信息的支持等因素。这些不确定性造成了该企业无法及时满足消费者的需求，导致了市场份额下降甚至产品过时而失掉市场，同时，不确定性能够通过多层链式反应、逐级叠加放大，出现牛鞭效应现象。另外，运作管理中各个环节又处于相对松散运行状态，运作管理信息和方向时常随着实际状况在空间和时间上发生变化，进而影响到运作管理数据的实时性及精确性，最终造成分销链库存积压、物流与财务信息不一致等现象。

基于上述特点,我们需要思考分销链企业到底是采用集中式运作模式还是采用分布式运作模式加强企业运作管理。当前,在大多数主流的信息管理软件中,各类业务数据进行了集成,相关基础数据被集中在 ERP 等数据库中,利用统计优化方法和数据挖掘进行分析,输出运作管理需要的各类信息,指导相关业务人员更好地完成工作任务。这种从整体优化的角度进行建模,并采用整体模型进行优化分析方法,一般具有静态、整体优化的特点,无法反映链条中动态变化和内部因素的相关特征,同时受求解算法的限制,一般只能得到模型的近似解。这种研究模型难免会导致分销链企业在运作管理优化问题上得不到实时数据,出现计算结果与实际管理发生冲突现象,最终导致分销链企业之间的业务链出现断层或者各部门的管理者之间发生扯皮现象。可以看出,整体优化模型本质上是一个集中优化的问题,它淡化了分销链企业自身的特点和作用,与链条成员的分布性和自治性决策有着潜在的冲突。

分布式运作模式具有一定的优越性和可行性,它充分调动各个主体的主观能动性,符合复杂系统管理的基本要求,如自主性、自治性、智能性、交互性等。同时,分散式运作模式还可以减轻各层管理者的工作强度,分散信息系统集中计算的压力,符合解决复杂问题的工作方式。因此,我们比较倾向于采用分布式管理模式加强分销链管理。

1.2.2 基于 MA 的分销链运作管理

过去企业管理者在进行定量和定性相结合问题决策时,需要集中企业内部的技术、管理、市场、销售和财务人员、行业专家或咨询机构等相关个人或部门共同参与决策过程,不难想象,很难实现智能系统的实时性、管理的数字化等要求。为了使企业决策者能够迅速、灵活地根据企业运营状况进行多方面的综合评估,科学地制订计划,促进运营决策的科学化,迫切需要智能运作管理模式的支持。

当前,作为分布式 AI 研究的一个重要分支,智能体(Agent)技术已引起了学者们极大的关注。近年来,许多学者已经采用 MA 技术解决分销链管理中的相关问题,利用 MA 技术作为分销链/供应链运作管理工具,是针对分布式分销链系统进行集成化、智能化管理的研究,采用 MA 技术实现智能化管理。其目的是改善分销链管理中的信息处理效率,提高预测的准确性,优化库存管理,加强与分销链伙伴的合作,改善分销链企业间的关系,提高经营管理水平和服务水平,更好地满足顾客需求,提高分销链的竞争力,并尽可能地把人从繁重的劳动中解放出来,最大限度地让机器代替人来工作,提高分销链/供应链管理的自动化和智能化程度。

多智能体系统 MAS 是指由一些自主 Agent 组成,通过协作完成某些任务或实现某些目标的分布式计算系统(Distributed Computing System,DCS)。相对于其他方法而言,MAS采用分散、自主和智能化的管理理念,利用各个相互作用的局部个体间的利益特性解决一些数学模型无法求解的复杂性问题。MAS提供了智能化和交互式的分布式模式,通过MAS之间的通信、合作、协调和控制能够实现系统的功能及行为特性,实现分销链仿真、优化、实施和控制管理。通过构建基于MAS的分销链智能化管理系统,使各成员Agent在分布式环境中并行运行、相互协作,从系统角度全面实现分销链管理。

由于多智能体方法适合于分布式系统的建模与仿真研究,对于分销链来说,多智能体方法能够把复杂系统分解为具有自主决策能力的主体Agent之间的相互作用,并构建出顾及各层子系统的模型。该模型能够体现主体Agent之间的动态交互过程和相互作用,而且相对于运筹学的计算量来说,该计算量也相对较小。这样,可以把复杂问题的求解转化为一对一或一对多的分布式问题进行求解。基于分销链系统与MAS之间存在许多的相似之处[12,13],越来越多的学者认为MAS是支持分销链运作管理的一种有效理论与方法[14,15]。将MAS技术应用到分销链管理,主要是基于以下几个方面的考虑:

1.2.2.1 企业可以抽象为Agent

分销链企业作为一类相对独立的法人实体,企业之间不仅具有竞争合作关系,而且还存在动态变化的各种相互依赖关系。分销链中的每个企业都有自身的经营目标、经营策略、组织结构和盈利最大化的目标,企业能够根据企业状态,自行独立做出决策,并通过与其他企业进行合作与信息交换,不断适应环境,积累经验和知识,修正自身行为,更好地适应外界环境变化与新形势发展。这些企业当然也与Agent一样,具备自主性、交互性、反应性、合作性和适应性等主要特征,因此,可以将单个企业抽象为Agent,并由这些Agent代表各自企业独立的处理相应功能的活动。

1.2.2.2 分销链快速重构的需求

随着市场需求的不断变化,分销链企业的重构速度加快,企业可以离开一个原先的分销链,或者加入到任何特定分销链中。我们知道,Agent作为存在的分布式自治实体,能够自主地感知外部环境变化,同时根据实际情况的具体需要,它们可以自动加入或退出现有的MAS系统,而不会对系统中其他Agent的工作带来影响,从而保证系统可重构性较高。前面已经阐述了分销链企业与Agent的相似性,所以可以充分利用这一特点完成分销链企业的快速重构。

1.2.2.3 集成遗留管理信息系统

由于历史原因,各个企业内部可能存在遗留的异构信息系统,导致系统集成过程中的不兼容问题会经常发生。利用Agent技术对遗留系统进行封装,一方面,可以在保证系统间信息交换的前提下,实现系统二次开发时间大幅度减少;另一方面,核心企业可以更为便捷地将系统集成扩展到上下游合作伙伴,甚至供应商的供应商以及用户的用户。

1.2.2.4 满足快速市场变化市场的需求

市场的变化不容置疑,Agent 具有通过迅速感知外界环境的变化,实现对不断变化的外部环境进行及时响应的能力。基于 MAS 的分销链系统,不仅能够针对分销链在运作过程中所遇到的各类突发事件做出反应,还能根据事件性质以及紧急程度进行区别处理。另外,还可以利用其对系统运行状况进行不间断监控,通过对日常事务的及时处理,实现分销链管理效率的提升,最终达到分销链智能化管理的要求。

下面给出了基于 MA 的运作管理和智能运作管理系统概念。基于 MA 的运作管理模式的提出是为了解决传统管理的低智能问题,需要将管理信息与人工智能相结合,将智能技术应用到管理决策中,将管理者支持与人工智能相结合,采用知识模型和逻辑模型等,提高智能支持的问题描述和求解的智能水平,进而实现网络人—机—环境的协调统一。

基于 MA 的运作管理,是在 CPFR 的基础上,在充分考虑运作管理的复杂性、动态性、智能性和交互性的基础上,以 MA 理论、Web 技术等为基础,从 DC、AI 和软件工程的角度出发,在传统预测—计划—调度(Forecasting – Planning – Scheduling,FPS)运作管理的基础上,借鉴 CPFR 的管理思想和理念,探讨如何更加有效地管理物流和信息流、降低运行成本而提出的一种新型智能运作管理模式。基于 MA 的 FPS 运作管理(Multi – Agent based Operation Management for Forecasting Planning Scheduling,MAOMFPS),简称智能运作管理。

正如 IBM 全球企业咨询服务部报告中指出的那样,智能企业将会采用新的经营方式加强自身管理,下面对该论述进行了调整。表 1 – 2 给出了传统运作管理模式和基于 MA 的运作管理模式的比较。

表 1 – 2　　　　　　　　　　运作模式比较

选项	传统运作管理模式	基于 MA 的运作管理模式
驱动因素	直觉与经验	事实驱动
管理形式	纠正式	指导式
管理周期	周期相对长	实时控制
参与程度	人员全程参与	智能技术实现
决策程度	完全决策支持	部分参与决策
结果	效率	优化

表 1 – 2 中从驱动因素、管理形式、管理周期、参与程度、决策程度、管理结

果方面进行了比较分析。在人—机—环境相互结合的基础上，应用人工智能理论实现人的智能与机器智能集成，提高了系统智能化水平。

基于 MA 的运作管理和分销链运作管理的集成需要注意以下两点：

（1）MA 技术的应用需要以运作管理为基础。利用 MA 技术对运行数据进行分析，理解运作管理过程和各个环节的实际情况，及时发现运作"瓶颈"，提高运作管理的可见性，合理调整资源，不断改善运作质量和绩效。在运作管理的各个环节，需要做很多预测、计划、调度等决策，这些决策需要一定的信息支撑。而 MA 技术、优化算法等与运作相关的历史数据或实时事务数据，在合适的时间提供给不同运作参与者需要的信息。根据运作管理中事件的需求，利用 MA 技术把不同的信息主动提供给相应的运作执行者，提高运作的效率。过去，大多数运作管理主要从事报告而非预测性的工作，在企业中仅仅被用于部门内部的历史数据的报告，而在智能运作中，智能工具、方法的应用对业务运作执行过程产生的数据进行分析并预测，从而改善分销链的智能运作管理效率。智能运作管理不是 MA 技术和业务运作管理的简单结合，而是彼此依托。在业务运作管理设计阶段，可以利用运作仿真工具对运作模型进行优化，运作监控阶段实现对业务运作运行的监控，发现运作存在的问题并预测业务运作的运行趋势。运作挖掘还可以分析运作的运行日志，从中对业务运作再建模或挖掘组织模型，找出运作优化的途径。

（2）基于 MA 的运作管理是多种智能技术和现代管理方法的综合。通过智能管理方法工具等，智能运作主要利用了业务流程监控、数据挖掘、复杂事件处理等技术作为业务运作管理的工具，结合持续改善等管理方法，为分销链智能运作管理提供解决方案。企业可以对运作管理进行全过程实时监控和跟踪，从而改善分销链运作管理的透明化。智能运作管理使企业相关人员清楚地看到运作的过程和结果，确定哪些环节出现了浪费、损失、延迟等非优化问题，帮助发现运作管理遇到的异常现象，并发现运作管理的"瓶颈"环节，删除不增值的环节。

在基于 MA 的运作管理的基础上，智能管理系统是在管理信息系统、办公自动化系统、决策支持系统的功能集成、技术集成的基础上，利用人工智能中的技术与方法进行集成化、协调化、智能化，实现拟人化管理的新一代计算机管理系统。更广义地说，智能管理系统是在任何管理系统的基础上集成智能技术而形成的，以信息闭环管理控制为基础，实现管理的自动化和智能化。基于 MA 的分销链运作管理系统（Multi - Agent based Operation Management System，MAOMS），简称智能运作管理系统，它作为一个智能系统或智能管理系统的一部分，同样需要具有感知、计算、交互、学习和储存等功能。

在前面论述的基础上，人们既感受到了企业管理和运筹学理论解决运作管理问题所取得的成果和面临的问题,也感受到了智能运作管理带来的新机遇。本书主要基于制造领域中的分销链运作管理问题开展讨论,分销链运作管理研究的主要问题是分销链中的 FPS 和可靠性分析两部分内容,主要从基于 MA 的运作管理建模理论、协同运作理论、系统可靠性和智能运作管理应用等方面开展研究。这里所研究的分销链运作管理不太关注制造商的生产成本,其生产或组装工作以"委外加工"的形式委托给外部优秀的专业制造商,以达到降低成本、分散风险和提高效率的目的。开展问题研究的思路如下:在信息化的基础上,从 CPFR 的管理思想和协同管理理念的视角出发,把分销链系统中的每一个企业作为一个自主 Agent,多个 Agent 间的相互作用即构成了 MAS,综合运用 MAS、运筹学理论、计算智能和智能控制等理论,通过 MAS 的有效设计降低分销链中的不确定性带来的负面冲突等。

1.3　智能运作可靠性

可靠性是指元件、产品或系统在规定条件下和规定时间内完成规定功能的能力[16]。"可靠性"一词最先出现在制造生产部门。可靠性作为一个定性的概念,为了能够在实际工作中定量地表现可靠性的高低,往往通过可靠度来表示。

可靠性工程最初来源于军事领域,在其发展过程中,可靠性理论形成了可靠性数学、可靠性物理、可靠性工程三个主要领域。随着社会不断进步与科技持久发展,可靠性工程得到了全面的发展推广,不仅已经应用于国民经济的各个部门领域,诸如运输、宇航及信息安全等领域,而且已经发展为各种专门的分支学科,如机械可靠性工程、软件可靠性工程和电力系统可靠性工程等。可靠性工程已成为一门涉及面极广的综合性新兴学科,涉及数学、物理学、化学、电子、机械、计算机、管理学以及环境工程等多个领域。可靠性工程是对产品失效原因及失效概率进行统计分析,在分析过程中涉及以下这些环节:可靠性预计、可靠性试验、可靠性估计、可靠性检验、可靠性控制、可靠性维修及失效分析。可靠性工程包含了多种工程技术知识的边缘性工程学科,其立足于系统工程方法,运用概率论与数理统计等数学工具(属可靠性数学),从定量方面对产品可靠性问题进行分析;采用失效分析方法(属可靠性物理)和逻辑推理对产品故障进行研究,通过薄弱环节的发现确定产品可靠性提升途径,最终综合权衡经济、功能、性价等多方面得失,实现将产品可靠性提高到满意程度。

相对于传统的工程技术,可靠性工程有很大的不同。其特点如下:①技术与管理高度结合。可靠性工程是介于固有工程技术和管理科学之间的一门边缘性交叉学科,通过管理指导技术实现合理应用是可靠性技术的基本思想;

②众多学科的综合。可靠性工程与很多学科领域的知识关联紧密,需要得到诸如系统工程、人机工程、生产运作、材料科学、环境工程等各类学科的支持,在这些领域所得到的相关成果基础之上,针对具体可靠性问题进行解决。为了把可靠性融入产品最初设计中,在设计阶段就要对一切可能发生的故障进行预防,而预防的依据是要依靠信息反馈。通过信息反馈,从而使设计、试验、制造和使用这四个步骤,形成一个保证可靠性循环上升的闭环技术体系。需要指出的是,虽然可靠性工程已经被引入到各个领域,但是应用模式互不相同。除了数理统计、故障物理等基础学科的应用基本相同外,对于可靠性管理以及可靠性技术的应用程度和范围,由于受到原有技术基础和管理体制等特定条件的限制,基本上都是结合具体问题的特点,以独自地形式发展的进行研究与应用。

目前,对智能运作可靠性的研究较少,相关的理论研究才刚刚起步,系统研究还非常缺乏。分销链/供应链可靠性管理是为确定和满足分销链系统的目标可靠性要求,所进行的一系列组织、计划、控制、协调、监督、决策等功能的管理活动[17,18]。它是将可靠性工程学的一般原理方法与分销链管理问题相结合,所形成的一门针对分销链可靠性为研究对象的应用性学科。依据分销链可靠性管理,分销链不仅取决于分销链的初始设计,而且还受到生产运作条件、外界情况、管理水平等因素的影响。

下面从系统角度对智能运作可靠性设计与模型两个方面进行论述。

1.3.1　运作可靠性设计

要加强系统可靠性薄弱环节辨识。在分销链中断前,通过对系统薄弱环节进行识别,并有针对性进行鲁棒性加固,可以有效地提高分销链可靠性。在可靠性理论中,可用单元重要度来衡量元件可靠度变化对系统总可靠度的影响程度。在进行系统可靠性优化时,只需要提高重要度较高的单元可靠度,就能实现以最少的资源投入,最大限度地提高系统可靠度的目的。由于面向的对象与要求不同,单元重要度也有不同的含义,将概率重要度与关键重要度应用在分销链可靠性分析,也可得到两条单元重要度选择原则。但是,传统的单元重要度分析都是纯粹从可靠性角度出发,没有对经济角度进行考虑。因此,需要综合考虑系统成本以及由系统故障所造成的经济损失这两方面经济因素,建立考虑经济性的单元重要度概念。

最后,进行系统可靠性冗余设计及经济性分析。当对分销链系统可靠性要求较高时,除了尽可能选取可靠度高的企业外,还可以通过冗余设计增加系统可靠性。所谓冗余设计,是指当一个功能单元的可靠性不能满足系统任务的要求时,采用两个或两个以上的单元并行工作,只要其中有一个单元能够正常工作,系统就不至于失效。只有当同一环节上所有的功能单元都发生故障,系统才会失效。虽然冗余企业越多系统可靠性也就越高,但是总成本也会相应增加。由于总成本约束存在,不能随意增加冗余企业数量,因此需要结合成员重要度分析,针对分销链可靠性的薄弱环节进行分销链冗余优化设计,以最有效的方式提高系统整体可靠性。

面对日益增多的干扰事件与风险环境,企业迫切需要提高分销链的系统可靠性,同时要求不能过多地牺牲分销链的日常运营成本,实现经济性与可靠性的最佳平衡。主要有以下两种途径:一是在成本一定的条件下,保证系统可靠性最高;二是在可靠性一定的条件下,实现系统总成本最小。

1.3.2　运作可靠性模型

对于分销链来说,分销链可靠性水平的合理量化评估,能够更好地指导分销链规划、设计和运行。广义的可靠性评估不仅包括过去时间内分销链的可靠度评价,而且包括未来一段时间内的分销链可靠度预测。由于评估对象的结构千差万别,可靠性评估必须首先确定系统可靠性模型,然后根据模型拓扑结构和组成单元的可靠性指标,分析确定系统的可靠性特征量。目前,所采用的评估模型可以分为解析法和仿真法。解析法包括马尔可夫模型、贝叶斯网络、Petri 网、成功流方法等。它将系统中的某些影响因素用函数变量表示,通过函数表达式描述它们之间的关系,进而通过解析方法进行计算,得出系统可靠度。仿真法是按照规定步骤,在计算机上对各种可能出现的系统状态进行随机地模拟。此外,将解析法和仿真法相结合的混合法也被很多学者关注。

分销链可靠度是对分销链系统无故障正常运作能力的全面量度,它既不等同于单个企业可靠度,也不等同于所有企业可靠度的简单叠加。分销链可靠性不同于分销链风险,分销链风险作为一种潜在威胁,它是由于分销链系统自身的内在脆弱性,以及外界环境对分销链系统造成破坏,给上下游企业以及整个分销链带来损失的可能性。分销链可靠性与分销链风险的影响因素不完全相同,尽管它们是同一事物的矛盾双方,但是低风险性并不代表高可靠性。

国内外学者主要从分销链可靠性设计(事前)、分销链可靠性评估(事中)、分销链可靠性分析(事后)三个方面进行了研究。以分销链为例,在进行分销链规划与设计时,很少考虑用户对系统可靠性的需求。分销链设计一旦完成,在较长的一段时间内,具有不可逆性,改变成本巨大,因此,需要把可靠性概念根植于分销链设计中,在不过多牺牲日常运营成本的情况下,增强分销链应对各类影响事件的抗干扰能力。当分销链的某一环节遭到干扰事件破坏后,仍能维持高效用户服务的自适应能力,实现分销链的平稳运行,达到"以不变应万变"的目的。对于处在运作过程中的分销链,提高系统可靠性的有效途径是识别并加固分销链的薄弱环节,通过弱点识别和保护策略两方面来加强分销链系统可靠性防御设计、建模和优化问题。

1.4　智能运作管理现状

许多学者[19-22]对运作管理的研究进行了回顾。对于运作管理的研究方法可分为两大类：经验性和计算机仿真。调查方法是人们经常采用的经验性方法，不少学者对调查研究和使用方法进行了总结[23,24]，如 Stuart 等[25]给出了运作管理的案例研究，Karniouchina 等[26]阐述了在解决运作管理问题时倾向于从不同的角度、采用多种方法进行运作管理的仿真。

大多数研究把分销链运作管理理解为产品的运输、中转、仓储和配送等实体物流活动。我们认为，这些研究仅仅是分销链管理中的操作业务，实质上，分销链运作管理应该是对分销过程的全面控制，包括战略计划制定、预测管理、营销激励管理、计划订货管理、调度管理、合同销售管理、财务管理和分销渠道管理等。分销链研究引起了许多学者的关注，这些研究大致分为两类：分销链（网络）的优化研究和分销链计划订货与补货研究。对于分销链（网络）的优化研究，Alptekinoglu 等[27]运用分解法探讨了多网点和多渠道的分销链，给出了两个应用案例。Tsiakis 等[28]在运作与财政约束的条件下分析了生产与分销网络结构；对于运作管理方法，徐士钰[29]探讨了 GP 在产品分销方面应用的可能性，根据消费者偏好、市场占有率、利润和销售经费预算等多个目标约束因素，构造了 LGP 模型。殷梅英等[30]用网络数据包络方法分析了分销链运作子过程对其总体效率的影响。吕萍[31]通过对经销商的库存分析，获取经销商跨区冲货的原因及如何有效控制经销商合理库存的方法。在初步了解前人对分销链/供应链运作管理研究的现状后，进一步回顾了基于 MA 的分销链/供应链运作管理研究现状。

1.4.1　智能运作管理现状

运用 MA 理论进行分销链/供应链建模引起了许多学者的关注。Yang 等[32]给出了基于 Agent 的生产运作框架，并运用 Agent 仿真生产运作任务。Lin 等[33]和 Yu 等[34]构建了集成车间、生产和产品生命周期的计算机集成生产运作系统。Sarker 等[35]给出了基于 MA 的制造供应链模型，该模型能够处理具有相互作用的多层复杂网络问题。Anosike 等[36]给出了基于 MA 的多层集成决策平台，该平台考虑了计划和控制决策及系统重构问题。Chen 等[37]运用 MILP 模型设计并优化了供应链。Lee 等[38]从原理上给出了 MAS 的特性，然后从 114 个案例中回顾了 MAS 在生产设计、计划控制和 SCM 上的应用。为了设计大批量在线消费服务,Mahdavi 等[39]开发了基于互联网的供应链 MA 模型,该模型考虑了供应链中的牛鞭效应的影响,并阐述了在不同供应和需求条件下的库存策略。从上述的回顾来看,基于 MA 的运作管理模型研究大多是针对供应链的探讨,对分销链运作管理的讨论并不多,原因是分销链属于供应链的一部分。

这里对基于 MA 的运作管理方法分别按照基于 MA 的预测计划、基于 MA 的计划订货、基于 MA 的调度补货三种模式进行回顾。

1.4.1.1 预测计划运作管理

预测研究具有较长的历史,预测无疑需要合理的预测方法,如线性、非线性时间序列、灰色理论、马尔可夫链、混沌模糊、数据挖掘、支持向量机、小波分析和组合预测等。这些内容在许多文献和书籍均有详细的介绍和分析,这里就不再说明。

在分销链/供应链的研究中,预测计划优化模型与分销链/供应链中的库存状况和计划订货是密不可分的。对于基于 MA 的预测计划研究,Kimbrough 等[40]运用 MA 理论和 GA 研究了如何在供应链中消除牛鞭效应,该研究假设供应链中各层企业库存策略是不变的。Wu[41]运用 MA 理论构建了四类 Agent 开展预测活动。Moyaux 等[42]给出了基于 MA 的协同策略供应链模型,从博弈论角度研究了牛鞭效应。对于库存补货管理,Cheung 等[43]给出了基于 MA 的动态预测和知识库系统的库存管理系统,该系统能够动态地预测需求波动和原材料价格波动。在此基础上,Liang 等[44]进一步分析了供应链的预测订货,借助企业管理者经验给出了订货的约束规则,通过该规则限制 GA 的求解过程以加快算法的收敛速度。Bullard 等[45]也采用了基于 Agent 的预测规则,并形成了多步预测,在每个周期通过创建新的预测规则,并评价其他 Agent 预测规则进行学习。Dellafuente 等[46]探讨了应用 MA 理论消解牛鞭效应,并运用 GA 进行了计算。Fazel Zarandi 等[47]在模糊需求和订货条件下运用模糊时间序列进行预测,构建了模糊 Agent 数学模型研究供应链中的牛鞭效应现象。这些文献运用 MA 理论探讨了供应链预测计划模型如何有效地管理预测订货问题。

1.4.1.2 计划订货运作管理

目前,大量理论研究表明计划订货控制理论的研究取得了较大进展,概括起来主要表现为:基于数学模型、系统动力学和 MAS。基于数学模型和系统动力学的研究有如下几类:一是多种约束下的订货问题研究[48-53],这些约束条件有不确定提前期、模糊需求和产能、价格和数量折扣、易腐品和破损率和广告等;二是博弈论和协同订货问题研究[54,55];三是应急事件、快速反应和延迟订货等问题研究[56];四是多种产品的订货问题研究[57,58];五是复杂订货问题研究[59]。这些文献主要对订货策略、库存选址、牛鞭效应、随机不确定性、产品价格折扣和变质易腐品等问题进行了讨论。

基于 MA 的计划订货研究是一个崭新的领域。国内这方面的文献不多,Li 等[60]给出了在分布式协作环境中多个商业实体基于 Agent 的分布式协商机制和算法。孔莲芳等[61]采用 MA 理论设计了生产制造中计划调度框架和基于谈判的计划调度机制。

国外对计划订货研究大多集中在车间生产制造计划问题上,主要进展体现在两个方面:基于 MA 的计划订货框架研究和基于 MA 的计划订货方法理论研究。对于基于 MA 的计划订货方法理论研究,学者们借鉴了其他学科进行了探讨。Lin 等[34]运用 MA 理论分析了供应链执行中的信任机制效果及敏感性,借助 MA 和 Petri Nets 理论构建了供应链,并采用聚类和移动平均方法预测了未来的需求。Lin 等[62]在供应链订货中运用基于 MA 的谈判机制求解分布式约束满意度的问题。Kazemi 等[63]给出了集中式和基于 MA 的分布式模式求解了生产和分配计划问题;对于计划订货的协商谈判研究,Karageorgos 等[64]给出了基于 MA 的谈判机制优化物流和生产计划模型,在考虑生产调度和物流提供商的成本和可行性的前提下构建了基于契约的谈判机制。Fung 等[65]给出了集成供应链的 MA 模型,MA 之间通过合同网进行协商,引入了定制型和带状型两种类型的投标方法。Jung 等[66]应用协同 Agent 构建了分布式生产—分配计划系统,该系统能够化解生产与分配之间的冲突。

1.4.1.3 调度补货运作管理

分销链调度补货是一个复杂的决策过程,研究手段有应用数学模型、Petri网方法、系统动力学和 MAS 等,通常使用的方法有数学规划、图论、启发式算法、专家系统与仿真、NN 和模糊集、约束满足理论、控制理论和统计概率分析等。调度问题是国内外学者研究的热点之一。按照应用领域,调度分为生产制造调度、车辆运输调度、分销供应调度、供电供水供气供油调度和虚拟调度等;按照调度研究内容可分为资源约束调度、多目标调度、批量调度、不确定性调度和调度优化算法等。调度优化算法包括基于问题的分解法、拉格朗日松弛法和智能算法等;智能算法包括 GA、NN、模拟退火算法、DNA、免疫算法、蚁群优化和机器学习(Machine Learning,ML)等。

目前,国内外智能调度的研究成果也不少,主要集中在车间生产调度领域[67-70]。将 MA 理论和传统调度优化方法相结合是当前车间生产调度研究的主要思路[71]。在车间生产调度研究方面,Sousa 等[72]给出了基于 MA 的封装任务和资源单元,采用合同网协议进行分布式问题求解,给出了新的体系结构和协商协议处理生产系统的动态调度问题。Shen[73]给出了 Agent 协商和 GA 相结合的调度优化方法。Kornienko 等[74]通过分析生产计划,给出了基于 MA 的优化资源分配系统。Feng[75]在计划生产过程中给出了基于规则的调度系统。Fichtner 等[76]根据 CAD 系统中输入参数的特性,描述了无监督学习技术决定适当的 NC 机器。

对于基于 MA 的分销链/供应链调度模型研究,Sadeh 等[77]给出了多层重构的 Agent 计划调度结构模型,并讨论了协调协议。Gjerdrum 等[78]考虑了把专家系统应用到分布式决策中,并把 MA 理论应用到仿真和控制简单需求驱动的供应链网络中。Kim[79]给出了提供全局优化的计划和控制的鲁棒性模型框架,并把该框架应用到实际的工业库存中。Sauer 等[80]使用协同 Agents 设计了 MAS 调度框架。同年,Frey 等[81]给出了基于 MAS 的供应链集成计划调度和跟踪活动。Choi 等[82]在考虑了机器选择、供应商和采购企业运作次序的条件下构建了基于 GA 和 MA 理论的实时调度系统。Ta 等[83]探讨了基于 MA 的供应链管理计划、执行和监督,讨论了内在组织的任务分配和交互组织任务再分配的问题;对于基于 MA 的调度方法策略研究,Wan[84]考虑了最小化总成本下的两层供应链生产与运输调度问题,由于联合调度问题很难通过分析方法解决,建议采用 Agent 法处理供应链中的不确定性调度问题。Deshpande 等[85]运用 MA 理论构建了供应链和接受新任务的实时调度,通过模糊方法、多目标准则和偏好比率研究在供应链中实时运作的任务分配问题。同年,Deshpande 等[86]设计了实时调度器,并给出了基于模糊设置的任务分配方法;对于基于 MA 的分销链/供应链调度协商研究,Kaihara[87]建议采用基于 MA 的双拍卖算法,并论证了经济分析的适用性。Lau 等[88,89]考虑了在供应链中实施信息共享的调度问题,给出了基于 MA 的谈判算法进行 DPCP 求解。同年,Anussornnitisarn 等[90]分析了在分布式环境下基于 MA 的协同决策机制,并给出了分布式资源分配的 DCN 模型。Lau 等[91]建议采用基于 MA 的供应链模型支持分布式调度,给出了修订契约网协议以确保更多的企业进行信息共享。Chen 等[92]构建了一个基于 MA 的智能系统协同框架,该框架能够通过模糊决策过程和补偿谈判过程求解动态调度问题。由于当处理分布式调度问题时,集中式约束优化机制可行性差,Lin 等[93]建议采用基于 MA 的分布式协调机制集成谈判技术和 GA 解决半优化的订单完成调度。在分销链/供应链中,基于 MA 的补货文献也不多见,有关补货的研究一般是基于运筹学理论的建模[94-97]。

1.4.2　可靠性管理现状

目前,对分销链可靠性还缺乏普遍认可的统一的权威性定义。许多学者和企业经营者根据自己的认识,对分销链可靠性做出了不同的定义,但是这些定义都只是侧重分销链可靠性的某一方面特征,或者是供应链完成订单需求的能力[98],或者是供应链满足生产任务要求的可靠性[99],或者是产品交付可靠性[100],或者是产品质量可靠性[101],或者是库存可靠性[102],或者是物流可靠性[103],或者是生产计划预测可靠性[104]等。基于经典的可靠性工程理论,

Thomas对供应链可靠性做出了如下定义:供应链可靠性是指供应链系统在规定的运作条件下和规定的运作时间内,完成规定生产任务的能力[105]。从以上定义可知,分销链可靠性是指分销链系统在一定时间内,能够正常运作的能力,它包含了分销链系统各个方面的可靠性特征,反映了系统可靠性的综合性能。

选取可靠性高的企业可以提升供应链的整体可靠性[111,112]。文献[113]针对风险不确定的情况下,在总成本和系统可靠性约束下的供应商选取问题进行了研究。文献[114]针对供应链这类串联、并联系统中难以实现企业最佳选取问题,提出一种结合蚂蚁算法和禁忌搜索的混合算法,用以解决在系统总成本约束条件下,成本固定与企业可靠性的前提下,如何通过企业选取实现系统可靠性的全局最优化。实际情况中,企业可靠度取值范围可能会是离散集合、或者是连续区间。如果企业可靠度和相应成本都限定在给定的离散集合中,应用文献[115]的方法可以实现最佳企业选取。进一步在得到企业失效率历史统计信息的前提下,通过威布尔分布拟合可以得到企业可靠度的数学模型[116]。在掌握企业故障率和修复率大致分布的前提下,利用可信度理论的梯形、三角形等模糊变量描述企业故障率和修复率能够更准确地实现企业优选[117]。只有当同一环节上所有的功能单元都发生故障系统才会失效。文献[118]研究了核心企业如何与备用供应商订立合同提高供应链可靠性。文献[119]对网络连通性、运输时间和物流能力对物流网络可靠性影响程度进行了研究,认为通过物流能力冗余度能够有效提高物流系统可靠性,但他们主要针对战争环境下的军事物流可靠性进行研究,忽略了成本因素。

在现实情况中,企业可靠度常常不是具体的固定值,而是与投入资金成本情况直接相关。对于企业可靠性与成本费用两者之间的函数关系,可以通过推导得到企业可靠性和成本之间的拟合函数,利用惩罚函数法把成本约束问题转化为无约束优化问题,然后通过构造神经网络,计算与最优可靠性分配相对应的网络优化能量函数,建立系统可靠性优化分配数学模型[120]。

在可靠性工程中,为了定量分析系统中的元件重要度,研究学者已经提出了多种测量方法。由于面向的对象和要求不同,重要度也有不同的含义,到目前为止,根据不同的情况已经有很多类型的重要度定义。

最早,由 Birnbaum 提出了在生产实际中已被广泛应用的结构重要度(Structural Importance)[126]和概率重要度(Birnbaum Reliability Importance)[127];Lambert 提出了关键重要度(Criticality Importance)[128];Butler 定义的不依赖于部件可靠性,仅依赖于割集和路集的 P – 重要度(Path Importance)[129]和 C – 重要度(Cut Importance)[130];Barlow 和 Proschan 提出的 B – P 重要度(B – P Importance)[131];Pan 等提出了模特卡罗方差重要度(Monte – Carlo Variance Importance)[132]。

由于故障分析过程与建模过程紧密相连,多数文献未对故障分析方法与模型的差异进行区分。例如,不少文献中将故障模式影响分析法与蒙特卡罗法并列称为两种不同的方法。实际上,不论是采用解析模型还是仿真模型,都离不开故障分析过程,下面将模型与故障分析方法分别进行叙述。目前,可靠性分析方法主要有以下几类:

(1)故障模式、影响与致命性分析。该方法是一种常用的系统可靠性分析方法,包括故障模式影响分析和危害性分析。

(2)致命度分析。

(3)故障树分析法。该方法从系统故障的角度出发,探寻引起故障的各种原因,并画出他们之间的逻辑关系图[133]。故障分析法比可靠性框图更加灵活详细,能够发现系统的重要故障和薄弱环节,为改善与评估系统可靠度提供定性与定量根据。为了研究各类因素对供应链运作造成的影响,提出了一种基于故障树分析法的供应链可靠性诊断方法,文献[134]通过故障树分析法进行最小割集求解,将可靠性指标分配到承担某项或某几项物流功能的具体企业,并进一步建立了汽车整车物流系统的服务能力优化模型。

(4)可靠性框图。可靠性框图从系统正常的角度出发,分析完成系统规定功能时的元件之间的关系,适用于两态单调结构系统。假设系统组成部件之间的失效行为和可修行为相互独立,基于系统中各模块和部件之间的相互关系,对系统的静态可靠性进行分析,即不考虑部件之间故障的相关性,以及系统状态变化的动态特性。

(5)最小路集和最小割集。文献[135]首次将最小路集法应用于供应链可靠性分析,通过求取特定企业的最小路,将供应链上的企业分为最小路企业和非最小路企业两类。再将非最小路企业的影响折算到相应最小路中,分析最小路企业对可靠性指标的影响,求取可靠性指标。由于供应链中的线路往往具有多分支特性,可以将网络等值法应用在最小路分析,从而提高计算效率。最小割集法适用于求解复杂网状系统可靠性,如果难以直观识别最小割集,可以根据最小路集求取最小割集。如需要考虑特殊因素的影响,就要进一步分析故障后果。

1.4.3 智能管理仿真现状

对于不属于多智能体方法建模的其他方法,我们暂称为"非智能体方法"。非智能体方法包括很多,常用的建模方法可以分为基于运筹学、控制论、系统仿真、企业建模的方法[136-138]。

基于运筹学的方法一般使用整数规划、混合整数规划、排队论、策略评价模型、博弈论模型、统计分析和传统的方法。对于复杂系统问题的定量研究采用数学方法构建了整体优化下的模型,这种方法虽然方便定量分析,但是它一般需要较多的假设条件与数学抽象。而且现有的优化算法具有一定的局限性,还不能提供获得最优解的途径,这使得运筹学的方法不能很好地解决这一类问题。同时,由于实际的分销链/供应链存在不确定性因素,内部运作管理的复杂性也将导致模型的结构更加复杂。

基于控制论的方法包括离散时间差分方程模型、连续时间微分方程模型。这些建模思想主要借鉴了控制学理论,把分销链/供应链的输入与输出关系采用差分方程(微分方程)描述,如传递函数、根轨迹图和频域分析等。一般可以将分销链/供应链考虑成为一个理想的多层库存控制系统,然后用自动控制原理给出系统方框图及传递函数,求出使系统稳定的临界值。当模型的规模很复杂时,采用差分方程(微分方程)描述分销链/供应链的输入与输出关系就很复杂,即使能够很好地描述,要计算其结果也是很困难的。

基于仿真建模的方法主要包括系统动力学方法、离散事件仿真方法和基于MA的建模仿真方法(多智能体方法)等。系统动力学方法研究的对象主要是复杂非线性、具有多重反馈的连续系统;离散事件仿真方法主要是利用离散事件仿真,综合运筹学和软计算等优化及建模技术,并采用图形过程建模方法和可重用模块化设计构建了系统模型。仿真法所建立的仿真模型可以考虑到各种复杂因素和不确定情况,同时不存在数学求解的复杂性问题。在某些情况下,仿真法是唯一可用的方法。随着计算机技术的发展,仿真法在可靠性中的应用已经较为广泛。目前,主要利用随机仿真法对供应链可靠性进行的研究,大多集中在交付可靠性和库存可靠性两个方面,使用的方法有静态仿真法和动态仿真法[139,140]。蒙特卡罗法作为一种最常用的静态仿真方法,在计算机上按照一定的步骤模拟随机出现的各种系统状态。用数值计算方法模拟一个实际过程,并从大量的模拟实验结果中统计出系统可靠性数值。蒙特卡罗法能够处理包含不同寿命分布单元与不同可靠性模型的复杂系统可靠性评估问题,是复杂系统可靠性评估领域最为普遍的方法[141]。例如,将蒙特卡罗法应用于供应链可靠性评估,首先运用蒙特卡罗法产生服从不同分布的企业失效时间的随机变量;再根据系统可靠性框图求得系统失效时间,完成一次仿真。当仿真次数达到规定值时,则结束仿真;最后将所得到的若干个系统失效时间作为系统寿命分布拟合与参数估计的样本,求得供应链可靠度函数。

基于MA的仿真与传统仿真的不同之处在于组成该系统的主体是Agent,该仿真受到分布式事件和面向对象的仿真影响[142]。由于基于MA的运作管理研究是以主体Agent为单位进行建模分析,Agent作为具有智能性的程序软件包,适合运用计算机仿真的方式进行研究。Macal等[143]阐述了ABMS是一种新型的仿真自治和相互作用的MAS方法,描述了ABMS的原理、工具包和开发

Agent 模型的方法等。Thierry 等[144]回顾了供应链管理仿真的方法,分析了仿真的原因、方法和类型,并给出了分布式仿真、集中式仿真和 MAS 仿真等。Fox 等[145]构建了基于 MA 的软件架构,该方法依赖于 Agent 壳体,并服务于基于行为的通信、协商对话和基于角色的组织建模。García - Flores 等[146]通过 KQML 语言进行通信仿真了动态行为和支持化学供应链管理的 MAS。林杰等[147]仿真了基于 MA 的协同合作,完成了供应链企业的生产运作过程。Nfaoui 等[148]给出了基于 AUML 语言的分布式仿真结构建模,并建议在供应链内采用一些基于 MA 的交易和谈判协议。Li 等[149]运用 MA 理论和强化学习设计并仿真了敏捷供应链,仿真了任务分配问题。Wang 等[150]设计了基于 MA 的供应链仿真系统,该系统使用了六层供应链模式。Chatfield 等[151]给出了允许 Agent 表示的供应链结构,该结构能够真实地表示不同供应链结构和子系统。Parrod 等[152]探讨了供应链中不同 Agents 间的相互作用,通过仿真分析了目标管理和稀有资源管理之间的关系。Albino 等[153]构建了基于 MA 的供应链协同网络,仿真分析了几种形式的供应链协同的收益。Santa - Eulalia 等[154]在仿真系统原理、分布式决策和基于 MA 的软件工程中探讨了供应链计划的仿真并建议构建 d - APS 的概念框架。

当前,国际上给出了许多基于 Agent 的建模方法,其中大多数都是基于原有方法的扩展。这些方法大致可以分为三类:基于面向对象方法的扩展、基于知识工程方法的扩展和基于组织思想的软件工程[155]。罗批等[156]认为 Agent 建模是通过对复杂目标系统在一定层次上进行自然划分,构建了与之对应的 Agent 模型,以从下向上的方式研究主体的微观行为,通过 Agent 之间的相互作用和影响获得系统宏观行为的一种建模方法。Pavo'n 等[157]和 Garcı'a - Sa'nchez 等[158]分别从 MAS 分析设计的组织、Agent、任务与目标、相互作用与环境角度五个不同视角进行了分析。许多学者还给出了不少的方法。

从 20 世纪 80 年代 MA 平台的研究开发以来,尤其是 Java 的出现使得平台的发展和使用更加广泛,主要平台有 Swarm、Repast、Mason、JADE、Starlogo、Netlogo、Zeus 和 Agentbuilder 等,这些工具广泛应用于社会和经济问题分析。这些软件开发平台提供了方便的用户开发环境和友好的图形界面,用户不需要很强的编程技巧即可建立实验环境。前人已经给出了对部分平台的论述,文献[159]给出了基于 Agent 的计量经济学软件包。文献[160]等介绍了 AgentBuilder、Jack、MadKit 和 Zeus 的分析、设计开发并对软件包进行了短评。Serenko 等[161]总结了 20 多个软件工具包并分成为四类:一是移动 Agent 工具包;二是 MA 工具包,包括 MadKit、Zeus、JADE、JATLite、MAST;三是总体工具包;四是 Internet Agent 工具包。AgentLink[162]对研究复杂系统的 36 种 MAS 软件包进行了概要阐述。Bitting 等[163]等给出了六个标准并运用这些标准评价了 AgentBuilder、AgentSheets、Jack、OpenCybele 四个平台。Eitera 等[164] 从 Agent 的角度分析了怎样选择合适的平台,是否有软件工业标准,MAS 的应用情况,技术情况如开发语言等,开发机构、研究所的背景和平台资料是否全面等方面进行考虑。

对于基于 Agent 的开发方法,不少文献已经给出了总结和阐述[165,166],典型方法有:Gaia、AAll、G – net、MULAN、MasE、UML 与 AUML、MAS – CommonKADS 和 DESIRE 等。欧洲的 AOSE 研究从 Agent 和 MAS 的定义、MAS 元模型、Agent 建模方法分析和设计、多视角方法、Agent 生命周期模型和 Agent 实现等角度进行了阐述。Wooldridge 等[167] 给出的 Gaia 方法涉及抽象和具体两类概念,抽象概念使用在系统分析中,具体概念则用于设计过程。Zambonelli 等[168] 给出当前的主要研究方向:Agent 构建、MAS 框架、MAS 方法学、AUML 和 MAS 下层机构组织等,从 Micro、Macro 和 Meso 的角度分析了 AOSE 当前的问题和挑战,为软件开发方法指明了方向。

对于基于 MA 的分销链/供应链运作管理开发平台的研究,Hikkanen 等[169] 构建了基于 Swarm 的描述供应链复杂性的模型。Galland 等[170] 构建了仿真模型的 MAMA – S 逻辑方法,推动了决策制造过程的建模和仿真。Arunachalam 等[171,172] 研究了由六个 Agents 组合 MAS,并给出了完成消费者订货仿真系统 TAC – SCM。Li 等[173] 构建了虚拟企业的新型 Agent 模型 COSEA,给出了基于 COSEA 和 Swarm 平台的新型虚拟仿真平台。Tian 等[174] 构建了基于 MA 的 CP – SCM,并通过 Zeus 平台对 MAS 进行仿真。周庆等[175] 探讨了基于 Swarm 的供应链运作模型,并描述了供应链主体结构和主体间的各种业务处理活动。

1.4.4　智能管理系统现状

根据以往的研究,Fox 等[176] 回顾了智能管理系统,并描述了智能管理系统的组织建模、调度约束、组织仿真、使用者界面和系统结构等。Li 等[177] 回顾了中国在智能系统中的主要研究内容和研究结构。这里把智能管理系统的研究分为两大类:基于 MA 构建的智能管理系统和非 Agent 构建的智能管理系统。

对于非 Agent 构建的智能管理系统,Prasad 等[178] 开发了具有计算机技术的智能库存决策管理系统原型,该模型允许使用者基于不同的输入变量进行工作,并提供 ABC 分类法作为查询的智能机制。Xia 等[179] 使用知识表示和混合推理策略构建了智能运作支持系统,该混合推理环境由 CBR、MBR 和 RBR 组成。Rao 等[180] 开发了生产运作支持系统的集成分布式智能管理系统结构和应用平台 INTEMOR。王成耀等[181] 给出了一种基于 Web 设计的多层客户机/服务器的智能管理系统。Linn 等[182] 构建了平行分层结构的智能管理系统框架 IMS – TM,该框架通过 meta – system 协同不同的专家系统和 MIS。郜焕平[183] 对 CIMS 和智能管理系统等进行阐述,给出基于模糊逻辑的广义管理模型和基于模糊逻辑的多重广义算子管理模型,并给出了几个案例。Choy 等[184] 给出了基于 CBR 的智能消费者—供应商关系管理系统,该系统有效地解决了 CRM 和 SRM 的集成问题。Prker[186] 给出了由语义信息仓库、先进分析引擎和目标驱动的生态协同环境组成的智能管理结构。Lau 等[187] 给出了基于新的设计算法和通用数据交换标准的智能系统,该系统通过分布式过程挖掘特性获取高质量、低成本的产品。

对于基于 MA 构建的智能管理系统,Pendharkar 等[188] 使用分布式基因学习构建了基于 MA 的车间调度执行和设计的信息系统。李刚等[189] 采用软件 Agent、组件技术和 CORBA 规范构造了由数据层、工具层、应用层和决策层组成的 F－ERP 软件。Ohtani[190] 给出了基于 MA 的分布式信息管理系统 IDIoMS,该系统为个性化信息的分配提供了工具。Sadeh 等[191] 开发了称作 MASCOT 的 Agent决策支持环境,以便供应链企业制订不同类的采购、计划和调度决策。郭健[192] 采用 MA 理论构建了智能管理系统的三层框架模型及实现方法。沈睿等[193] 也采用 MAS 构建了合理而实用的 MAS 模型,并采用扩展 UML 描述了主要子系统。雷星晖等[194] 引入了 MAS 优化供应链的库存系统,给出了供应链库存管理的新模式。Zhang 等[196] 构建了基于 MA 的金融投资计划混合智能管理系统。赵林度等[197] 构建了基于 Multi－Agent 的城际灾害应急管理系统,并设计了一种城际灾害应急管理资源协同机制。同年,Trappey 等[198] 给出了基于 MAS,并支持协同自治的 ACMP 铸模系统,它提供了自治处理供应商选择、任务分配和实时采购任务的跟踪。

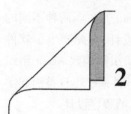

2 智能运作管理理论

2.1 智能管理理论

2.1.1 多智能体系统

2.1.1.1 Agent 概述

Agent 的概念源自于分布式人工智能。20 世纪 60 年代,相关研究主要集中在 Agent 进行描述信息和知识方面特性上。直至 80 年代末,通过与其他领域的相关技术相互结合,Agent 的研究领域得以深入拓展,Agent 理论研究才引起研究者的重视。当前,Agent 的研究从分布式人工智能领域拓展开来,并与经济学、管理学、社会学等领域相互融合。

(1)定义

Agent 是在某一环境中能够持续自主运行的独立主体,由于 Agent 技术的自身复杂性,至今为止尚未形成统一的定义。文献[199]给出了最为经典和被广为接受的定义:Agent 是一种具有智能性、自主性、适应性和协作性的软件或软硬件相结合的实体,在被激活的状态下,能够主动感知并理解所处的环境状态,独自地以理性的或通过寻求协作的方式,完成自身被赋予的任务。我们认为一个 Agent 包含信念(Belief)、能力(Capability)、决定(Decision)和承诺(Commitment)等精神状态。

(2)特征

作为独立智能实体的 Agent 具有较为宽广的智能特征,能够以显著的行为反应其智能特征。在各种特定环境下,Agent 应具备如下特征:自主性、交互性、反应性、主动性。社会性是 Agent 的根本属性,Agent 之间既然可以交互和协作,那么就可以形成一定的组织结构,从而形成多 Agent 系统。Agent 具有不需人的控制和监督能感知环境变化并做出反应的适应性,能根据用户或环境特点调整自身行为,如智能性,能推理、学习、规划等,感知其他 Agent,推测其行为并能够与之交互。根据 Agent 所具有的不同特性，Wooldridge 给出了 Agent 的强、弱两种不同的定义。在绝大多数情况下，Agent 的具体实现要通过软件设计，由此产生了软件 Agent 的概念，这方面的主要研究内容包括组织结构设计、组织结构到 Agent 组织的映射和 Agent 组织的演化。面向 Agent 技术的开发设计软件系统也日益引起学术界和企业界的广泛关注，在实际应用中出现了面向 Agent 的程序设计。

（3）种类

Agent 作为 MAS 的基本组成单位。它具有多种分类方法，例如：根据其不同特性，可分为同构 Agent 与异构 Agent；根据其内部不同的控制机理，可分为规则 Agent、规划器 Agent、神经网络 Agent、机器学习 Agent 和模糊逻辑 Agent 等。最常用的分类是 Barzier 根据 Agent 结构，把 Agent 划分为反应型、学习型和混合型三种。此外，对于"Agent"一词，国内研究者给出了不同的翻译，如代理、智能体、智能主体等。目前，尚无一个权威和统一的定义，因此本书直接采用 Agent 这个英文名称。

（4）Agent 和对象的比较

这两个概念既有相同点，也有不同点。根据以往的文献，下面对这两个概念进行比较和分析。Agent 和对象都是软件系统，执行某种行为、具有内部标识和可以通过消息传递进行通信的计算实体。它们之间的不同点主要体现在对象具有封装性、继承性和多态性等特点，仅仅是一个集成不同类型变量的数据结构；Agent 是对象的智能外延，由信念、意图和目的等组成，具有更多智能特性和更复杂的结构；Agent 比对象更具有自治性、反应性、主动性和社会性；MA 之间通过请求（Request）、通知（Inform）和命令（Command）等方式进行交互，并具有专门的 Agent 通信语言（Agent Communication Language，ACL），如知识查询与处理语言（Knowledge Query and Manipulation Language，KQML）；Agent 具有认知特性，它们之间具有协调、合作竞争和谈判等能力。总之，相对于对象而言，Agent 是智能更高，并具有一定自治性的软件实体。

2.1.1.2 MAS 概述

MAS 作为分布式人工智能的重要分支，它是指由分布在网络上的多个 Agent 通过松散耦合而形成的大型复杂系统，将过去封闭的、孤立存在的知识系统发展成为开放、分布式智能知识系统。在复杂的动态环境中，多个 Agent 之间通过通信实现相互作用，以实时协调的方式解决问题，从而完成单个 Agent 由于资源和能力受限而无法解决的复杂问题[200]。基于 MAS 的智能设计、智能诊断、智能预测等作为智能研究的新方向，已经受到控制领域学者和工程技术人员的极大关注。自从 Agent 被提出以来，MAS 为企业智能管理提供了新的管理思路与理念。在复杂动态环境中，多个 Agent 之间通过通信实现相互作用，以实时协调的方式解决问题，从而完成过去单个 Agent 由于资源和能力受限而无法解决的复杂问题。研究表明,具有实现某一特定功能的计算机软件单元Agent在分销链/供应链管理中扮演着重要角色[201],一般拥有反应性、自主性、适应性、协商谈判、推理能力和社会性等能力,具有解决复杂问题的潜力。

MAS不仅为复杂大型系统构建提供了一种新方法,而且提供了一种多个Agent间协调工作机制。MAS是一个松散耦合的网络。所谓"松散耦合"意味着Agent可以把更多时间花在业务处理上,而不是在通信方式上。基于Agent自主性特征,可以由不同的研发人员采用不同的设计方法和计算机开发语言在不同时期进行开发,实现各个Agent完全异质。

(1)MAS的优势

MAS可以极大地提升系统整体性能,特别是在计算效率、扩展性、鲁棒性、维护性、响应速度、灵活性以及重复利用性等方面。与集中式系统或者单个Agent系统相互比较,MAS具有以下显著优势:①开放性。各个Agent都拥有解决问题的不完整信息和局部能力,考虑到数据和知识是相对分散的,MAS通过将所需资源和计算任务分配到相互连接的多个Agent上,从而达到重新获得、过滤以及协调来自空间分布多个信息源信息的目的。MAS能够与现有的系统进行连接和相互操作,并且通过对原有系统进行Agent封装,可以将其结合到其他的MAS上。②MAS将能够自主进行交互的Agent作为基础建模单元,这已经被证明是解决任务分配、团队规划、用户偏爱以及开放式环境等分布式问题最自然的方式;MAS可以有效地重新采集、筛选与协调来自空间分布不同信息源的信息。MAS可以作为一种获取专家知识的有效工具。③MAS为人机智能决策支持系统的构建与整合应用,创新性地提供了一种实现途径和开发方法。MAS使得建立网络化、集成化、智能化的交互式协调决策支持系统成为现实。MAS已经开始应用在一些前沿领域,随着科学研究的不断深入与发展,MAS的应用领域将会越来越宽。

(2)MAS建模

首先,下面先对非智能体方法建模与多智能体方法建模进行比较分析。这两种方法既有区别又有联系,需要分别对各个非智能体方法和MAS进行比较和区分。其区别是:①非智能体方法采用由上向下的建模方式,并从整体优化的角度进行分解的思路;MAS方法采用由下向上的建模方式,由众多的微观现象呈现出系统的宏观特性。②非智能体方法一般采用从整体的角度进行建模分析;多智能体方法采用拟人的手段,以MA之间的关系作为研究对象实现协同运作管理的协调、协作与协商。③非智能体方法一般采用设定参数的方式进行运作管理,构建一组数学方程得到各影响因素间的关系;多智能体方法则采用具有实现协同运作交互的仿真技术。④从建模的角度分析,面向对象建模和基于Agent建模是从软件工程的角度进行研究,其他的建模方法则是从另外的角度进行分析,如运筹学和控制论角度等。

对于 MAS 而言,关键问题是如何实现 Agent 之间灵活复杂的交互。由于 Agent 与对象之间的相似性使得面向对象的建模方法可以被借鉴到基于 MA 的建模方法中,如对象建模技术、面向对象的软件工程和统一建模语言 UML 等。由于 MAS 建模与软件工程密切相关,MAS 建模方法与软件工程有相似之处。2007 年 Oluyomi 等[202]给出了 MAS 开发的七步法:获取需求、基于 Agent 的分析、MAS 构建、Agent 内部构建、细节设计、执行和测试。这里仅对前三步结构建模展开讨论并给出了 MAOMFPS 模型。后四步工作是从软件开发的角度进行的分析,将在以后的工作中进行探讨。基于 MA 的建模方法需要在充分考虑 Agent 与其他 Agent 间交互的基础上,兼顾 MAS 整体性(Agent 之间的协作)和 Agent 真实物理状况(自治性、分布性等)。

基于 MA 的建模一般是在面向对象的方法基础上,采用 AI、软件工程和复杂性理论进行的研究。Agent 建模方法通过对 Agent 描述和两者间的相互交互作用,使 MAS 出现系统的宏观和微观特性。下面给出了面向对象的建模和基于 MA 的建模[321,203]的比较,见表 2-1。

表 2-1   建模方法比较

项目	面向对象的建模	基于 MA 的建模
基本单元	对象	Agent
单元属性	传统的模块化概念,具有继承、封装和调用等特性	具有心智特性的模块化,如信念、愿望和意图,受外部环境的变化影响
单元功能	可以看成一个实体,能够转化为具有 Agent 的智能特性	比对象更贴近实际客观世界,能够刻画复杂世界的相互关系,具有社会性
交互性	不具有明确的交互特性,但可以完成信息的传递,没有专门的通信语言	交互和协商是 Agent 的重要特征,具有基于 Agent 的通信语言 ACL
移动性	静态	能够自行决定并能在网络的各个节点之间移动,执行某种任务的功能
适应性	不具有对外部环境变化或突发事件的适应性	能够通过学习、推理和判断适应外部环境的变化,具有自治性和反应性
构建特性	采用从上向下的建模方式,从整体和全局的角度出发,分解该系统为相互作用的局部个体	构建由个体组成的系统间的相互作用,获取整体系统的特性。采用由下向上的建模方式
实现方法	对象是通过内部变量值实现,并运用 Java 和面向对象的软件编程实现	Agent 按照 BDI 等模型实现,采用面向 MA 的软件工程实现,在智能平台/框架下(JADE、Swarm 和 Repast 等)进行编程

这里阐述了基于 Agent 的建模方法。

第一步，根据现实模型对建模系统进行需求分析。基于 Agent 的需求分析是基于主体的思考方式，通过从下到上的作用获得整个系统的分析结果。在分析时，尽量遵照现实模型、组织实体和运作模式，对系统中各种实体或运作进行结构化描述，其分析内容包括目标分析、角色分析和角色与角色之间的相互关系分析。

第二步，主体 Agent 的功能划分。由于 Agent 在组织结构中的地位和关系不尽相同，需要根据现实模型的需求，确立各个主体 Agent 的目标并分析它们之间的关系。通过获取目标之间的层次关系，确定主体 Agent 在系统结构中的作用和功能，即对 Agent 进行角色划分。由于每个 Agent 的角色和内部组织功能结构的不同，针对不同的应用设计需求，不同的 Agent 功能和结构属性也需要探讨。一般来说，Agent 属性包括静态和动态两种。静态属性描述诸如 Agent 名称、IP 地址和所属群组等信息；动态属性着重描述那些随时间推移和环境变化而改变的 Agent 属性。

第三步，Agent 之间的关系分析。参照 BDI 模型，Agent 的识别包括目标、属性、行为、目标实现的规划、与其他 Agent 的交互协作、协调和谈判等设计内容。交互语言是实现 Agent 交互所必需的活动，是 Agent 相互沟通的媒介。协商机制的目标是保证 MA 之间能够协调一致地工作，从而完成系统的设计。为了克服 MA 之间的竞争与冲突问题，协商机制的设计常采用拍卖和合同网等方式。拍卖模型是最为广泛使用的资源分配经济模式，近年来电子商务、自动交易系统的迅速发展使得拍卖理论得到了广泛的研究和使用。三个与拍卖有关的关键角色是：资源所有者、拍卖人（即仲裁人）和购买者。拍卖可以分成单边拍卖和双边拍卖。在单边拍卖中，投标人或者全是买方，或者全是卖方；而双边拍卖这种机制同时存在多个买方和卖方。

第四步，MAS 构建。MAS 构建的第一个任务是在这个系统中完成该角色的 Agent 规范，Agent 完成这个角色的定义需要通过角色责任和角色完成的目标来决定。MAS 构建的第二个任务需要从 Agent 之间的关系中设计可行、高效的软件系统结构，包括定义基于环境的界面、逻辑系统和数据信息来源；定义 MA 之间的协议与数据通信结构间的相互机制和设计 Agent 的导航平台与类型。该结构是仿真现实生活的角色组织和实际软件之间代沟的第一步。

（3）智能系统

与 Agent 和对象对应的另一对概念是面向 MA 的智能系统和面向对象的信息系统。

一般认为，具有一定 AI 行为的系统称为智能系统，面向 MA 的智能系统由 Agent 之间的信息关系、智能控制关系和求解问题能力的分布式模型组成，是系统结构和智能控制的有机结合。面向对象的信息系统是指以文件和数据库作为数据管理的软件支撑,以对象的方式构建信息共享的软件系统,程序和数据相对独立。另外,还有与信息系统相关的概念即基于 MA 的决策支持系统和基于对象的决策支持系统。决策支持系统主要由人机交互系统、模型库和数据库系统组成。基于对象的决策支持系统是综合利用大量数据,并组合众多模型(数学模型与数据处理模型等)而构建的模块化数据结构,通过人机交互的形式辅助各层决策者实现科学决策的系统。基于 MA 的决策支持系统是在决策支持系统的基础上集成 AI 和 MAS 而形成的新型决策支持系统。

2.1.2 智能管理理论

2.1.2.1 本体理论

本体的概念起源于哲学领域,本体论在很长一段时间内都是隶属于哲学研究的一个分支。结合本体理念能够更好地改善 Agent 内部和外部知识的共享、集成和互操作。关于本体,美国 Stanford 大学的 Gruber[204]给出了一个较为广泛接受的定义,即本体是概念模型的明确的规范说明。Borst[205]在此基础上定义"本体是共享概念模型的形式化规范说明"。随后,Studer 等[206]对上述定义进行了深入研究后认为本体定义包含 4 层含义:概念模型(Conceptualizatinn)、明确(Explicit)、形式化(Formal)和共享(Share)。

创建本体的目标就是提供一种能可以通过机器进行处理的语义描述机制,使得知识语义能够在不同的智能代理(软件系统和人)之间实现相互传递和交流。本体以帮助人和机器进行简明的交流并将这种概念模型作为信息访问者和文档之间的中介。本体一方面面向上层的信息访问者屏蔽不同文档内部的复杂语法结构;另一方面可以为查询过程提供一定的背景知识,从而实现真正意义上的语义层访问。本体在信息共享、系统集成和基于知识的软件开发等方面具有重要的作用和广阔的应用前景。在信息领域,本体用于知识表示、知识共享和重用,适合于描述异种的、分布的、半结构的信息资源,将本体技术应用于 MAS 能够为所有 Agent 提供一个共享信念和行为的虚拟世界。本体已成为多个 Agent 技术的重要组成部分之一,已有不少文献[207,208]将本体应用于 MAS 的开发中,如企业本体实现对企业领域知识概念的抽象和描述、服务本体实现企业服务发布与发现、工作流本体实现订单任务的动态分解。

工作流本体广泛地用于描述工作流组件(任务、服务、资源)间的相互关系。通过建立工作流本体,在运作期间可以灵活地进行工作流自动推理与解释。通常,工作流具有层次结构,任务与服务可以进一步分解为子类、属性和关系。三层工作流本体概念模型,如图 2 - 1 所示。上层为工作流本体层。抽象工作流本体(the Abstract Workflow ontology,AW)有两个子类,分别为执行工作流本体

(the Execution Workflow ontology,EW)和抽象任务本体(the Abstract Task ontolo-gy,AT)。将抽象工作流本体直接映射到执行工作流本体,不仅可以整合现有的工作流系统(如 ERP),而且在特定状态下能够提升执行效率。中间层为任务本体层。将抽象任务分解为一系列执行任务(the Execution Tasks,ET),再将这些任务与抽象服务(the Abstract Services,AS)进行匹配。下层为服务本体层。由内部服务(the Internal Services,IS)和外部服务(the External Services,ES)提供抽象服务。

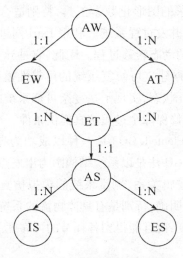

图 2 - 1   工作流本体概念模型

Web 本体语言(Web Ontology Language,OWL)作为 W3C(World Wide Web Consortium)推荐的标准本体表示语言,已经被广为使用[209]。它提供了丰富的描述逻辑和语义推理规则,因此,可以采用 OWL 作为数据交换中的本体模型和实例描述语言,但是 OWL 不具有保留企业相关数据的功能。服务本体描述语言(Web Ontology Language for Service,OWL - S)是一种用来描述 Web 服务的属性和功能的 OWL 本体,主要通过服务概要(Service Profile)、服务模型(Service Model)和服务细节(Service Grounding)来描述服务做什么、服务如何做、服务如何访问三个方面的语义,从而实现服务的自动发现、执行、组合和运行的监视[210]。通过对服务本体 OWL - S 进行扩展,添加交货期、交货数量、产品质量等服务可靠性指标。可以从多个方面获取并规范度量指标,根据这些服务可靠性指标建立评价模型,得到企业可靠度,为任务分配提供依据。

2.1.2.2   系统评价模型

马尔可夫模型是一种较为广泛采用的系统评价模型。对于不可修复系统,可以计算出系统可靠度;对于可修复系统,可以计算出系统可用度及其他系统特征量。进一步结合系统状态转移过程,马尔可夫模型不仅能够计算两状态独立部件的系统可靠度,而且能计算多状态非独立部件的系统可靠度。

贝叶斯网络(Bayesian Network,BN),由 Judea Pearl 在 20 世纪 80 年代首先提出,它用图形模式来表示不确定变量结合的联合概率分布,以揭示变量间潜在的依赖关系[211]。目前,多阶段系统可靠性理论研究已取得一定成果。基于贝叶斯网络的多阶段系统可靠性评估模型,旨在提供一种完善、高效的多阶段系统可靠性评估方法,利用贝叶斯网络刻画多阶段系统,从而可以利用贝叶斯网络作为有力的建模和分析工具,完成多阶段系统的可靠性评估。

Petri 网作为一种完善的图形化数学工具,特别适合描述和分析具有同步、通信、资源共享等特点的并发过程系统。利用 Petri 网进行系统建模,可以清晰地描述系统各状态之间的动态转移过程。因此,它是异步并发系统建模与分析的有力工具。利用 Petri 网建立可修复系统的可靠性模型,通过模型内部 token 的移动控制系统组成单元状态,实现了在复杂可修系统的可靠性模型中引入修复过程,为系统的使用维修保障全过程仿真提供条件。

成功流方法(Goal Oriented,GO)是一种以成功为导向的系统概率分析技术。与传统解析法相比,GO 法是以系统结构图为出发点,能够具体反映系统和部件之间的功能关系及逻辑关系,侧重系统的模拟仿真,因此它比较适用于系统结构清晰、元部件关系明确,特别是有具体物流的系统分析。GO 法不仅可以计算分销链的整体可靠度,而且能得到各环节的可靠度。

2.1.2.3 仿真法

解析法和仿真法的根本区别在于,获取系统随机状态及其概率分布的方法不同。解析法采用故障枚举的方式获得系统随机状态,再通过解析计算的方式获得系统随机状态的概率分布;仿真法采用随机抽样方式获得系统随机状态,再通过样本统计随机状态的发生频率进行概率估算。

解析法的优点是:具有明确的数学模型,通过从模型中直接解出系统解,计算系统可靠性。但是,系统随机状态数目随着元件数目的增长呈指数规律增长,在大规模系统可靠性评估时会产生"维数灾"。因此,解析法适用于结构简单的系统,对于复杂系统,由于数学模型表示较为复杂,即使能够用数学模型进行表达,也很难对其进行求解。

仿真法的计算量与系统规模无关,系统可靠性评估程序的数学模型相对简单,容易模拟各种实际运行的控制策略以及各种客观因素的影响,在建模和算法实现等方面,仿真法都较解析法简捷。在特定的精度要求下,仿真法的抽样次数与系统规模无关,特别适合应用于复杂系统的可靠性评估,所获得的可靠性信息更加丰富实用,计算结果更加符合实际情况。然而,仿真法存在计算精度和计算速度相互矛盾的问题,即要获得较高精度的可靠性指标,就需要进行大量的抽样计算,因而限制了评估的收敛速度。仿真法所建立的仿真模型可以考虑到各种复杂因素和不确定情况,同时不存在数学求解的复杂性问题。在某些情况下,仿真法是唯一可用的方法。随着计算机技术的发展,仿真法在可靠性中应用已经较为广泛。

2.1.2.4　优化算法

优化算法有很多,关键是针对不同的优化问题,对于连续和线性等较简单的问题,可以选择一些经典算法,如梯度、Hessian 矩阵、拉格朗日乘数、单纯形法、梯度下降法等;而对于更复杂的问题,则可以考虑用一些智能优化算法,如遗传算法、神经网络、蚁群算法、模拟退火、禁忌搜索、粒子群算法等。

遗传算法(Genetic Algorithm,GA)是一种借鉴生物界的进化规律(适者生存,优胜劣汰遗传机制)演化而来的随机化搜索方法。它是由美国的 J. Holland 教授于 1975 年首先提出来的。其主要特点是:直接对结构对象进行操作,不存在求导和函数连续性的限定;具有内在的隐并行性和更好的全局寻优能力;采用概率化的寻优方法,能自动获取和指导优化的搜索空间,自适应地调整搜索方向,不需要确定的规则。遗传算法的这些性质,已被人们广泛地应用于组合优化、机器学习、信号处理、自适应控制和人工生命等领域。它是现代有关智能计算中的关键技术。

人工神经网络(Artificial Neural Networks,ANN)也称为神经网络(NN),是一种模仿动物神经网络行为特征,进行分布式并行信息处理的算法数学模型。这种网络依靠系统的复杂程度,通过调整内部大量节点之间相互连接的关系,从而达到处理信息的目的。在众多的神经网络工具中,NeuroSolutions 始终处于业界领先位置,其将模块化、基于图标的网络设计界面,先进的学习程序和遗传优化进行了结合。

蚁群算法(Ant Colony Optimization,ACO),是一种用来在图中寻找优化路径的机率型算法,其灵感来源于蚂蚁在寻找食物过程中发现路径的行为。蚁群算法是一种模拟进化算法,初步的研究表明该算法具有许多优良的性质。蚁群算法具有一种新的模拟进化优化方法的有效性和应用价值。

2.1.2.5　开发平台

基于 Agent 的设计工具主要涉及软件开发平台、仿真平台、智能计算软件、接口设计、智能方法、设计语言和数据库系统等。软件开发平台有 Agent 开发平台、本体开发软件等,如 JADE、Repast(Recursive Porus Agent Simulation)和 Protégé 等;仿真平台主要有 Matlab/Simulink 和物流仿真软件等;智能计算软件有 GA 和 NN 等。由于目前智能系统的研发还处在初期,各种规范和标准还需要完善,所以各类接口系统和软件的通信机制还无法有效的实现。在整个系统的底层架构中,主要会涉及两大类技术:XML 和 Web 技术。XML 具有可扩展性和开发语言的无关性,可以保证整个系统架构的高松散型、可扩展性和易移植性。它可以用来描述各个 Agent 及 Agent 之间的底层数据信息,而 Web 服务技术也具有与具体开发语言无关的特性。

随着 AI 的发展和社会复杂系统的深入研究,基于 MA 模型、平台(架构)或开发环境研究也是研究的热点课题,尤其在计算机科学、网络通信、生态学和社会经济等领域,如 Santa Fe 研究所的 Swarm、意大利电信实验室(TILAB)的 JADE 和芝加哥大学经济系的 Repast 等。为方便说明,下面把平台(架构)或开发环境采用平台进行阐述。

利用 MA 平台研究社会领域中的复杂系统行为问题,有利于解决社会性难题,因此,MAS 被广泛应用到社会、政治历史、生物、旅游、经济管理、地理、军事和生命科学等学科。目前,研究 MAS 问题的学者逐渐转向于借助 MA 平台开展相关研究。由于这些平台本身也在不断地发展和完善,新的平台不断涌现,很难对所有的平台展开论述,所以仅就这些成熟的部分平台进行回顾,为 MAS 的使用者提供参考和借鉴。由于社会问题大都具有复杂性和非线性的混沌行为现象,过去人们解决这类问题一般都在假设前提条件下应用数学模型,现在系统动力学和 MA 仿真也逐渐成为解决社会问题的有效手段。

Swarm 是基于 MA 的强大通用仿真软件包,它已广泛用于经济、政治、生物、生态、文化与人类学、计算机科学、地理、军事和统计等研究领域,对于初学者要求具有编程能力。Swarm 可运行于 Unix、Linux、Windows 等系统,该软件包由 Santa Fe Institute 研究所开发完成,是国内应用较多的仿真软件平台之一。Swarm 目前有 Java Swarm 和 Object - C Swarm 两个版本。Java Swarm 可调用 Objective - C 编写的类库集。一个 Swarm 模型包括模型 Swarm(Model Swarm)、观察者 Swarm(Observer Swarm)、模拟主体和环境,它们往往是构建一个 Swarm 模型经常包含的部分。它提供面向对象的可重用组件库,可用来建模并进行分析的功能,支持 2D 显示。

Repast 软件平台,从 Swarm 中借鉴了很多设计开发理念,是一个"类 Swarm"的 Java 模拟软件架构。Repast 的设计目标源于对非程序人员方便使用和较短学习周期的需求等。Repast 的安装比 Swarm 简便,也不需要掌握 Object - C 语言。Repast 的核心部分可以看成是基于 Agent 建模的规范和说明,支持 3 种平台: Repast J、Repast. Net 和 Repast Py。高级模型需要在 Repast J 中用 Java 编写或在 Repast . Net 中用 C# 编写。这三个平台虽然有相同的核心,但是每个平台都为这些特征提供了不同的环境,Repast 把这三部分联系在一起提供给使用者选择。Repast 可看成一个从各个组件中收集状态的状态机模拟,这些组件被分成底层结构和表层结构。底层结构用来运行模拟、显示和收集数据等机制;表层结构是一些建模者创建的模型。Repast 像 Swarm 一样,底层结构和表层结构的状态变化都是由调度控制发生的。RePast 含有两个比较典型的内部机制:时间序列机制和图形用户界面机制,用于创建、运行、显示和收集数据,并提供了内置的适应功能,如遗传算法、神经网络和回归分析等;具有支持完全并行的离散事件操作、内置系统动态模型等特点。Repast 提供了多个类库,这些类封装在6个库中:分析库(Analysis)、引擎库(Engine)、游戏库(Game)、图形用户界面库(GUI)、空间库(Space)、类库(Util)。另外,Repast 也推出了 GIS 应用的功能,但不支持 FIPA 标准。

StarLogo 是在美国自然科学基金会和 LEGO Group 的赞助下,由麻省理工学院媒体实验室 MIT Media Lab 和 Teacher Education Program 等开发的一个建模环境,可用于运行分散机制的 Logo 语言扩展版本,新版本 StarLogo TNG 提供了图形语言和出色的 3D 游戏和模拟功能。StarLogo 可以模拟许多现实生活现象,如鸟群、交通阻塞和蚂蚁迁移等,尤其适合于学生进行快速的模型设计。StarLogo 沿袭了传统的 Logo 版本可以在计算机屏幕上通过控制图画"海龟"创建图形和动画的理念,使用者可以控制许多并发的图画"海龟"。适用于教学和快速设计简单的模型,不适用于模拟大型的社会系统,其运行速度一般。

NetLogo 是美国西北大学推出的一个 Java 编程的模拟自然社会现象的平台,尤其适合于开发复杂系统,建模者可以自行构建大量 Agent,通过这些主体间的相互作用尽可能获取主体微观行为和宏观模式间的关系,NetLogo 相对于 Swarm、Repast 来说其编程和仿真更方便些。NetLogo 也是 Logo 语言延伸出来的一种语言,它将成为 MA 建模语言中的一种。StarLogo 和 NetLogo 具有类似的特点,但是当前的 NetLogo 不仅局限于仿真教学和简单模型,而且将逐渐发展成具有仿真复杂社会环境的能力。另外,NetLogo 与 StarLogo 一样也适合学生、教师等人员自己模拟或开发模型,支持学生在教室里通过网络或者手持设备(TI-83+图形计算器)来控制仿真环境中的 Agent,称为"HubNet"的教室参与模拟工具包。NetLogo 自身带有模型库,收集了过去建模者使用或修改过的模型,包括生物医药、物理化学、数学、计算机科学、经济和社会心理学等。

Mason(MA Simulator of Neighborhoods or Networks)由乔治梅森大学(George Mason University)用 Java 开发的离散事件 Multi-Agent 仿真核心库,具有快速、灵活和携带方便的特点。它提供足够多的功能支持轻量级的模拟需求,自含模型可以嵌入到其他 Java 应用中,可以选择 2D(3D)图形显示。在 Mason 平台上的模型都是图形用户界面,可随时添加、改变、修复和动态移动。它能够生成图像文件存储格式快照、QuickTime 影片、图表图形和数据流。Mason 平台运行速度相对较快,还不是很成熟,具有一定的潜力。

Zeus 是英国电信企业(British Telecom)实验室开发的基于 Java 的软件包,其 Agent 的构建完全满足 FIPA(The Foundation for Intelligent Physical Agents)规范。Zeus 通过 GUI 使用 Gaia 方法定义 Agent 和 Agents 间的相互作用,其集成

化开发环境提供了设计方法、图形开发工具帮助使用者建立 Agent。每一个 Zeus Agent 由视窗层、定义层、组织层、协同层和交流层构成,视窗层可以通过传感器获得外部输入和通过效应器改变外部世界;定义层 Agent 是一个自主体,表示 Agent 的目标、资源、技能、信念、偏爱推理和学习能力;组织层描述了 Agent 间的关系;协同层 Agent 被作为社会主体;交流层则提供了传输协议和语言确保 Agent 间相互发送信息。Zeus 通过 KQML 和 Sockets 进行 Agents 间的通信,提供了一些用于交流、协同、计划和调度的库。Zeus 适合开发智能 Web 服务语言 (DAML-S)描述的 BDI 模式和智能信息处理功能的 Agent,但是其创建的模型可复用性不强。

JADE(Java Agent Development Environment)是意大利电信实验室用 Java 实现的 Agent 平台,完全满足 FIPA 规范、支持移动 Agent。JADE 的主要目的是通过遵从 FIPA 标准的中间件和图形用户界面工具来简化 Agent 系统开发。Agent 之间通过 ACL 进行交互,这种特性为在资源库之间进行协商提供了基础。Agent 平台分布在几个主机上,只有一个 Java 虚拟机(JVM)在每一个主机上执行,每一个 Java 虚拟机基本上包含了 Agent 执行的运行环境。JADE 的核心包含了两种图形化工具 Dummy Agent 及 Sniffer Agent,提供了图形化界面,透过 GUI 来进行远端管理及 Agent 状态的控制,但并不是真正的模拟环境,GUI 环境也可以允许建模者创建、启动远端主机上的 Agent 执行。JADE 应用也很广泛且有不少成功的案例。

AgentBuild 是用 Java 开发的、提供给使用者快速、容易开发 Agent 系统和应用的集成工具包。它包括两大系统:工具包(Toolkit)和执行环境系统(Run - Time System)。工具包包括管理基于 Agent 软件开发过程、分析 Agent 运行域、设计通信 Agent 网络、定义 Agent 行为和调试 Agent 环境;执行环境系统包含 Agent 引擎(AgentEngine),它提供了一个 Agent 执行的环境,Agents 间的通信是采用 KQML 方式,也提供给使用者定义适合于自己特定需要的通信开发环境,支持 KQML, CORBA and TCP/IP 通信,可用于电子商务、个人邮件等。AgentBuild 软件包的应用减少了使用者的开发时间和开发成本,适用于没有智能技术背景的使用者选用。

这里列举了部分常用的平台,它们都各有侧重和不足。其他更多的 Agent 平台不再介绍。如 JAFMAS (Uni. Cincinnati),它遵循 KQML 标准可用于分销链管理等;FIPA - OS (Nortel Networks),它遵循 FIPA 标准并适于虚拟专用网络、虚拟归属环境(Virtual Home Environment)、会议调度和个性化服务等。

前人已经给出了对部分平台的论述。Railsback[212]等对 2005 年发布的 Swarm 2.2、Repast 3.、Mason version 10、NetLogo 2.1 四个版本平台进行了详细的比较,通过 16 个傻瓜式模型从编程体验、执行速度、平台开发理念、模型构建等方面进行测试,并评价了四个平台。Objective – C Swarm 平台设计概念清晰、运行稳定、模型和图形用户界面完全分离,适合于复杂系统的研究,其不足之处就是 Objective – C 语言的应用;Java Swarm 平台包括了 Objective – C Swarm 平台,方便 Java 使用者,其不足之处是 Java Swarm 平台不能很好对 Objective – C 和 Java 中的优点进行取舍,其运行速度较慢于 Objective – C Swarm 平台;Repast 是最完善的 JAVA 平台,支持多线程运行,相对于 Swarm 等平台速度较快,其不足之处就是基础元素设计不太完整;NetLogo 平台的模型不复杂、兼容性好,构造初始模型速度快,潜在地减少了编程时间,但是缺少集成调试环境和复制性;对于有经验的程序员来说,Mason 也是不错的选择,它支持 MA 或长时间的密集计算。

　　由于信息技术的迅速发展,开发环境和工具不断革新,各平台应用领域、功能也不尽相同。根据前人的经验和文献,把参照条件分为三个方面:平台本身品质、平台发展支持状况和使用者角度。见表 2 – 2。

表 2 – 2 　　　　　　　　　　　　　　　平台判断条件

分类	平台判断条件
平台本身品质	1. 平台相对成熟,拥有可以使用的通用和专用模型库,也可以允许使用者根据条件自行添加。 2. 平台开发语言及通信标准是否通用,平台底层架构及概念定义是否清晰。 3. 平台安全性、稳定性问题,是否拥有图形界面,能否模拟结果,并 2D/3D 显示。
平台发展支持状况	1. 目前大多数平台在不断完善,是否有研发人员升级和完善平台。 2. 搭建免费共享网络平台,应用资料、文献及案例。开展网上答疑、互动连同,让使用者参与到其中。 3. 比较好的平台研发机构每年都举行论坛、会议等。
使用者角度	1. 平台要有丰富共享资料,适合本领域的应用并在本领域有案例借鉴。 2. 平台要易于使用、编程和调试。调试是件费时费事的工作。是否适合非程序人员使用,运行速度要求尽量快。

　　利用 MA 平台研究社会领域中的复杂问题,有利于解决不确定性难题。MA 平台虽然还是刚刚起步,但已经应用到生态系统、金融市场等,这些研究采用了"由下向上"的模拟和基于 Agent 的模型方法。本书对收集到的部分在社会经济、网络通信等领域的平台应用文献进行了总结,以便于帮助研究者选择合适的平台。由于时间和条件的限制,还不能具体地对每一个平台进行测试,因此只能对某些领域的应用情况进行阐述,如制造业中的计划调度、生产监控和诊断;供应链建模和协同;决策支持系统;网络监控、信息收集和过滤等。应

用分布、移动和谈判的 Multi-Agent 是比较合适的。电子商务中的拍卖也是 Multi-Agent 平台应用的方向。另外,在运输物流业、旅游服务业、生物医药、GIS 等领域也有着广泛的应用。我们相信,MA 模型和平台的研究是今后许多学科,尤其是计算机科学、网络通信、生态学和社会经济等领域研究的热点课题。随着 AI 的发展和社会复杂系统的深入研究,MA 系统广泛地应用到社会、政治、历史、生物、旅游、经济管理、军事和生命科学等学科。

2.2　分销链运作管理

2.2.1　分销链管理模式

目前,在分销链/供应链运作管理研究中,许多学者对 FPS 运作管理理论进行了探讨,从不同的角度(优化和算法等)、采用不同的方法(数学建模、系统动力学和 MAS 等)研究了分销链/供应链是如何进行 FPS 运作管理的。本节主要讨论分销链模式、MAS 和底层信息模型等理论,从结构组织、运作控制和内部流程等方面探讨 MAOMFPS。

2.2.1.1　分销链

分销链作为供应链中供应、制造和分销的一个重要组成部分,在供应链管理中是不可缺少的。所谓供应链是指产品生产和流通过程中所涉及的多个原材料供应商、制造商、批发商、零售商(专卖店)和最终消费者,并连接成链状或网络结构,如图 2-2 所示。该结构把采购、生产和分销等一系列的相关运作管理过程组合在一起,一个企业作为一个决策单元,各决策单元之间是一种需求与供应关系。由物流、信息流和资金流构成的这种供需关系一般具有复杂性、动态性、层次性和交互性等特征。

分销链是指产品或服务在从制造商向消费者转移过程中所经过的、由各个小环节连接而成的路径。在当前分销为王的时代,分销渠道的形式很多,大体可以分为如下几类[213]:

(1)按分销渠道结构分类,有直接渠道和间接渠道、短渠道和长渠道、窄渠道和宽渠道三类。

按在商品流通过程中是否有中间商参与,分销渠道分为直接渠道和间接渠道两种类型。直接渠道是指没有中间商参与,由生产者把产品直接销售给消费者或用户的渠道类型。它是产业用品分销的主要形式。上门推销、邮购、电话直销、电视直销和网上销售都是直接渠道的主要方式。其优点是:①不经过中间环节、减少流通的费用,降低成本,既增加企业利润又减少顾客的支出;②缩短流通时间,加快资金周转,有利于控制产品市场价格;③有利于收集市场信

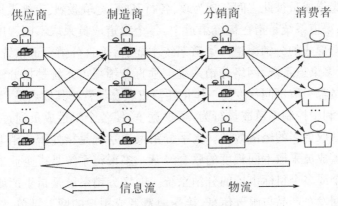

供应商　　　制造商　　　分销商　　　消费者

← 信息流　　　物流 →

图2-2　供应链的一般结构

息,及时掌握消费者需求变化,提高企业竞争力。其缺点是:企业需要投入大量的人力、物力和财力建设分销网络,限制产品销售范围,影响产品销量。间接渠道是指经中间商把企业产品销售给消费者或用户的渠道类型。它是消费品分销的主要方式。其优点是:①可以使企业集中精力进行产品开发,搞好生产,有利于企业集中资源拓展主营业务;②利用中间商的分销网络的优势,扩大产品销售范围和数量;③减少交易次数,节省交易成本。其缺点是:不利于企业收集掌握市场信息的第一手资料和进行完善的售后服务。

按在商品流通过程中经过中间环节多少,分销渠道分为短渠道和长渠道两种类型。短渠道是指在商品流通过程中没有或只经过一个中间环节的分销渠道。零阶渠道和一阶渠道是其主要形式。长渠道是指在商品流通过程中经过两个或两个以上中间环节的分销渠道。二阶渠道和三阶渠道是其主要形式。它适用于销量大、范围广的产品分销。

按分销渠道每一个层次中中间商数量的多少,分销渠道分为窄渠道和宽渠道两种类型。窄渠道是指在分销渠道的各个层次中只选择一个中间商来销售企业产品的分销渠道。它包括独家包销和独家代理两种形式。其优点是:有利于鼓励中间商积极开拓市场;流程简捷,有利于商企协作,容易控制商品销售价格。其缺点是:容易造成中间商垄断市场,使企业处于被动局面。宽渠道是指在分销渠道的各个环节中选择两个或两个以上的中间商来销售企业产品的分销渠道。其优点是:有利于在中间商之间展开竞争,扩大产品销售量,拓展产品销售范围。其缺点是:企业与中间商关系松散,中间商不愿承担广告宣传等营销费用;容易造成中间商相互削价竞销,有损产品与企业形象。

(2)按分销渠道成员相互联系的紧密程度,把分销渠道分为传统渠道和渠道系统两大类。

传统渠道是指有独立的制造商、批发商、零售商和消费者组成的分销渠道。

由于传统渠道成员彼此之间各自为政,各行其是,竞争激烈,有被渠道系统所取代的危机;渠道系统是指在传统渠道中,各个渠道成员采取不同程度的一体化或联合经营形式的分销渠道。渠道系统主要有:垂直分销渠道系统、水平分销渠道系统、多渠道系统、网络分销系统。垂直分销渠道系统是指分销渠道中的每一个成员都采取不同程度的一体化经营或联合经营。其优点是:能实行专业化管理,有利于控制渠道成员行为,减少竞争,使各个渠道成员通过规模经济、议价能力获取更多的经济效益。水平分销渠道系统是指处于分销渠道同一层次中的渠道成员采取不同程度的联合经营。多渠道系统是指企业采取多条渠道进入一个或多个目标市场的分销系统。网络分销系统是指生产或经营企业通过互联网发布产品与服务信息,接受消费者或用户的网上订单,然后由自己的配货中心或由制造商通过邮寄或送货上门,如"B2B"、"B2C"等形式。

这里主要研究传统渠道的运作管理问题。这些中间环节包括制造商自设的销售机构、批发商、零售商、专卖店、代理商和经销商等。分销链一般包含以下几层含义:①分销是由参与商品流通过程中的所有企业和个人组成的,包括分销中心和各种类型的代理商、批发商、零售商、专卖店和消费者;②分销是从制造商到消费者之间一个完整的商品流通过程,而不是其中的某个阶段或环节;③分销的参与者主要是各类代理商、批发商和零售商等中间商;④从制造商到消费者的分销过程一般至少有一次商品所有权的转移。典型的分销链有日用消费品、烟草、汽车、服装和IT等产业。

由于市场需求和产品特点的不同,每个分销链的组织形式也不尽相同。虽然这些市场的分销链模式各具特点,但是最基本的区别仍然在于网络成员间的相互关系和协作的密切程度,以及为达到这种协作程度而产生的网络成员组织和运作管理方式。本书所研究的分销链模式与网络销售模式类似,分销渠道呈现多层次的特点,如图2-3所示。

从图2-3可知,该分销链是以分销中心为核心,分销中心的核心业务是整体运作优化和战略决策。该分销链模式是一个复杂的多管理者交互的组织,是供应链中分销部分的分解和细化。图2-3中的有向线段表示不同层次的制造商、分销中心、多层分销链企业和消费者之间的物流和信息流方向。这里假设同层企业之间没有业务往来,业务关系仅发生在上下层企业之间。这里主要探讨分销链在市场营销领域的运作管理问题。

2.2.1.2 分销链和MAS的对应转换

为了构建分销链企业之间的物流、信息流以及企业运作管理与MAS的关系,根据Yuan等[214]给出的供应链与MAS的对应关系,结合分销链运作管理需求,给出了分销链与MAS的对应关系,设计了具有不同功能的Agent。该Agent能够仿真分销链企业的运作管理过程,在分销链中设置了分销中心Agent、企业

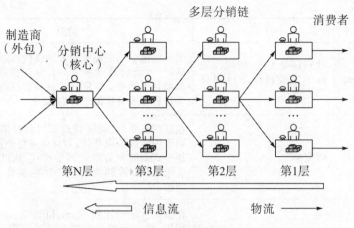

图 2－3　分销链模式

Agent、预测 Agent、计划 Agent、调度 Agent、协同 Agent、本体 Agent 和管理 Agent 等,这些 Agent 代表各层企业、预测、计划、调度和协同等。各个 Agent 运用不同算法确定订货量及设定各种求解算法,MAS 系统感应到的外部需求量或环境变化代表着市场需求或环境变化。分销链运作过程通过交互通信完成代表着预测、计划、调度和协同等过程、策略;Internet 网络延迟以及各个 Agent 对运作过程中的协商、讨价还价谈判过程代表着企业运作延迟;作为各层企业 Agent 的原始数据代表着实时库存状况,如安全库存、在途库存和等待订货等;本体 Agent 能够基于这些信息进行感应、推理,在 MAS 间交换信息和知识代表着信息是分散的,需要在各个企业间共享信息。这些管理 Agent、预测 Agent、计划 Agent、调度 Agent、协同 Agent 和本体 Agent 的任务和功能如表 2－3 所示。

表 2－3　　　　　　　　　　　　　分销链主体 Agent

分类	任务	功能
管理 Agent	协调各个 Agent 和管理者	进行信息,权限注册,用于登记整个系统中各个 Agent 的注册信息,包括各个 Agent 的名称、标识、地址和能力信息;实现相互通信,协调 Agent 通过知识交换完成与其他 Agent 的交互和通信
预测 Agent	预测订单生成、协同预测订单生成、汇总预测订单生成	分销链中单个公司根据市场、自身库存信息和该公司管理者的主观评价信息通过预测 Agent 获得预测订单生成;然后,在冲突的条件下,经过协调 Agent 生成协同预测订单;最后,上层公司把所有的协同预测订单汇总,完成预测Agent。

表 2 - 3(续)

分类	任务	功能
计划 Agent	计划订单生成、协同计划订单生成和汇总计划订单生成	当分销链公司面临需求波动或内部惩罚激励措施时，才会启动计划 Agent，修正预测 Agent 的预测订单结果。它同样经过补货订单生成的三个过程完成分销链的计划 Agent。
调度 Agent	调度单	在获得订单后，调度管理部门会根据外部的不确定因素或约束条件，对订单进行调拨，可分为集中式调度和分散式调度模式，通过合理的调度策略(如批调度等)和智能优化算法进行调拨。
协同 Agent	协调、协作与协商	在预测 Agent、计划 Agent 和调度 Agent 工作过程中，公司间难免出现利益冲突等问题，协同 Agent 则需要通过合同网、投标拍卖等协商机制和优化模型等理论化解冲突，获得双赢的结果。
本体 Agent	数据信息的分析、提取	本体 Agent 的核心是通过 Ontology 实现分销链成员间知识和数据的共享，运用本体学习等功能减少概念和术语上的歧义，为知识共享提供一个统一框架或规范模型，以至于 Agent 间的知识传送和交流成为可能。该本体 Agent 与其他 Agent 一样，也是由感知、知识库、学习推理、决策、通信和执行等功能组成。

　　预测 Agent 的功能是指分销链上各个企业在预测 Agent 中通过共享消费者市场信息和企业库存状况，减少分销链企业需求预测中的牛鞭效应，获得更准确的市场需求。当单个企业出现预测 Agent 异常时，分销链上各个企业通过协同 Agent 进行合作、通过优化模型协商解决他们之间的预测订货量偏差。计划 Agent 是由分销链中的各个企业由下到上的计划订货过程完成的。该模块根据数据库中各个企业的静态数据，如当前库存、安全库存量以及订货周期等，根据自己当前的库存信息和市场需求的波动情况对分销链中的订货量进行优化管理，降低分销链库存成本和浪费。调度 Agent 利用预测 Agent 和计划 Agent 得到预测订货信息，在调度模型的约束条件下，如库存量的限制和消费者满意度指数，从整条分销链优化的角度完成整个决策过程。

2.2.1.3　运作管理思想及要求

　　分销链 MAOMFPS 的基本思想体现在如下三个方面：

　　(1)以分销链企业现有的信息系统为基础，通过基于 MA 的 FPS 运作管理实现整个分销链的信息化和智能化。

　　(2)以多层库存管理业务和订单为主线，按照协同运作的理念，采用计算机技术、知识管理、AI 和软件工程等方法实现分销链业务流程的集成和优化。

（3）以 MIS 向 MAOMS 转变为目标，把异构系统和数据库数据转换成容易使用的 Web 应用程序，构建基于 MA 的分销链运作管理的新型信息服务体系。该模型的基本思想是以 MA 理论为支撑，通过 Internet 将分销链中的异构资源数据和运作管理进行集成，最终形成一个面向服务的体系架构（Service Oriented Architecture，SOA）。

基于 MA 的分销链 FPS 运作管理是实现智能运作管理的基础，要实现分销链的 MAOMFPS 需要满足以下几个方面的要求，即实现运作管理的基本要求。

（1）由下向上的建模方式[215]

传统上存在两种设计复杂系统的建模方式：由下到上和由上到下。由上到下的建模方式提供了整体观点，从全局的观点分析模型参数和系统中局部个体间的关系，并将这些整体观点转化到各个局部个体中，但是该模式一般不能获得各个局部个体的属性和运作的相互关系，其通信需要根据整体设计的要求通过局部个体存取远方的资源；由下向上的建模方式开始于每个局部个体，每个个体可以被看成一个 Agent，个体特性在 Agent 中被体现出来。通过构建局部 Agent 间的活动和属性反映整个系统的特性，再通过计算机仿真便可以获得动态特性。这两种方法在系统建模中有着不同的应用，由上向下的建模方式通常使用经典、随机控制原理和运筹优化等方法，而由下向上的方法一般使用统计学原理和 MAS 等。

（2）运用本体理论构建信息共享

目前，本体已经在电子商务、知识管理、知识处理平台、语义表示、异构系统集成和 MAS 等领域有着广泛地应用。在分销链中，由于不同企业之间的知识结构类别不尽相同，企业知识所依赖的概念及其相互关系也不尽相同，每个 Agent 都是一个独立互异的主体，在处理复杂任务时需要获取相关的数据、模型和算法知识，并利用自身和外部个体所具有的知识进行协作、推理和做出决策。因此，需要采用本体理论构造 Agent 之间的数据共享与交换、知识共享与重用。

（3）实现协同运作管理的交互与通信

交互通信是 MAS 实现其功能的一个重要因素。由于分销链中代表主体利益的 Agent 具有各自的特性，它们之间存在着一定的信息交互的需求和运作管理的冲突，因此，MAS 实现正常运行需要 Agent 间的交互和通信。为了解决这些问题，借助 Agent 平台、架构或开发环境（JADE、Repast 和 Swarm 等）和 ACL 能够实现 Agent 之间的信息交换，完成协商、谈判和协作等通信活动。

（4）实现协同运作管理的协调、协作与协商

基于 MA 的协调、协作与协商问题是 AI 研究的核心问题之一。基于 MA 的协调（Coordination）是指具有不同目标的 MAS 对其目标和资源等进行合理安排，以协调各自行为，并最大限度地实现各自的目标。协调是对其目标、资源和

思维状态等进行合理的调节,以提高各自行为的有效性,最大限度地实现各自的目标;基于 MA 的协作(Collaborantion)是指 MAS 通过协调各自行为,合作完成共同目标;基于 MA 的协商(Negotiation)是指 MAS 借助通信交换各自目标,直到 MAS 的目标一致或不能达成协议。协商是建立在通信语言之上的 MAS 交互机制,目的在于就某些共同关心的问题达成一致意见。Agent 在协商过程中要采取有效的协商策略以提高其他 Agent 接受自己意见的可能性,进而使协商的结果对自己有利。Agent 采取的协商策略必须与当前的状态环境一致,与 Agent 的对手认知相吻合。

(5)实现协同运作管理的系统性、集成性、学习性和动态性

分销链运作管理需要所有企业参与到 MAOMFPS 模型中,所有企业的 FPS 运作管理等行为依次在管理的各个阶段递推式地完成。由于分销链企业在各自利益和整体利益之间存在相互作用和相互竞争,需要构建一个完整的 MAS。该系统是企业管理者、资源知识和运作过程的集合体,以完成某些功能或达到某个目标为目的而构建的智能管理系统。在分销链一体化运作管理的过程中,采用自下而上的建模方式和模型集成方法体现了分销链运作管理的分布式特性,这种方法有助于克服从整体优化的角度给出运作表述模型的缺陷。同时,基于 MA 的分销链运作管理过程需要体现内部的学习机制,因为学习机制将会对分销链运作管理的执行、协调和结果产生有利的作用,是系统适应环境能力的关键技术。从分销链集成和学习的角度看,整个运作管理过程也体现了分销链的动态性特点。

2.2.1.4 CPFR、ERP 和 MAOMFPS 的比较

(1)CPFR 与 MAOMFPS 的比较

CPFR 更多的是从战术和运作管理的角度阐述了供应链管理问题,根据协议把计划、预测和补货等集成为一个整体,并考虑在突发事件条件下,通过管理者的参与把突发事件造成的影响考虑到 CPFR 系统中。为了更清晰地认识 MAOMFPS 与 CPFR 的异同之处,表 2-4 进行了比较分析。

表 2-4　　　　　　　　　　　　　CPFR 与 MAOMFPS 的比较

相同点	目的	通过联合预测、计划和补货(调度),最终达到提高分销链供应链的运作管理效率、减少库存和提高消费者满意度的目的。	
	信息共享	都需要借助 Internet 和信息化软件(ERP 等)获取公司之间或公司内部的信息,包括库存信息、缺货量、销售商的销售信息、单位成本信息和市场信息等。	
	协同运作	在多层公司共同面对市场时,各公司面临着自身利益和链条上的整体利益不一致的现象,协同运作可以提高整个链条的效率。当产生冲突时,需要通过协商和谈判等方式相互交换信息和数据。	
	联合预测	都需要借鉴现有的预测方法实现不确定市场需求的预测。	
	计划调度	都需要考虑各个公司在计划调度补货时存在的约束条件,在该约束条件下,如何最大限度地满足市场的需要。	
不同点	智能化程度	无	运用 MA 理论建立运作管理模型,该模型能完成协同预测、计划、调度和补货。
	管理者参与	许多协同工作都是通过各公司的管理者借助于电话(会议等)交互和谈判完成,工作量大。	该智能系统大部分协调、协商和协作工作是通过 Agent 自身和 MAS 完成的,只有在必要时才请求管理者协助。
	联合预测	主要是两层公司间的联合预测问题,根据 POS 的数据和计划情况,确定预测订货量。	由于联合预测主要是针对市场需求的变化,所以从整个链条优化和多层库存管理的角度出发,探讨智能协商预测。
	计划订货	主要偏重于通过管理者实现公司间各类计划订货问题,如商业计划和合作问题等,然后根据计划进行预测、补货和调度。	主要是指在联合预测的基础上,根据各公司的库存状况,通过 MAS 模型,运用优化理论等完成智能计划补货。
	调度、补货	主要是通过管理者的交互,处理例外情况,生产新的补货单。	在 CFFR 的基础上,通过 CBR、Agent 学习和优化理论等方法,实时监控链条上各个公司的当前库存状况等,并进行合理地分配订单。

2

智能运作管理理论

　　对于 CPFR 和 MAOMFPS 来说,它们之间既存在相同点也存在不同点。相同点包括目的、信息共享、联合预测、可靠性等。在目的上两者均通过联合预测、计划和补货(调度),最终达到提高分销链/供应链运作管理的效率、减少库存和提高消费者满意度的目的;在信息共享上两者都需要借助 Internet 和信息化软件(ERP 等)获取企业之间或企业内部的信息,包括库存信息、缺货量、销售商的销售信息、单位成本信息和市场信息等;在协同运作方面,两者均要在多层企业共同面对市场时,各企业面临着自身利益和链条上的整体利益不一致的现象,协同运作可以提高整个链条的效率。当产生冲突时,需要通过协商和谈判等方式相互交换信息和数据；在运作方面，两者都需要借鉴现有的预测方法实现不确定市场需求的预测，都需要考虑各个企业在计划调度补货时存在的约束条件，在该约束条件下，如何最大限度地满足市场的需要；最后，从可靠性方面分析，两者也均需要加强分销链运作的可靠性要求。

CPFR 和 MAOMFPS 两者在运作管理方面也存在不同之处。CPFR 中的许多协同工作都是通过各个企业的管理者借助于电话（会议等）交互和谈判完成，工作量大；而 MAOMFPS 的大部分协同、协商与协作工作是通过 Agent 自身和 MAS 完成，只有在必要时才请求管理者协助。CPFR 主要是两层企业间的联合预测问题；而 MAOMFPS 是根据 POS 的数据和计划情况，确定预测订货量。由于联合预测主要是针对市场需求的变化，所以 MAOMFPS 从整个链条优化和多层库存管理的角度出发，探讨智能协商预测；CPFR 主要偏重于通过管理者实现企业间各类计划订货问题，如商业计划和合作问题等，然后根据计划进行预测、补货和调度。而 MAOMFPS 主要是指在联合预测的基础上，根据各企业的库存状况，通过 MAS 模型运用优化理论等完成智能计划补货；CPFR 主要是通过管理者交互处理例外情况、生产新的补货单等。在 CPFR 的基础上，MAOMFPS 则通过 CBR、Agent 学习和优化理论等方法，实时监控链条上各个企业的当前库存状况，并进行合理地分配订单。

（2）ERP 与 MAOMFPS 的比较

在实际运行中，由于大多数企业仅仅实施了 ERP 部分模块，如财务模块或分销模块等，所以信息共享度不高，存在数据滞后性和准确性不高的缺点，导致整个系统仍然处于"信息孤岛"的状态，信息集成的效益没有很好地体现出来。因此，ERP 应该更多地考虑如何提高 ERP 的智能化水平和系统中各模块协同的实时性，以便提高对分销链企业运作管理控制的有效性。

ERP 一旦被企业实施完毕后，一般情况下其业务流程和业务规则等则被固化在软件中，在运行维护阶段不太容易做出调整。可以看出，ERP 协同运作管理功能不强，不具有灵活性的特点。当运作管理过程中存在冲突时，需要管理者通过电话、Email、Internet 和视频等方式进行沟通，再通过 ERP 软件的操作界面进行更改或补充。尤其当系统存在严重的冲突时，局部冲突有可能导致整个系统瘫痪的危险。可见，这种模式不太适应企业业务流程持续改进的客观需要。

由于现在 ERP、CPFR 和 MAOMFPS 等其他软件间的协同功能不能适应分销链管理的需要，在管理过程中只能通过工作流模式组织企业之间的业务往来，且 ERP 等软件本身缺少分析推理和自学习的能力，所有工作都需要分解为详细的流程，再通过各个企业的管理者进行分析、判断、提交和审核等操作。可见，该过程增加了企业运作管理过程成本和流程的复杂性，期望 MAOMFPS 能在一定程度上弥补 ERP 等软件存在的不足。

2.2.2 运作管理建模

基于 MA 的 FPS 运作管理的基本思想是将目前分销链管理中三个孤立的运作管理模式集成为一个统一的智能管理系统。借助计算机软件技术和信息技术,通过基于本体的信息和资源共享,实现 FPS 运作管理功能的一体化执行,满足分销链智能化管理的要求。

2.2.2.1 建模要求与多层分解法

(1)建模要求

①实现运作管理智能化,减少人为因素干扰

为提高分销链企业的管理效率,提升 ERP 软件工作流管理功能,构建了预测、计划和调度补货的 MAOMFPS。在尽量减少各层企业管理者参与的条件下,让计算机完成更多的一般性存储、计算、分析、推理、决策等工作,而企业管理者在该系统中扮演着审核和处理突发事件的角色。在某些方面计算机通过智能控制、计算智能等方法能够完成管理者所做的工作,如数据挖掘、逻辑推理、数据计算、优化分析等。目前,信息管理系统目前还没有智能化,在一些事情上还是由管理者和操作者共同完成。

②实现分销链 FPS 的协同运作管理

在分销链运作管理中,冲突和矛盾无处不在,分析和化解矛盾无疑是实现分销链正常运作管理的一项重要任务。在传统运作管理模式中,预测、计划订货过程在各个企业之间从下到上串行传递。如果下层企业的预测或计划过程中产生的错误没有被及时发现,经层层传递,最终得到的方案结果是订货量等信息被放大,导致分销中心的预测订货信息扭曲、库存量过剩。如果在运作管理过程中尽早对预测和计划等错误管理及时发现、协商,纠正不同企业之间的偏差,则可以大大提高整条分销链的运作管理效率、减少浪费。同样,调度则是按照从上到下的方式逐层分配模式。为更好地实现 FPS 协同运作管理,针对冲突问题的消解可以采用协商方式,如传统数学建模方法、基于契约网和其他协议的 MA 协商模式等,它们均可以实现运作管理协作的无缝连接。基于契约网或其他协议的 MA 协商模式更适合复杂环境下分销链 FPS 运作管理。

③利用现有管理软件实现异构系统交互

分销链运作管理过程涉及多种资源软件,这些信息服务和管理信息系统可能是多源异构信息结构。这些异构信息分布于不同领域,具有不同的概念,要实现若干异构系统的交互需要解决各子系统间的信息转换问题。以往使用公共对象请求代理体系结构(Common Object Request Broker Architecture,CORBA)和分布式组件对象模型(Distributed Component Object Model,DCOM)等中间技术在不同平台和软件环境下配置完成交互操作,但是如果要有效地解决异构系统中的信息交换等问题存在一定的困难。为了更好地解决异构信息共享的问题,引入了 AI 领域中的本体理论,它可以在不同领域、不同应用系统之间实现知识共享,促使分销链企业知识与数据交互、重用和共享等,最终实现这些异地信息系统的互通互用。

(2)多层分解法

由于 MAS 适合于分布式系统的建模与管理,对于分销链来说,把该系统分解为自主决策的主体 Agent 间的相互作用是非常合理的,这需要把复杂系统化整为零,分解为多个子系统和次级子系统等,这些子系统和次级子系统形成了多层递推、环环相扣的分层模式。下面给出了多层分解法。

为了克服仅仅依靠数学模型解决问题的思路,结合分销链运作管理的实际情况,并在借鉴前人思路[216,217]的基础上,给出了分销链多层分解法(Multi - Echelon Decomposition Method,MEDM)模型,如图 2-4 所示。

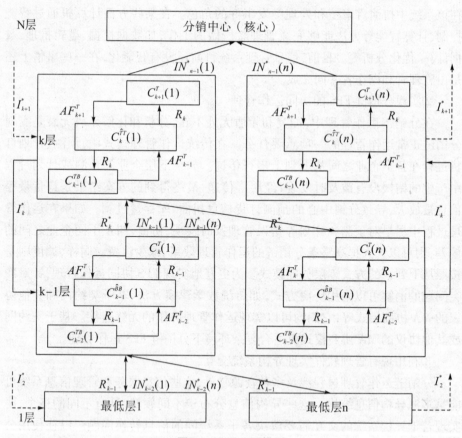

图 2-4 MEDM 模型

从分销链运作管理的角度分析,该模型分解为相关的多个层次,1,2,…,N层。在上下层企业输入信息的条件下,每一层企业不仅要考虑自己的最优化问题,还要考虑包括下层企业在内的整个系统的优化问题。该 MEDM 模型的表达式为:

$$a_k^{T^*} = \underset{a_k^T \in A_k^T(IN_{k-1}^*,I)}{argopt} \; E\{[C_{k-1}^{TB}(f^T(y_1,y_2,\cdots,y_n),C_k^{TT}(a_k^T)) \mid \sum_{i=1}^n IN_{k-1}^*(i)]$$

$$\mid \sum_{j=1}^N I_j\} \tag{2-1}$$

$$a_{k-1}^{B^*} = \underset{a_{k-1}^B \in A_{k-1}^B(R_k^*,I)}{argopt} \; E\{[C_{k-1}^{BB}(a_{k-1}^B),C_k^{BT}(f^B(y_1,y_2,\cdots,y_n)) \mid R_k^*] \mid \sum_{j=1}^N I_j\}$$

$$\tag{2-2}$$

式(2-1)、式(2-2)分别表示分销链 k、k-1 层企业运作管理优化问题。式中,$IN_{k-1}^*(i)$ 是 k-1 层企业 i 上传给主管企业的优化数据的相关信息;C_{k-1}^{TB} $(f^T(y_1,y_2,\cdots,y_n))$ 是主管企业与 k-1 层企业 i 不断协商而获得的标准;f^T $(y_1,y_2,\cdots,y_n)$ 是 k-1 层企业 i 参与下的主管企业的协商函数;$y_1,y_2,\cdots,y_n$ 表示主管企业的可选择决策方案;$C_k^{TT}(a_k^T)$ 是主管企业基于 a_k^T 行动和全局期望成本优化下的标准;I_j 是 k-1 层企业 i 的相关信息;A_k^T 表示主管企业的行动空间;R_k^* 为主管企业输出的优化后的信息。同理,式(2-2)中的 $C_{k-1}^{BB}(a_{k-1}^B)$、C_k^{BT} $(f^B(y_1,y_2,\cdots,y_n))$、$A_{k-1}^B$ 和 $f^B(y_1,y_2,\cdots,y_n)$ 符号的含义与上述类似。式(2-1)表示 k 层主管企业在感知所有可共享外部信息 I_j 的条件下,当获取 k-1 层所有企业的输入信息 $IN_{k-1}^*(i)$ 后,根据 ERP 等软件中的实时数据,计算 k、k-1 层企业之间的协商值 C_{k-1}^{TB} $(f^T(y_1,y_2,\cdots,y_n))$ 和主管企业的全局期望成本优化值 $C_k^{TT}(a_k^T)$,并进行比较而获得的主管企业的最优配货期望值方案;同理,式(2-2)表示 k-1 层企业 i 在感知所有可以共享外部信息 I_j 的条件下和基于主管企业反馈的信息 R_k^* 后,计算协商值 C_k^{BT} $(f^B(y_1,y_2,\cdots,y_n))$ 和 k-1 层企业 i 的局部期望成本优化值 $C_{k-1}^{BB}(a_{k-1}^B)$,并进行分析比较获得的最优期望值方案,其含义与式(2-1)类似。图 2-4 中的 AF_k^T 表示在 k、k-1 层企业协同过程中,从 k-1 层企业反馈给主管企业的协商订货信息。

该 MEDM 模型服从由下向上的 Agent 建模方式,关于其他的由上向下和由上述两部分(由下向上和由上向下)构成的混合运作管理模式也是类似的。通过运用 MEDM 模型,可以把分销链分解为主管企业与 k-1 层企业之间的相互作用,并借助 MA 理论把 k、k-1 层企业和运作管理过程看成自主的主体Agent,以便完成主管企业与 k-1 层企业的协同运作管理。该协同运作管理过程不仅从定量的角度进行了分析,还根据基于 MA 的分销链运作管理知识库中的专家经验等内容,运用具有智能推理功能的模糊控制方法等,从定性的角度分析了影响分销链运作管理效率得到的因素,以便获取进行分销链运作管理的相关结果。

2.2.2.2 MAOMFPS 结构框架与控制框架

图 2-5 给出了分销链 MAOMFPS 的结构框架。

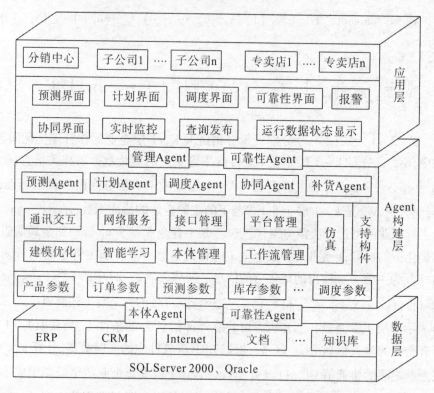

图 2-5 结构框架

从分销链智能结构组成角度分析,分销链智能运作管理框架可以分为三个部分:应用层、Agent 构建层和数据层。应用层提供了管理者(外部环境)与该模型的交互界面,该界面是企业运作管理状况与管理者有效交互的窗口,包括预测界面、计划界面、调度界面、协同界面和数据信号显示等。该界面集成了基于 MA 的 FPS 运作管理优化后的信息计算结果。通过该部分可以实现基于 MA 的运作管理与分销链中其他管理部分的无缝链接,从而实现分销链一体化管理的目标。Agent 构建层是基于 MA 的运作管理的主要部分,由管理 Agent、预测 Agent、计划 Agent、调度 Agent、协同 Agent、本体 Agent、可靠性 Agent 等组成。Agent 之间需要通过 ACL 实现 Agent 间的通信交互和网络服务等功能。每一个 Agent 能够从外部感应信息、智能学习、优化计算和做出决策等活动。外部信息包括相关 Agent 功能、库存信息和各种初始参数等静态信息以及系统运作管理过程中的实时动态数据信息。智能学习是 Agent 的显著特性,如 ML 等。强化学习的基本原理是如果 Agent 的某个行为策略导致环境对 Agent 正的奖赏,则 Agent 以后采取这个行为策略的趋势会加强。黄炳强[218]把学习算法分为三种类型,即非监督学习、监督学习和强化学习。优化计算是 Agent 运用算法实现分析决策的过程,如运用 NN 和 GA 等算法。数据层提供了基于 MA 的分销链 FPS 运作管理的数据和知识来源,通过本体 Agent、可靠性 Agent 完成数据的转换。最后,基于 MA 的运作管理活动需要通过仿真和智能平台编程来实现分销链的 FPS 运作管理。

图 2–6 给出了基于 MA 的控制框架,它由 Agent 运作控制模型、仿真优化控制模型和软件实现三个不同的部分组成,即 MAOMFPS = Agent 运作控制模型 + 仿真优化控制模型 + 软件实现。

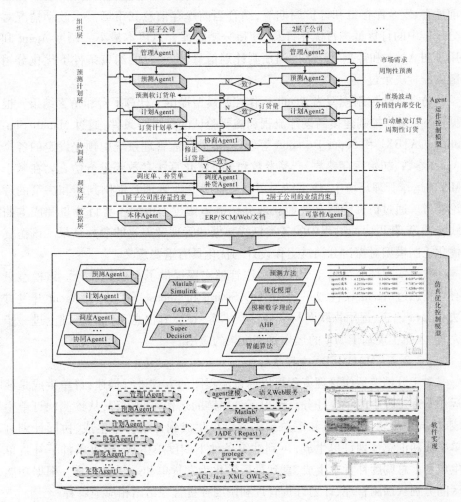

图 2–6 控制框架

第一部分由分销链组织层、预测计划层、协调层、调度层和底层数据层组成。该部分的目的是为了智能获得及时、准确地需求信息，降低库存管理成本和最大限度地满足消费者需求。计划 Agent 处在预测 Agent 和调度（补货）Agent 之间，是这两者的纽带。本体 Agent 具有把底层数据转化为 Agent 可以共享知识的功能。在分销链企业执行过程中，若产生冲突或不一致的结果时，协商 Agent 即会被触发。预测 Agent 是指分销链上各个企业在预测 Agent 中通过共享消费者市场信息和企业库存状况，减少分销链企业需求预测中的牛鞭效应。当企业出现预测 Agent 异常时，分销链上相关企业通过协商 Agent 进行合作或通过优化模型协商解决它们之间的预测订货冲突。计划 Agent 由各个企业由下到上的计划订货过程来完成，该模块根据数据库中各个企业的静态数据，如当前库存、安全库存量和订货周期等，结合当前库存信息和市场需求波动情况对分销链中的订货量进行优化计算，使得分销链库存总成本最小。调度 Agent 利用预测 Agent 和计划 Agent 得到预测计划信息，在一定的约束条件下优化分销链的配货决策过程。

仿真优化控制模型为 Agent 运作控制模型提供了计算平台和仿真结果。根据 Agent 运作控制建模的设计流程和需要验证的结果等条件，通过 Matlab/Simulink、GATBX1 和 Super Decision 等软件，借助智能管理系统中预先设定的各个 Agent 参数、初始库存参数、产品参数和各类优化算法参数等进行仿真。在基于 MA 的运作管理环境中，仿真结果可以提前为企业管理者提供判断和决策的理论参考。通过仿真能够有效地获取分销链运作过程中的各类订货量和成本曲线特性等，获得协商过程中的各类订货数据和管理者需要的参数结果。该仿真优化控制模型对探讨分销链运作设计与优化具有重要意义。

软件实现部分为基于 MA 的运作管理实现提供了有效的途径。该模型只有真正通过 Agent 软件或平台（JADE、Swarm 和 Repast 等）、基于 Agent 开发方法和 Java 语言、运用物联网与云计算技术等，在原有信息系统的基础上进一步完善，才能实现基于 MA 的运作管理框架的应用。

2.2.2.3 MAOMFPS 流程分析

对于分销链运作管理流程可以通过流程图的方式进行描述，订单生成是该运作管理过程中的主要任务。给出了分销链的运作控制流程，从预测软订单生成、协同预测软订单生成和汇总预测软订单生成到计划订单生成、协同计划订单生成和汇总计划订单生成，再到冲突条件下调度单生成、随机条件下补货单生成和汇总调度补货单生成，直到最后转化为发货单和送货单为止。根据功能区间分别从预测管理、计划订货管理和调度补货管理给出相应地解释。

（1）预测管理

预测管理调度单生成由预测软订单生成、协同预测软订单生成和汇总预测软订单生成三个部分组成。预测软订单生成需要企业根据市场、自身库存信息和系统中自动生成的专家评价,通过预测 Agent 进行预测。协同预测软订单生成是由于在主管企业对下层企业的预测软订单生成的数量不满意而产生的协商问题,根据外界影响因素和协商 Agent 通过企业之间的协商进行计算。通过这两步操作,主管企业把所有它所管辖的下层企业的预测软订单进行汇总,完成整个预测软订单的生成。

（2）计划管理

计划管理同样由三个部分组成:计划订单生成、协同计划订单生成和汇总计划订单生成。在计划订单生成过程中,需要根据汇总预测软订单生成到计划订单生成期间的市场信息波动或企业内部的变化因素,通过计划 Agent 确定计划订单生成的数量。假若在这期间上下层企业之间没有发生冲突,那么则不需要触发计划管理模块。计划管理模块中其余两步的分析与协同预测软订单生成和汇总预测软订单生成类似。

（3）调度/补货管理

调度/补货管理是在预测管理、计划订货管理的基础上完成分销链的调度补货功能,在调度管理中包含调度 Agent 和补货 Agent 等。调度管理主要负责解决在正常和冲突条件下的分销链企业的产品调度问题,采用从上到下的模式逐层进行配货,使整条分销链的成本最优。补货 Agent 主要负责完成在随机条件下基于 MA 的分销链补货问题。

以分销中心为例进行说明。由管理 Agent 触发预测 Agent,在预测 Agent 生成预测软订单后,该订单会发送给预测部门的管理者进行审核,管理者根据智能管理系统中预存的相关决策参数审核该预测软订单。如果符合要求则生成预测软订单,并转到下一步流程;如果不符合要求则重新启动预测 Agent 再次计算。分销中心接受到 N-1 层子企业的汇总预测软订单后,管理者需要再次进行审核,这时需要把生成的预测软订单和汇总预测软订单进行比较。当两者不一致时,则触发协商 Agent 进行计算。在协商 Agent 中需要通过合理的算法和双方信息的交互和共享达成一致意见,再进行预测软订单的汇总。

（4）可靠性分析

基于本体和 MA 技术,构建了集成多种智能算法的分销链可靠性设计模型。构造了基于不同视角的分销链可靠性分层预警体系架构,在此基础上,由下往上依次对节点企业、子系统以及系统建立基于 MA 的分销链可靠性综合预警模型。通过成员重要度分析找到需要进行冗余设计的分销链特定环节,选取最优冗余企业,且融合反应式和慎思式的典型结构,设计了一类混合结构的改进 Agent,以实现分销链可靠性改进。最后,提出了一套基于标尺竞争的结合价格和服务可靠性监管的企业激励性监管模式与方法。

　　在分销链协同运作管理中存在着大量的异构信息,这些信息包括 Agent 通信信息、库存信息、各种运作需要的初始参数等概念和运作过程中的动态数据参数等。在执行特定的任务时,Agent 需要依赖该领域的特定知识进行知识获取、重用与共享等,分销链运作管理需要依赖于该领域的知识表达,并只需要考虑相关的领域知识。由于模型共享、系统集成和知识获取与重用依赖于该领域知识的结构分析,Ontology 为实现知识共享和重用等提供了一个明确概念化的词汇表。每个概念在一个层次化的父类和子类结构中作为一个唯一的元素出现,这种方法解决了不同术语甚至不同语言带来的很多问题。这个概念可以有许多同义词术语,而手册或查询语言中的不同术语能够映射成 Ontology 中的唯一概念。因此,Ontology 能够为实现知识共享、重用和交互等提供了一个明确概念化的词汇表,一方面可以向上层信息访问者屏蔽不同文档内部的复杂语法结构,另一方面可以为查询过程提供一定的专业背景知识,从而实现真正意义上的语义层访问。Ontology 的引入能够更好地改善 Agent 内外部知识,实现系统底层数据的共享与交互。

　　分销链中许多同义词术语的概念需要能够映射成 Ontology 中的唯一概念,使得异构数据具有形式化表示、明确的领域词汇与语义。形式化知识表示、明确的领域词汇与语义、完整的领域模型和对领域的共同理解,使得 MA 之间的交互建立在对交流领域共识的基础之上。由于 Ontology 是语义 Web 的核心和基础,语义 Web 的实现必然依赖 Ontology 的使用,运用以 Ontology 为核心的语义 Web 对分销链企业的底层数据进行描述。以 Ontology 为核心的语义 Web 服务能够实现底层信息的自动发现、调用、组合、执行和监控,并对异构信息进行语义标注,使其成为计算机可理解、Agent 可处理和用户透明的软件实体。而对于上层宏观层来说,分销链各类信息随着协同运作的开展不断产生、传递、交换或更改。为实现分销链信息的加工处理,实现异构系统集成、数据共享与交互,每个 Agent 在处理复杂任务时不仅需要利用自身的知识,还需要获取外部的相关数据、模型和算法。为此,根据本体概念和 Lee[219] 的研究,结合分销链协同运作管理需求,给出了底层数据共享的 Ontology 结构,如图 2－7 所示。

　　每个概念化的词汇在一个层次化的父类和子类结构中作为一个唯一的元素出现,这种方法解决了不同术语甚至不同语言带来的很多问题,这些词汇表为分销链信息共享提供了无歧义的概念。该信息模型由 Agent 层、分类层和概念层组成。Agent 层由分销链企业和 FPS 运作管理等组成;分类层被进一步分解,智能预测涉及预测分类、市场需求变化、企业的产品库存状况、订单的状态和协同预测等子类。同理,基于 MA 的计划、调度和协商交互也被相应地分解。

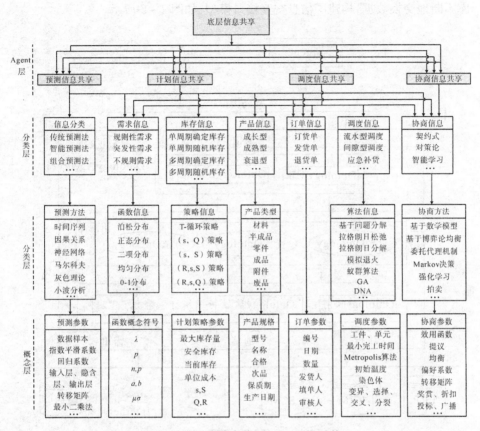

图 2-7 底层数据共享的 Ontology 结构

下一层的分类层是根据上一层的分类进行的分解,直至概念层。概念层包括预测参数、分布函数的相关参数、库存计划订货的相关参数、产品规格类型、订单参数、调度参数和分销链的协商交互参数等。

接着,为了克服分销链底层异构数据的障碍,根据胡鹤[220]论文中的 Web 本体服务器的模型,为分销链企业的管理者、Agent 和机器交互提供了底层信息共享的基础。在底层数据库和上层管理软件之间的信息需要反复传递,基于 Ontology 的语义 Web 描述通过发布、查找和绑定三种操作整合企业间的异构信息实现信息的交互性操作。在协同运作管理过程中,为克服分销链底层异构数据障碍,实现分销链企业管理者、Agent 与各类管理软件(ERP 和 SCM 等)之间的信息映射、抽取和挖掘等操作,经过统计和聚类等学习过程获取各类信息数据,完成协同运作管理的底层信息交互。根据文献[11,12]中的 Web Ontology 服务器模型设计,基于对象访问协议和 Web 服务描述语言,在统一描述、发现和集成三种标准协议的基础上,借助 Agent 的知识查询与处理语言 KQML/KIF 实现 MA 之间的通信。在分销链协同运作管理过程中为实现 Agent 与各类底层数据库不断地交换数据,构建了信息交互接口模型,如图 2－8 所示。

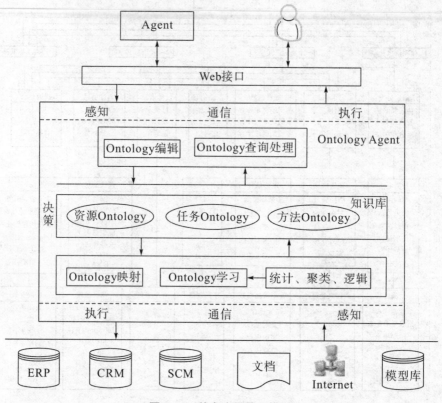

图 2－8　信息交互接口模型

　　该信息交互接口包括 Ontology 编辑、Ontology 查询处理、知识库、Ontology 映射和学习模块。各 Agent 和管理者通过 Web 接口进行交互通信,同时 Web 接口链接到 Ontology 编辑和 Ontology 查询处理接口。Ontology Agent 知识库模块分为资源 Ontology、任务 Ontology 和方法 Ontology,它们负责对获取的信息进行分类处理。为知识共享提供一个统一框架或规范模型,在知识层下面设有 Ontology 映射和 Ontology 学习模块,通过 Ontology 映射和学习等功能减少概念和术语上的歧义,以至于 Agent 间的知识传送和交流。采用强化学习实现以反馈为输入的自适应学习方法,通过与环境交互不断改进最终获得最优行为策略实现 Ontology 学习,该模块通过统计和聚类等方法获取各类概念,完成底层数据的交互。该接口模型的任务由 Ontology Agent 负责数据信息的分析和提取,实现上层软件、管理者与底层数据库之间的信息共享与交互。

2.3　分销链运作可靠性

1995 年的日本神户大地震,使神户市及其周边各处的所有交通运输系统几乎遭到全部破坏。作为世界第六大港口的神户港完全陷入瘫痪状态,导致全日本将近一半的进出口业务停顿。实行精益生产的日本丰田汽车企业,其关键零部件供应商因为地震而中断供应,不得不停止特定型号汽车的生产,当年的实际汽车产量比预计少生产三万辆,直接收入损失约在四亿美元以上。日本作为全球第二大经济体,几乎所有的跨国企业与其都有着密切关联,神户大地震的影响迅速地波及全世界。微软、宝洁、思科等跨国企业紧急关闭了其在日本的企业总部,并且迅速地将相关机构从震区撤离。2000 年,飞利浦企业位于美国新墨西哥州的一家芯片制造工厂由于雷击而发生火灾。当时,这个工厂是当时全球最大手机制造商爱立信的唯一手机芯片供应商。火灾使飞利浦损失了4000 万美元的生产订单,仅占其当年销售额的 0.6%,但是对其用户的影响却是难以估量的。由于手机芯片发生供应中断,爱立信被迫停止生产高档手机,直接利润损失高达23 亿美元,企业股票价格下跌13.5%。更为可怕的后果是,这场火灾直接导致爱立信在第二年退出手机终端市场,而不得不与索尼成立合资企业进行手机生产。

这一系列惨痛的教训,迫使企业经营者对当前的分销链管理进行重新审视,如何更加安全地保证分销链可靠运作,减少失效事件发生频率,降低分销链的中断后果。然而,目前的分销链管理理论对于分销链可靠性这一方面的研究还比较缺乏,企业经营者不能应用现有的理论去指导实践,正是在这样一个背景下展开工作的。

2.3.1　可靠性设计

2.3.1.1　可靠性分析

可靠性分析是根据一定故障准则,构造元件模型与系统模型之间关系的过程。根据系统功能分析和故障判据界定,通过所确定的系统可靠性模型,借助一些方法计算系统可靠性特征量,发现系统隐患和薄弱环节,并采取相应措施消除隐患和改善薄弱环节,为提高系统可靠性提供方向和途径。它是可靠性工程中发现系统存在的问题、分析问题、有的放矢地采取措施解决问题的重要手段。由于故障分析过程与建模过程紧密相连,多数文献未对故障分析方法与模型的差异进行区分。例如,不少文献中将故障模式影响分析法与蒙特卡罗法并列称为两种不同的方法。实际上,无论是采用解析模型还是仿真模型,都离不

开故障分析过程。目前,可靠性分析方法主要有以下几类:

（1）故障模式、影响与致命性分析（Failure Mode, Effects and Criticality Analysis, FMECA）

它是一种常用的系统可靠性分析方法,包括故障模式影响分析和危害性分析。FMECA 是分析系统所有可能的故障模式对系统造成的影响,针对系统结构,识别系统的每一个故障模式,分析对系统的危害程度和引起故障的原因,提出改进和预防措施,建立一份完整的故障模式分析表格,并且根据危害程度判断确定系统改进的轻重缓急程度,防止故障再次出现,实现系统可靠性增长。

（2）故障树分析法（Fault Tree Analysis, FTA）

它是从系统故障的角度出发,探寻引起故障的各种原因,并画出它们之间的逻辑关系图[221]。FTA 比可靠性框图更加灵活详细,能够发现系统的重要故障和薄弱环节,为改善与评估系统可靠度提供定性与定量根据。在分析复杂系统故障时,FTA 特别有利于发现用其他方法不能鉴别出的故障组合。对于不容易或不可能画出逻辑图的系统,FTA 是一种很有用的方法。FTA 可用于可修复系统与不可修复系统的故障概率计算,从引起系统失效的事件考虑,计算每个元件或子系统对系统可靠性指标的影响大小,为系统改进提供可靠性参考。此外,FTA 可以通过专门的软件进行实现。FTA 基于静态逻辑和故障机理,建立分销链系统故障与企业故障之间的抽象模型。假设各企业相互独立,并且故障不会相互影响,通过 FTA 中的全部最小割集,求得系统的失效概率。但是 FTA 没有考虑故障发生的时序关系,不能描述在故障发生情况下,分销链系统状态随时间变化的动态随机特性。

传统的 FTA 已经十分成熟,但它存在两个致命缺点,即底事件的概率已知与底事件的发生是否相互独立限制了它的广泛应用。在实际应用过程中,对它的一种扩展是使用模糊数代替底事件发生概率,但不能缺少独立性假设。由于目前还没有对部分信息系统的 FTA 进行研究。因此,针对企业的部分信息,如何建立合理的 FTA;研究企业的独立性假设对顶事件产生的影响;企业信息的不精确性对顶事件产生的影响;部分信息下的企业重要度,这些问题都具有重要的实际意义。

综上所述,FMECA 是从元件到子系统、再到系统这个顺序进行分析的,即所谓"上升形"的分析法。而 FTA 则是从系统到子系统、再到元件这样的"下降形"的分析法。相对于 FMECA,FTA 有如下的优点:①FTA 可用于分析系统组成部分中除"硬件"以外的其他成份;②不仅可以检测由单一缺陷所诱发的系统故障,而且还可以检测那种当有两个以上的元件同时发生故障时,才会发生的系统故障。FTA 的不足之处如下:①对于所列举的系统故障的种类,每个分析人员所取的范围会有所不同;②由于分析人员的自身经验和知识水平各不一样,所得结论的可信性也各不相同;③在从系统故障逐步向子系统、元件进行分析时,可能会漏掉重大的系统故障。

(3)可靠性框图(Reliability Block Diagram,RBD)

它是从系统正常的角度出发,分析完成系统规定功能时的元件之间的关系,适用于两态单调结构系统。假设系统组成部件之间的失效行为和可修行为相互独立,基于系统中各模块和部件之间的相互关系,对系统的静态可靠性进行分析,即不考虑部件之间故障的相关性,以及系统状态变化的动态特性。RBD的建模和求解过程相对简单和直观,便于求得精确解。用于描述典型分销链系统的可靠性框图模型,建立在简单的经典串并联模型上,一般都以手算为主,只能对系统可靠性做粗略估算时使用。当分销链系统结构较为复杂时,很难用串并联框图组成一个能详细描述系统逻辑关系的可靠性模型。一般来说,当分销链系统较简单时,可靠性框图易于构成。对于不容易或不可能构成逻辑图的复杂分销链系统,采用FTA将会是一种更有效的方法。

(4)最小路集(Minimal Path Set,MPS)和最小割集(Minimal Cut Set,MCS)

为计算需求节点可靠性指标,可以对网络中的每一个需求节点求取最小路集和最小割集。最小割集法适用于求解复杂网状系统可靠性,如果难以直观识别最小割集,可以根据最小路集求取最小割集。如需要考虑特殊因素的影响,就要进一步分析故障后果。

2.3.1.2 可靠性设计

可靠性设计是一种事前考虑系统可靠性的设计方法,可视为最中心的可靠性任务之一。它虽然只是可靠性工作上的一个环节,但却是保证系统可靠性最重要的环节,为系统的可靠性水平奠定了基础。系统可靠性分配根据系统与组成元件之间的功能结构关系,将系统的总体可靠性指标在所有元件之间合理地进行分配,即按系统→子系统→元件的逻辑次序,逐一落实全部的可靠性指标。在分配所设计的可靠性指标时,由于受到资金投入限制,在系统各组成部分之间需要保持适当平衡,以最大限度增加系统可靠性。文献[222]以交易可靠性最大为目标,设计了一个公平价格机制,按照贡献多少进行分配,避免平均分配所带来的弊端。同样,当改进分销链可靠性,或者重新设定可靠性指标时,也存在如何将系统可靠度分配给各企业的问题。

可靠性设计是可靠性工作的重要环节,设计阶段所赋予的系统可靠性水平,对系统可靠性具有根本性的影响。对于已经完成设计、正在运行中的分销链,人们更关心的是它的运作可靠性,分销链系统运行过程中的各种状态信息,要能够实时反映系统的可靠性指标,非常有必要构建分销链可靠性综合预警模型。该模型由下往上依次对节点企业、子系统、系统进行可靠性预警,达到从局部到总体,综合考察分销链可靠性的目的。可靠性提升是系统可靠性工程的重要方面,可以从系统和成员两个层面,进行分销链可靠性改进设计。从系统层出发,针对基于可靠性的分销链冗余优化设计问题进行了研究。企业可靠性是分销链整体可靠性的微观基础,通过对企业进行可靠性监管,促进其提升自身可靠度,从而实现提升分销链的整体可靠性的目的。基于本体和多 Agent 技术,构建分销链可靠性设计模型。综合采取投、招标策略和可靠性优化策略,实现可靠分销链的最优设计。同时,为了激励企业提高运行效率、改善服务可靠性,提出了一套基于标尺竞争的结合价格和服务可靠性监管的企业激励性监管模式与方法。

可靠性分配常常会受制于现实情况下一些客观条件,如时间、成本、体积和重量等,从而构成一类优化设计分配问题,即在满足各类约束条件下,如何通过合理的可靠性分配达到甚至超过事先预定的系统可靠性指标。在现实情况中,企业可靠度常常不是具体的固定值,而是与投入资金成本情况直接相关。对于企业可靠性与成本费用这两者之间的函数关系,可以通过推导得到企业可靠性和成本之间的拟合函数,利用惩罚函数法可以把成本约束问题转化为无约束优化问题,然后通过构造神经网络,计算与最优可靠性分配相对应的网络优化能量函数,建立系统可靠性优化分配数学模型[223]。

系统可靠性冗余设计。当对分销链系统可靠性要求较高时,除了尽可能选取可靠度高的企业外,还可以通过冗余设计增加系统可靠性。所谓冗余设计,是指当一个功能单元的可靠性不能满足系统任务的要求时,采用两个或两个以上的单元并行工作,只要其中有一个单元能够正常工作,系统就不至于失效。虽然冗余企业越多系统可靠性也就越高,但是总成本也会相应增加。由于总成本约束存在,不能随意增加冗余企业的数量,因此需要结合成员重要度分析,针对分销链可靠性的薄弱环节,进行分销链冗余优化设计,以最有效的方式提高系统整体可靠性。

2.3.2 智能管理可靠性

现在从国防工业到民用工业,各行各业都统一认识到了可靠性问题是一个需要关注与解决的重要问题,如交通网络、管道网络、电力网络、通信网等,都将可靠性作为整体规划、设计及实施的重要内容,用以评价网络系统功能和效率。但是,由于分销链管理理论提出的时间还相对短暂,现有的可靠性理论还不能直接应用于分析分销链可靠性。

分销链网络与交通网络在拓扑结构和服务功能方面存在较大不同,分销链具有分布性系统的一些共性,如资源分散性、异构性、开放性、灵活性等,分销链上任何节点发生影响正常生产的失效事件,往往会迅速波及与其直接相连的上下游企业,进而沿着分销链网络连接影响到分销链上所有的企业。最终,发生在节点企业上的局部失效事件会对分销链的整体正常运作带来深远的影响,严重时甚至会引起分销链中断,分销链运作成本急剧上升,用户服务水平被迫降低[224]。这样的例子在近几年中已经时有发生,因此,不能够直接将交通网络可靠性研究结论应用于分销链可靠性。

分销链可靠性工作贯穿分销链的规划、组织和控制全过程,是一项内容复杂、任务繁多的系统工程。在不同的阶段,其可靠性有着不同的内容与侧重。设计阶段所赋予的系统可靠性水平,对系统可靠性具有根本性的影响。分销链具有整体性、相关性、结构性、动态性、目的性、环境适应性等这些系统的一般特征。在构建分销链时,需要从系统的角度进行设计和优化。为了保证所设计的分销链,能够满足分销链管理思想得以实施和贯彻。在设计过程中,还应遵循如下一些基本原则:①自顶向下与自底向上相结合的设计原则;②简洁性原则;③集优性原则(互补性原则);④协调性原则;⑤不确定性原则;⑥创新性原则;⑦战略性原则。

在分销链设计阶段,定量预测系统目标可靠性水平,通过选取合适的企业,实现分销链的可靠性设计,判断设计方案能否满足分销链系统可靠性指标的要求。如果设计方案不唯一,还需要对多个设计方案进行相互比较,选择在可靠性、成本费用以及其他性能方面的最佳设计方案,实现可靠分销链的最优化设计。也就是说,进行分销链设计时,需要把分销链的生产运作要求、可靠性要求以及其他性能要求都考虑进来并给以保证,使所设计的分销链,既能满足生产运作要求和性能要求,又能满足一定的可靠性指标要求。

这里构建了基于本体和 MAS 的分销链可靠性设计模型的组织构架。该系统从功能和角色上可划分为三层:①最上层的工作流计划 Agent 负责控制工作流。②中间层的管理 Agent,负责任务分配与任务协调;本体 Agent 通过本体推理,为企业 Agent 和管理 Agent 提供服务匹配功能;优化 Agent 实现基于可靠性的分销链任务最优分配。③最下层的企业 Agent,负责执行相应的生产任务。

多个 Agent 之间遵循 ACL 通信协议,使用 KQML 实现信息交互。在 KQML 这一架构基础上,Agent 可以交换信息与知识。KQML 核心是一套可以扩展的表述行为集,包含了告诉接收方所在执行的一些动作,并且定义了一些允许 Agent 访问对方知识库和目标库的操作指令,通过请求、应答及通告等实现原语信息传递,这些行为构成 Agent 通信基础。系统采用 XML 对相关数据进行集成和封装,主要优点是:数据内容与表现形式相互分离;遵循严谨的语法规定要求,具有可校验性,所包括的语法描述功能有助于在不同系统间以及不同数据库间进行实时信息交互。

招、投标过程采用合同网协议(Contract Net Protocol,CNP),CNP 是最常用的 Agent 协商协议之一,已经在调度领域得到了广泛的应用[225]。CNP 是由

Smith 于 1980 年提出的,它通过规定合同管理者如何公告任务,潜在的合同方如何投标,以及管理者如何授权等内容完成协商。合同网模型的资源提供方发布需求后,并且向其他 Agent 邀请投标,有兴趣的 Agent 评估该需求,资源提供方评估合同并将合同授予最适当的 Agent。该协议具有分布式管理的特点,可以大大降低系统出现瓶颈的可能性,增强系统可靠性,且易于实施和理解,因此被广泛应用于 MAS 的任务分配中。

在设计阶段,通过从下向上的途径,本体 Agent 从统一描述发现和集成协议(Universal Description Discovery and Integration,UDDI)的登记信息中,得到服务本体;再通过自上向下的途径,将工作流本体与任务本体建立在抽象服务本体之上。运行阶段,上层工作流本体动态分解为下层服务本体。系统中各个Agent的功能如下:

(1)接口 Agent:用户通过接口 Agent 发送订单,触发系统的工作流程。访问并管理相关信息,设定订单描述信息、发送订单以及确认合同信息。管理Agent通过接口 Agent 进行订单接收和处理。

(2)工作流计划 Agent:负责协调工作流以及维护上层工作流本体,包括AW、EW、AT、ET。AW 和 EW 定义在工作流本体仓库,AT 和 ET 定义在任务本体仓库。工作流计划 Agent 包括一个工作流引擎和一个工作流本体引擎。工作流引擎作为一种软件服务,它为工作流实例提供实时运行环境。工作流本体引擎作为一种本体推理工具,自上向下进行流程分解。一旦触发工作流进程,工作流计划 Agent 从工作流本体仓库中,选取一类抽象工作流描述。根据所定义的关系与属性,工作流本体引擎从执行工作流和抽象任务中找出一个执行任务。接着,工作流引擎执行工作流实例,将执行任务的控制权传递给工作流计划 Agent。

(3)管理 Agent:负责任务分配与任务协调。管理 Agent 将查询提交给工作流计划 Agent,并接收到一个执行任务。接着,管理 Agent 通过查询本体 Agent,找出与任务匹配的招标企业列表,再通过简单对象访问协议(Simple Object Access Protocol,SOAP),发送招标消息。最后通过优化 Agent,从所有投标企业中确认最终中标企业,发送中标通知并签订合同。任务完成后,将结果返回给工作流计划 Agent。管理 Agent 与工作流计划 Agent 的不同之处在于前者完成任务协调功能,后者负责工作流推理与执行。

(4)本体 Agent:接收管理 Agent 所提交的服务查询,通过查询 UDDI 寻找匹配服务,再将匹配列表返回给管理 Agent。本体 Agent 提供语义整合服务,对服务查询进行响应,完成本体推理与匹配功能。本体 Agent 能够对需求能力和发布能力进行比较。

(5)协调 Agent:由智能评估机制、智能预测机制和智能分配机制三部分组成。协调 Agent 分别利用模糊逻辑评估投标企业可靠性,利用反向传播(Back-Propagation,BP)神经网络预测目标可靠性。为了找出同时满足目标可靠性和限制成本的配置策略,通过多目标遗传算法,从所有参与投标企业中,得到基于系统可靠性的任务最优分配结果,再将结果发送给管理 Agent。

(6)企业 Agent:代表提供特定服务的企业,它们之间可能是合作关系,也可能是竞争关系。企业 Agent 将各自的服务登记到 UDDI,一旦接到管理 Agent 的招标书后,首先审查自己是否符合招标书的要求,再检测自己是否有能力完成这项任务。如果符合条件与要求,则制定投标书,并将投标书发送给管理Agent;如果不符合招标要求,则不参与投标。中标企业 Agent 收到中标通知后,由其自身的生产规划系统,得到完成任务的具体活动方案,驱动企业的生产执行,并将任务执行结果及时传送给管理 Agent。如果中标企业因为生产能力或环境变化无法完成合同,或只能完成部分合同,则应及时将具体情况通知给管理 Agent,管理 Agent 重新进行招标,或者仅对剩余生产任务进行招标。

传统的 UDDI 注册中心作为中立的第三方,更侧重对基于功能约束的服务发现问题进行关注,从而导致不能提供足够的非功能信息。通过对 UDDI 模型进行扩展,使其可以收集企业可靠性方面的相关信息,为分销链可靠性设计提供必要的数据来源。企业基本信息和企业之间的交易记录,作为原始数据存放在 UDDI 中。这些数据主要记录了企业交货期、产品质量、交货数量等信息。优化 Agent 中的评估机制根据这些原始数据,计算投标企业可靠度,中标企业任务完成后更新数据库。

小结

本章首先介绍了分销链模式,给出了 MAOMFPS 基本思想,对 CPFR、ERP 与 MAOMFPS 进行了比较;其次,在比较非智能体方法和多智能体方法建模、面向对象建模和基于 MA 的建模基础上,讨论了 MAS 建模的步骤和开发方法;然后,运用本体理论,对 MAOMFPS 底层信息进行了分析,构建了基于 MA 的分销链运作管理的底层信息模型和基于本体的信息交互模型;最后,根据基于 MA 的分销链运作管理建模的要求,采用由下到上的建模方式,运用 MEDM 模型对分销链 MAOMFPS 进行了建模。从分销链智能结构组成的角度把 MAOMFPS 结构框架分为应用层、Agent 构建层和数据层三部分;从基于 MA 的分销链协同运作控制的角度分析,把 MAOMFPS 协同运作控制模型分为 Agent 运作控制建模、仿真优化控制模型和软件实现三个部分。采用 MAS 的分布式问题求解思想,基于本体和多 Agent 技术,构建了一种集成多种智能算法的分销链可靠性设计模型。工作流本体负责将订单任务分解为若干个企业可以投标的子任务,服务本体实现企业服务发布与发现,综合采取招、投标策略与可靠性优化策略,实现分销链可靠性的最佳设计。

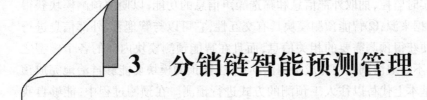

3 分销链智能预测管理

随着全球经济一体化的发展和市场经济体制的完善,竞争的焦点集中于产业链两端,产品设计能力和分销能力成为竞争的关键。尤其是大众消费品行业,建立复杂分销网络和控制分销渠道成为企业成功的重要战略。以家电连锁和大型日用品分销等为代表的大众消费品行业依靠分销运作战术虽然获得了迅猛发展,但是不确定性市场需求和分销链中的牛鞭效应也导致了分销链企业库存短缺或过剩。为了获得合理的库存预测值,大多数分销链企业采用了移动平均、时间序列和模糊神经网络等方法进行预测,但效果并不理想。

前人把预测分为七个步骤:①确定预测的用途;②确定预测对象;③决定预测的时间范围,是短期、中期还是长期;④选择预测模型,如移动平均法和回归分析法等;⑤收集预测所需的信息;⑥做出预测;⑦验证和执行预测结果。对预测结果进行评估有助于确保模型、数据和假设的合理性。根据以上步骤,本章主要的工作是构建合理的预测模型,验证预测模型的执行情况并做出评价。

由于企业面对着瞬息万变的市场和顾客需求的多样化,为了适应企业预测的需要,学者们通常从时间序列预测、归预测和智能预测等角度探讨这个问题,构建预测支持系统。这些预测方法和预测支持系统大多是讨论企业直接面对市场需求的预测模型,这使得这些企业的管理者可以利用移动平均法等方法预测产品的需求。但是对于分销链传统预测模式,主管企业一般仅仅依靠下层企业的订货数据做出预测和决策,其库存量信息将不可避免地受到扭曲。如此重复下去,分销链中就会出现预测信息逐步放大的现象,也就是说传统的多层预测模式是导致牛鞭效应的一个重要因素。对于 ERP 软件来说,虽然也具有类似的预测功能满足企业的预测需求,为单个企业的预测提供了帮助,但是对于复杂分销链来说却不一定可行。由于分销中心的预测计划与每一层企业的库存密切相关,主管企业的预测需求量受到下层企业订货量和库存状况的影响。

以往那种直接面向市场需求的预测方法和预测系统缺乏对分销链整体预测需求的考虑、也缺少对分销链企业预测需求的智能化支持。智能预测模块具有以下特点:①该模块需要更好地适应预测问题所处的外部变化环境并做出感应,具有实时监控,抽取外部信息和筛选噪声信息的功能,以便使预测模块获得合理的数据来源;②智能预测模块具有交互性,它可以与管理者、外部信息进行交互,以便获得预测需要的相关信息,而且在智能预测模块内部的各个模型之间也需要不断地协调以便完成预测活动;③智能预测模块要能够自治地完成预测功能,基本上代替以往人工预测的方式进行预测。在预测过程中,能够自我分析、判断和推理,得出最优的预测方案和偏差更小的预测值,并反馈给管理者。

当前许多研究表明,MA 理论有助于改善复杂系统实际模型运作的设计和实现。通过对分销链和运作管理过程的抽象,Agent 可以对其进行整体描述,针对预测目标的实现进行规划和设计,以体现该模型的预测特征。一般认为,每个 Agent 处在一定的局部区域或网络环境内,只能感应到局部信息,正如焦李成等[226] 给出的定义:所有 Agent 均生存在一个网格环境中,称为 Agent 网格,记为 L,网格的大小为 Lsize × Lsize,其中 Lsize 为整数。

这里利用 MAS 构建了分布式的分销链预测计划模型。相对于传统的预测模型,给出了一个能够在 MAOMFPS 模型中从外部感应各种与预测相关的信息,把推理、判断和学习等理论运用到预测模型中,以便不断地改进预测效果。

3.1　预　测　模　型

智能预测系统(Intelligence Forecasting System, IFS)是传统预测模型与 AI 相结合构成的系统,包括智能和预测两部分。其研究成果出现在许多领域,如分销链、电子商务、经济金融和交通气象等。为了保证本章内容的完整性,下面给出了单层库存预测模型,这里称为基于 MA 的单层库存预测模型。

3.1.1　单层库存预测模型

建模的目的是为了解决分销链的预测订货问题,也为了能够为软件开发者提供软件构建的原型,以使该模型能够在商业运作中得以参照。该模型是根据前人的研究和 MA 理论,结合库存管理的需要,给出了如图 3 - 1 所示的基于 MA 的单层库存预测模型。

该模型由管理 Agent、单层预测 Agent、信息抽取 Agent 和企业 Agent 组成。企业 Agent 是该预测模型的真实实体,是预测结果的受益者。

3.1.1.1　管理 Agent

管理 Agent 是管理者与该模型交互的人机界面和系统预测活动的组织者,是用户和基于 MA 的预测模型沟通的桥梁,协调多个 Agent 共同完成预测任务,

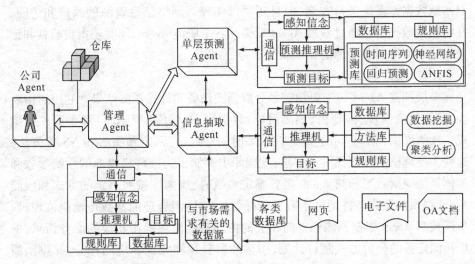

图 3-1　基于 MA 的单层库存预测模型

其任务包括规划、调用和协调,记录 Agent 的标识和类型等活动。管理 Agent 主要具有两个功能:

第一个功能是为管理者提供人机交互功能和对本系统中正在运行的所有 Agent 进行监控和管理。在系统启用时,管理者需要进行系统的初始化和各类运行参数的设定,通过管理 Agent 检索有关预测结果,修改、更新各个 Agent 中知识库的内容,进行推理判断并增加新的参数方案和扩充各类数据库模型。管理 Agent 将根据不同的预测要求进行有效操作并将预测 Agent 所得的结果反馈给该企业的管理者。

第二个功能是管理 Agent 对整个系统进行设定和维护,同时辅助其他 MA 之间的通信服务。在系统正常运行时,基于 Internet/Intranet 的预测模型中的管理 Agent 要能够帮助它们建立相互联系和协同工作以实现系统的总体目标,根据接收到的其他 Agent 的信息,构建了对当前系统整体认知的情况下储存并记录系统中每个 Agent 的信息。当某一服务请求 Agent 提出通信请求时,管理 Agent 根据其服务的特点为其提供服务,确保系统的正常运行。

3.1.1.2　信息抽取 Agent

信息抽取 Agent 具有本体 Agent 的部分功能,担负着信息检索、信息收集和信息处理等任务。系统正常运行时需要根据预测环境的变化不断地调整工作策略,不断地从外界获取信息。它的目标是收集和整理信息,为系统中的其他 Agent 提供任务处理所必需的数据和信息。数据抽取 Agent 是一种具备学习功能的动态 Agent,对企业 ERP 软件或网络上分布的信息进行管理、控制和分类等,并承担决策信息的收集、检索和调度等功能。它不仅可以根据任务的需要对本地数据库系统进行查询,而且还可以实现对网络信息资源的通信和访问,并将相关数据信息通过管理 Agent 反馈给各个职能 Agent,同时还负责监督和记录本地和网络信息资源的变动状况。

3.1.1.3 单层预测 Agent

单层预测 Agent 的主要功能是分解预测任务和计算预测结果。它由通信模块、感知信念模块、推理机、预测目标、数据库、知识库(规则库)和预测库等组成。预测库固化了不同的预测方法,如时间序列法、回归预测法和 NN 等方法,这些为推理机的预测提供了方法;规则库中存储了为推理机服务的预测参数和具体算法规则。当预测 Agent 需要确定参数时,规则库按照确定的方式和预测 Agent 提供的预测条件把样本数据选择(生成)一组合理的参数传输给推理机。单层预测 Agent 根据预测任务向相关的内部功能模块提出相应的服务请求,根据预测任务的分解方式制订计划,引导和监督预测完成相应的任务,并将预测结果存贮和输出。由信息抽取 Agent 所获得的信息不一定符合预测 Agent 的要求,预测 Agent 的感知信念模块将根据预测要求,对信息抽取 Agent 所收集的信息进行选取,再传递给推理机。推理机具有推理、判断和动态学习的功能,它将根据预测要求分别从数据库、规则库和预测库中调用自己需要的参数、预测规则和预测方法进行预测。最后,推理机计算的结果将传输到预测目标,预测目标力求使获得的结果和实际结果之间的误差更小,系统将根据预测需求变化、预测结果与实际状况的差异,要求推理机寻找更好地预测组合方法。当预测结果符合要求时,通过通信模块传送给管理 Agent,并保存在自己数据库中;否则需要重新预测。

3.1.2 ANFIS 分析

以自适应神经模糊推理系统(Adaptive Neuro – Fuzzy Inference Systems, AN-FIS)为例分析了预测模型的工作过程。ANFIS 网络对输入空间的模糊聚类能自适应地调整模糊规则数目,克服误差反传算法易陷入局部极小点的缺陷。运用 ANFIS 预测可以通过误差反传和最小二乘算法分别学习前提和结论参数,克服传统预测方法没有考虑的市场需求波动的模糊性。

3.1.2.1 ANFIS

本节根据王宇等[227]给出的内容简要地介绍 ANFIS 的工作过程。ANFIS 网络是将模糊逻辑与 NN 有机结合而构成的一种新型 NN 结构。该网络采用反向传播和最小二乘法的混合算法来调整前提和结论参数,并能自动产生 if – then 规则。该系统由自适应神经网络实现一个 T – S 型的模糊推理系统,同时 AN-FIS 网络通过模糊辨识系统进行辨识,能自主地初始化模糊规则并自适应地调整隶属度和结论参数。在结构上属于多层前馈网络,在学习算法上属于局部逼近网络。假设模糊系统有两个输入 $x_i(i=1,2)$ 和一个输出 y，x_i 的模糊集合为 $A_i^k(k_i=1,2,\cdots,m_i)$，$A_i^{k_i}$ 代表该模糊集合的隶属函数，其模糊规则数 $p=m_1\times m_2$。第 k 条模糊规则形式为：

$$\text{if}(x_1 \text{ is } A_1^{k_i} \text{ and } x_2 \text{ is } B_2^{k_2}),\ \text{then}\quad f_1=a_1\times x_1+b_2\times x+r_{12}$$

其中，k 为模糊规则数，$k=1,2,\cdots,p$，每个 k 分别对应一个有阶序列 k_1 和 k_2。

ANFIS 结构主要由模糊化层 1、模糊推理层 2-3 和解模糊化层 4-5 组成，采用 Sum-Product 模糊逻辑推理和加权平均解模糊。第 1 层：将输入变量模糊化，输出对应模糊集合的隶属度，第 i 个输入变量的第 k_i 个模糊集合的传递函数可表示为：$Q_{ik_i}^1=A_i^{k_i}(x_i)$，其中 x 为结点 i 的输入，A 是与该结点有关的语言标识，这里 A 的隶属函数选用钟型函数。第 2 层：实现条件部分的模糊集合运算，通常采用乘积规则输出对应于第 k 条模糊规律的适用度 $O_k^2=\omega_k=A_1^{k_1}(x_1)\times A_2^{k_2}(x_2)=\prod A_i^{k_i}(x_i)$，每个结点的输出表示一条规则的激励强度。第 3 层：将各条规则适用度归一化，输出第 k 条规则的平均适用度，实际上等于模糊基函数的值 $O_k^3=\varpi_k=\omega_k/\sum\limits_{k=1}^{p}\omega_k$。第 4 层：每个节点的传递函数为线性，表示局部线性模型，计算出每条规则的输出 $O_k^4=\varpi_k y_k=\varpi(a_0^k+a_1^k x_1+a_2^k x_2)$，由所有的 $\{a_0^k,a_1^k,a_2^k,\}$ 组成的参数集称为结论参数。第 5 层：计算所有规则的输出和 $O_k^5=y=\sum\limits_{k=1}^{p}\varpi_k y_k=\sum\limits_{k=1}^{p}\omega_k y_k/\sum\limits_{k=1}^{p}\omega_k$。

3.1.2.2 基于 MA 的单层库存预测步骤

在感应到管理 Agent 发出的预测需求后，单层库存预测启动工作。

第一步，在管理 Agent 的协调下，预测 Agent 通过通信模块从信息抽取 Agent 中抽取需要的预测信息，通过归一化公式运用感知理念模块进行标准化处理。管理 Agent 还要从自己数据库、信息库和规则库中调取需要的相关信息，如预测的平均方差值和初始化参数等。

第二步，需要根据流程确定预测库中的预测方法。在预测方法库中存在着许多预测方法，需要根据感应信念中数据的特点和预测 Agent 以往预测的经验进行选择。例如，当获取的数据符合指数平滑的趋势时，那么需要首先选择它进行预测。

第三步，推理机模块根据预测方法进行计算。假设现在选定为 ANFIS，ANFIS 需要给定初始化 FIS 模型结构，并根据输入变量的特征取模糊等级数、输入变量的隶属度函数和输出变量的隶属度函数。接着，根据感知信念和数据库中的数据对 ANFIS 网络进行训练，并对训练好的 ANFIS 网络进行验证。当相关参数符合要求时则进行预测，并把预测结果传输给预测目标。

第四步，预测目标对获得的计算值进行比较，若能够满足预测的平均方差，那么,把预测结果通过通信模块传输给管理 Agent;否则,再返回到第二步重新选择预测方法或调整预测参数。

第五步,当上述预测循环到一定次数后依然不能满足条件时,那么则选用组合预测,对于组合预测的权重需要根据规则库中通过专家经验获取的相应参数进行确定。

该模型的具体计算过程大致与前人的研究过程类似,这里就不再比较和论证。

3.2 智能预测模型

3.2.1 正常条件下的智能预测

前一节讨论了基于 MA 的单层库存预测模型,在此基础上进一步讨论分销链如何进行多层分销链的预测计划问题。当前,分销链企业大都采用有利于本企业的运作管理策略,而在整个分销链看来该策略却是局部最优,所以不管在现场还是在实验中看到的分销链管理一般都偏离整个系统的优化[228]。为了解决分销链企业的优化问题,分销链企业的高层管理者最关心如何从全局的角度运作分销链以降低成本和增加效益。因此,我们构建了基于 MA 的预测计划模型辅助管理者完成分销链中多层库存组织的预测计划(软订货)问题。

3.2.1.1 问题描述与记号设定

由于传统分销链中的各层企业之间库存量和销售量等信息不能够共享,预测系统通常采用各个企业单独预测的方式进行订货。这种预测计划方式已不能满足当前市场竞争的需要,逐层预测方法使得整个分销链的订货量逐层放大,难以实现有效地库存管理和满足快速变化的市场需求。目前大多数企业的预测方法都是基于历史数据,采用基于 MA 的单层库存预测或一般预测方法完成订货的,这些方法的共性都是在预测 t+1 周期的需求量时没有考虑分销链在 t 周期的库存状况,导致了分销链各层企业的库存过剩或者短缺[229,230]。因此,建议在分销链中实施信息共享和多层预测。Liang 等[44]分析供应链预测订货,借助企业管理者的经验,建立整个供应链的约束规则,通过该规则限制 GA 的求解过程,以加快算法收敛速度。由于约束规则本身计算量较大,不太容易确定,不可能适合所有企业。为了克服这些不足,在假设分销链需求信息共享,各 Agent 间协商运作且目标不发生冲突的基础上,进一步展开对分销链预测订货的研究。

给出相关参数:

$D_k^{(i,p)}(t)$:主管企业 i 在 t 周期对产品 p 的平均需求量（p = 1,2,…,P, i = 1,2,…,I,t = 1,2,…,T）。

t:订货周期,订货周期为两次连续软订货之间的时间。

p 表示订货产品种类(以下省略主管企业 i 在 t 周期产品 p 的说明)。

$SD_k^{(i,p)}(t)$:需求量的标准差。

$Q_k^{(i,p)}$:企业 i 向其主管企业的总订货量。

$AL_k^{(i,p)}(t)$:订货提前期的平均值,从企业 i 向其主管企业发出软订货开始到收到订货产品为止的时间,其标准差为 $SDL_k^{(i,p)}(t)$,这里所指的订货提前期是分销链企业进行预测的时间到产品实际运送到该企业的时间(软订货的时间)。

β:服务水平系数。

$F_k^{(i,p)}(t)$:企业 i 对所管辖企业的预测需求量,简写为 $F_k^{(i,p)}$。

$IP_k^{(i,p)}(t)$:库存水平。

$OH_k^{(i,p)}(t)$:当前库存量。

$II_k^{(i,p)}(t)$:在途订货量。

$BO_k^{(i,p)}(t)$:等待订货量。

$D^{(i,p)}(t)$:分销链中第 1 层企业的需求量。

$U_k^{(i,p)}(t)$ 为初始库存。

$A_k^{(i,p)}$:单位订货成本。

$\lambda(Q)$:订货量 Q 的价格折扣。

$C_k^{(i,p)}$:产品单价。

$B_k^{(i,p)}$:单位保管费用。

$Y_k^{(i,p)}$ 表示单位里程、单位产品的运输费用。

$CH_k^{(i,p)}$:单位缺货费用。

本节在假设分销链需求信息共享,各个 Agent 间协同运作且目标不发生冲突的基础上探讨了分销链的预测计划优化模型。

3.2.1.2　基于 MA 的预测计划模型

图 3 - 2 给出了分销链基于多智能体预测模型(Multi - Agent based Forecasting Model,MAFM)框图。分销链各层企业作为独立的实体,具有销售利润管理、库存成本管理和预测计划等局部目标。该模型的中心工作是各个企业在管理 Agent 的控制下,利用预测 Agent 代替管理者行使预测计划。模型中各层企业中级别最高的为分销中心及其管理 Agent,依次为省子企业、地区子企业和专卖店及其对应的管理 Agent。图 3 - 2 中给出了利用多层预测 Agent 和单层预测 Agent 加强对整个分销链企业的智能预测。

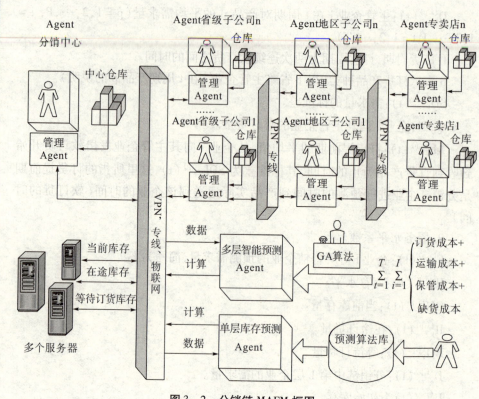

图 3-2 分销链 MAFM 框图

在分销链 MAFM 中,以分销中心为核心企业的分销链采用集中式数据库管理模式。分销链中各层管理 Agent 是预测计划的发起者和组织者。管理 Agent 主要负责本企业与其相关企业的管理 Agent 对话交流、传送和收集信息,如当前库存量、在途库存量、等待订货量、运输成本、订货成本和缺货成本等信息。多层预测 Agent 的功能是在管理 Agent 的控制下,基于整个分销链成本最小化的前提下预测各层企业的订货量。单层预测 Agent 的功能是根据历史数据和影响因素对市场需求进行预测,单层预测 Agent 的预测结果通过虚拟专用网络(Virtual Private Network,VPN)或专线为所有企业共享,该信息的共享在一定程度上缓解了分销链层层预测带来的牛鞭效应。为方便与以往的文献进行对比,设定单层预测 Agent 获得的市场需求量基本满足均衡消费的要求且是稳定的。

MAFM 的运行机制:①企业 i 的管理 Agent 代替其管理者行使权利,监控企业 i 的当前库存状况。若当前库存低于其安全库存,那么企业 i 的管理 Agent 触发多层预测 Agent。②管理 Agent 开始读取企业 i 的订货成本、运输成本、库存成本、缺货成本、初始库存和下层企业对本企业的需求量等数据,然后把相关数据传输给多层预测 Agent。③重复前面两步,直到分销链中所有的各层企业都完成前两步操作。④多层预测 Agent 在获取分销链中所有需要的当前数据后,根据设定的成本最小化原则,运用 GA 计算出各层企业的预测软订货量,并把结果发送给各层企业的管理 Agent。⑤各层企业的管理 Agent 把获取的数据反馈给各层企业的管理者,获取认同后即生成实际的预测软订货单。

根据分销链企业的不同订货策略,采用了基于信息共享的混合预测订购策略。分销中心采用连续盘点订货策略,分销链各层企业采取定期订货策略。设定订货提前期和提前期内的预测软订货均服从正态分布。分销中心在订货点、安全库存和需求订货量的计算公式如下:

$$s = AL \times AD + SS \tag{3-1}$$

$$SS = \beta \times \sqrt{AL \times SD^2 + AD^2 \times SDL^2} \tag{3-2}$$

$$IP = OH + II - BO \tag{3-3}$$

$$Q = \begin{cases} s - IP & IP \text{ 小于 } SS \\ 0 & \end{cases} \tag{3-4}$$

对于分销链各层企业的安全库存采用下式计算:$SS' = \beta \times SD \times \sqrt{AL}$。分销链各层企业的需求订货量的求解和分销中心的基本相同,不同之处就是用 SS' 替代 SS。如果分销链企业的库存水平 $IP_k^{(i,p)}(t)$ 低于其订货点 $s_k^{(i,p)}(t)$,企业 i 的管理 Agent 即向它的主管企业发出订货量($s_k^{(i,p)}(t) - IP_k^{(i,p)}(t)$);否则 $Q_k^{(i,p)}$ $=0$,以使库存水平达到正常水平。由于订货提前期的均值、标准差和订货提前期内需求量的均值、标准差都未知,所以在管理 Agent 确定订货决策后采用预测需求量 $F_k^{(i,p)}(t)$ 代替订货提前期内需求量分布的均值,用历史需求预测量与实际需求量差的平均值作为订货提前期内需求量分布的标准差。例如,推导分销链企业 i 的订货量,$AD_k^{(i,p)}(t)$ 等于 $\sum_{i=1}^{I} F_k^{(i,p)}(t) + \delta(t)$,其标准差为 $SD_k^{(i,p)}(t) = \sqrt{\sum_{u=1}^{t-1} (F_k^{(i,p)}(u) - D_k^{(i,p)}(u))^2 / (t-1)}$,$u$ 表示企业 i 在 t 周期之前的订货周期数。同理,可推导分销链企业 i 订货提前期 t 的均值与标准差 $AL(t)$ 和 $SDL(t)$。那么其订货点为:

$$s_k^{(i,p)}(t) = AL(t) \times AD_k^{(i,p)}(t) + \beta \times SD_k^{(i,p)}(t) \times \sqrt{AL(t)} \tag{3-5}$$

$$Q_k^{(i,p)} = s_k^{(i,p)}(t) - IP_k^{(i,p)}(t) \qquad IP \text{ 小于 } SS' \tag{3-6}$$

下面给出分销链预测计划模型的目标函数。通常,库存系统中包括以下费用:订购费用、运输费用、保管费用和缺货损失费用。本节仅从整个分销链成本最小化的角度出发,给出了订货费用、运输费用、保管费用和缺货损失费用的目标函数。

$$TC = TCorder + TCtran + TChold + TCshort =$$

$$\sum_{p=1}^{P} \sum_{k=1}^{N} \sum_{i=1}^{I} \sum_{t=1}^{T} \left\{ \left(A_k^{(i,p)} \times Q_k^{(i,p)} + \left(\lambda(Q) \times C_k^{(i,p)} \times Q_k^{(i,p)} \right) \right) + Y_k^{(i,p)} \times Q_k^{(i,p)} + \max \right.$$

$$\left(\left(IP_k^{(i,p)} + Q_k^{(i,p)} - F_k^{(i,p)} \right), 0 \right) \times B_k^{(i,p)}(t) +$$

$$\max\left[-\left(\left(IP_k^{(i,p)}+Q_k^{(i,p)}-F_k^{(i,p)}\right),0\right)\right]\times CH_k^{(i,p)}(t)\right\} \tag{3-7}$$

s. t.

$$IP_k^{(i,p)}(t)=IP_k^{(i,p)}(t-1)+Q_k^{(i,p)}(t-1)-F_k^{(i,p)}(t-1)\qquad \forall i,\forall p,\forall k,\forall t$$

$$\sum_{t=1}^{T}Q_1^{(i,p)}\geqslant\sum_{i=1}^{I}\sum_{t=1}^{T}D^{(i,p)}\qquad \forall i,\forall p,\forall t$$

$$\sum_{t=1}^{T}Q_k^{(i,p)}\geqslant\sum_{i=1}^{I}\sum_{t=1}^{T}Q_{k-1}^{(i,p)}\qquad \forall i,\forall p,\forall(k-1>0)$$

$$Q_k^{(i,p)},F_k^{(i,p)}\text{ 均大于 }0\qquad \forall i,\forall p,\forall k \tag{3-8}$$

约束方程式其中式(3-8)中的第一表达式为分销链各层企业的库存平衡约束,第二、三表达式分别为第1层企业和第N层企业之间的库存平衡约束,第四表达式为各决策变量的非负整数约束。

求解式(3-8)是NP完全问题,常采用分支定界法、拉格朗日松弛法、GA、仿真退化法和禁忌搜索等算法。GA作为一种相对成熟的求解方法,具有群体寻优和并行计算等优点,在工业领域得到了广泛的应用。本节采用GA进行函数求解,并选用Sheffield大学的GA工具箱。GA工具箱的具体应用请参阅文献[231]。

(1)编码

通常编码方案有二进制和浮点数编码等,这里采用浮点数编码。该染色体基因串中每个基因位代表各层企业预测软订货量的取值。例如,第一周期的染色体编码如下所示:[Q1(1),Q2(1),Q3(1),Q4(1)]。其中,Q1(1)表示专卖店在第1周的需求订货量,Q2(1)表示地区子企业在第1周的需求订货量,Q3(1)表示省级子企业在第1周的需求订货量,Q4(1)表示分销中心在第1周的需求订货量。

(2)评价函数

GA在优化搜索中基本不用外部信息,仅以构建的评价函数为依据。在应用中评价函数的具体形式根据求解问题一般设定为非负值。GA的目标是在既定范围内求取一组能使分销链总成本最小化的需求订货量组合。应用Matlab和GA工具箱编程实现,设定染色体种群为40,染色体基因串中每个基因位代表各层企业的预测软订货量。染色体编码方案如下所示:

$$\{\underbrace{[Q_1(1),Q_2(1),Q_3(1),Q_4(1)]}_{\text{第1周期}},\underbrace{[Q_1(n),Q_2(n),Q_3(n),Q_4(n)]}_{\text{第n周期}},\cdots,$$

$$\underbrace{[Q_1(20),Q_2(20),Q_3(20),Q_4(20)]}_{\text{第20周期}}\}$$

(专卖店 地区子 省级子 分销中心)

其中,$Q_i(t)$表示企业i在t周期的预测软订货量,选择算子采用高级选择例程,交叉算子采用高级重组算子。在应用变异算子时,其变异率设为默认值并通过安全库存量和在订货点约束变异范围,迭代步长设为1000。

（3）繁殖

繁殖包括交叉和变异。交叉操作过程如下：从用于繁殖的个体中取出两个染色体，按概率随机决定这两个染色体进行位置交叉。交叉方式有一点交叉、多点交叉、均匀交叉和周期交叉等多种方式。在交叉位置将两个染色体 $X = (x_1, x_2, \cdots, x_n)$ 和 $Y = (y_1, y_2, \cdots, y_n)$ 按交叉方式产生新的染色体 $Z = (z_1, z_2, \cdots, z_n)$，以一定的交叉率交叉后得到 $z_i = x_i$ 或 $z_i = y_i$。变异操作过程如下：从交叉后的个体中随机选出若干染色体，按突变概率随机决定发生突变的位置，然后将这个位置的遗传因子进行某种变异。变异方式有对立变异和逆位变异等。如交叉后的染色体为 $X = (w1, w2, \cdots, wn)$，在约束范围 $[m_k, n_k]$ 下，变异为 $X = (w_1, w_2, \cdots, w_k', w_n)$，$w_k' \subseteq [m_k, n_k]$。

（4）GA 求解步骤

随机产生 N 个染色体，在订货量范围内随机产生初始染色体的每个基因位 $Q_i(t)$；根据评价函数计算总的订货成本。设定选择算子为 0.8，交叉算子为 0.7，在应用变异算子时，其变异范围根据订货策略设定。重复第（3）步，直到给定的迭代数或求得订货量为最优解或近似最优解为止。GA 的具体求解步骤请参阅文献[232]。

为了简化求解模型，在不改变基于多公司、多层次、多库存组织和多产品分销链运作管理本质的条件下做出如下假设：设定分销链 N = 4，每层公司数 I = 1，核心产品数 P = 1，订货周期 T = 20，各层公司订货提前期函数 t = 1，设定单位产品在单位时间内存储费用不变，可求得 $AL(t) = 1$ 和 $SDL(t) = 0$。下面给出了如图 3-3 所示的四层分销链模型。该模型由分销中心 Agent4、省级子公司 Agent3、地区子公司 Agent2 和专卖店 Agent1 组成，并仿真计算了分销链各层公司 20 个周期的预测软订货量。相关初始数据来源于文献[233]，表 3-1 给出了各 Agent 的单位成本参数。

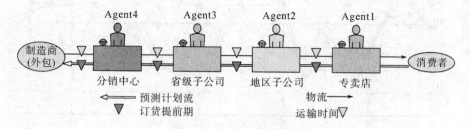

图 3-3　四层分销链模型

表 3 - 1   单位成本分布

各成本参数	Agent1	Agent2	Agent3	Agent4
B_k	1	2	1	2
A_k	1	3	1	1
Y_k	4	2	3	2
CH_k	4	2	3	3
U_k	23	5	16	2

运用 GA 对分销链四层公司的 MAFM 进行了计算。图 3 - 4 给出了分销链公司的预测软订货量,可以看出分销中心、省级子公司、地区子公司和专卖店的 Agent 预测软订货量并没有逐层放大,在 20 个周期内趋于平缓波动。把市场需求曲线和分销中心、省级子公司、地区子公司和专卖店的 Agent 预测软订货曲线相比较,发现没有出现现实中的牛鞭效应现象。该计算结果和 Liang 等计算的结果变化趋势基本相一致。可以看出无论是从分销链各层公司的预测软订货量,还是从每个公司 20 个周期内的预测软订货量进行分析,基于整体成本优化的预测软订货量优于实际生活中所看到的预测订货量。可以发现将库存状况考虑到分销链的 MAFM 中是合理的,MAFM 有助于协助管理者执行分销链的预测计划活动。

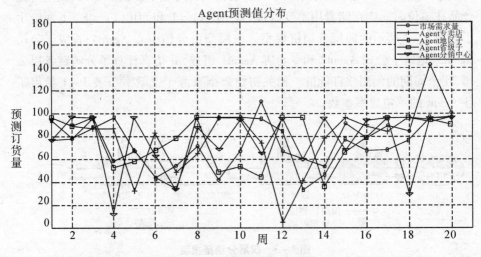

图 3 - 4　分销链预测软订货量

图 3 -5 给出了分销中心、省级子公司、地区子公司和专卖店的 MAFM 各个周期的订货成本,可以看出分销链各层公司的 20 个周期订货成本也仅存在一定的波动,没有出现放大现象。

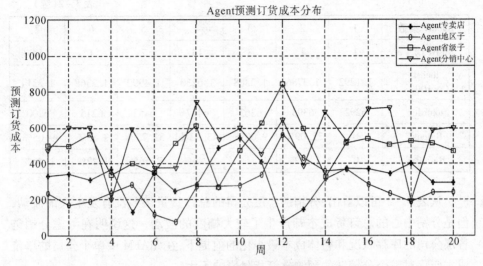

图3-5　分销链订货成本

在保持其他条件不变的情况下,通过改变分销链公司库存成本、订货成本、运输成本和缺货成本的方式分析 MAFM 中单位成本变化的影响。下面把分销中心的库存成本、订货成本、运输成本和缺货成本做适当改变,计算了分销链的总订货量和分销中心的总订货成本。为了比较分销链中单个公司的单位成本变化对整个分销链的订货影响,给出了分销链的总订货量和分销中心的总订货成本在不同条件下的偏差,并以首次计算的分销链的总订货量 totorder(1) 和分销中心的总订货成本 totcost(1) 为基准,把 i 次的计算结果分别与其比较分析。这里分别定义了分销链的总订货量和分销中心的总订货成本的变化率:

$$Ratorder = \frac{|totorder(1) - totorder(i)|}{totorder(1)} \times 100\%$$

$$Ratcost = \frac{|totcost(1) - totcost(i)|}{totcost(1)} \times 100\%$$

其中,i 表示分销中心改变成本的次数。表3-2给出了 MAFM 中单位成本变化的影响。

表3-2　　　　　　　　　MAFM 中单位成本变化的影响

Agent1 参数	1	2	3	4	5	6	7
B(1)	1	1	3	14	2	1	14
A(1)	1	1	1	14	3	1	15
Y(1)	4	4	4	14	2	4	10
CH(1)	4	10	4	14	2	15	18

表 3 - 2（续）

Agent1 参数	1	2	3	4	5	6	7
B(1)	1	1	3	14	2	1	14
tocost（×1000）	1.1292	1.3786	1.2308	1.6230	1.4990	1.2368	1.2314
totorder	6292	6393	6362	6447	6453	6215	6200
Ratcost	0	22.09%	9.00%	43.73%	32.75%	9.53%	9.05%
Ratorder	0	1.61%	1.11%	2.46%	2.56%	1.22%	1.46%

从表 3 - 2 可以看出,分销链各层公司的总订货量偏差没有发生大的波动,但是分销中心的总订货成本却产生了较大幅度的波动。这说明在考虑分销链各层公司的库存状况和整体成本最小化的前提下,在 MAFM 中单个公司的单位成本变化对整个分销链的预测软订货量影响不大。

把 MAFM 与移动平均法、自适应指数平滑法进行比较。设定这两种预测法的原始数据和 MAFM 基本相同,移动平均法采用 5 个周期进行平均计算,自适应指数平滑法自动调整指数平滑权重。通过计算获得如图 3 - 6 的结果。可以看出移动平均法和自适应指数平滑法的总成本随着周期的增加而逐渐增加,而 MAFM 计算的总成本仅仅有一定程度上的波动,且成本低于其他两种预测法。该计算结果和 Liang 等计算的基本一致。从比较结果来看,在分销链预测计划优化中 MAFM 优于移动平均法和自适应指数平滑法。

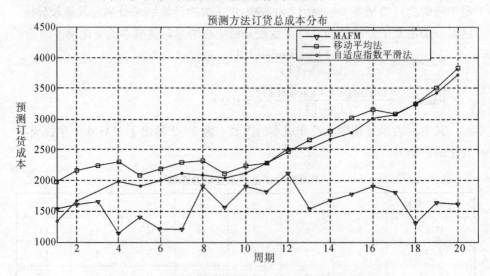

图 3 - 6　MAFM 与移动平均法、自适应指数平滑法

3.2.2　不确定条件下的智能预测

分销链一般具有分布式网络结构,存在着影响预测软订货的不确定性因素。在快速变化的市场环境下,一方面,缩短的产品周期和庞大的分销网络使得分销链企业的需求和单位成本数据都不尽完善和准确;另一方面,分销中心和链条内部各个企业之间的利益也不完全一致,这些都导致了企业之间的利益冲突。对于决策者来说,如何加强分销链预测计划的执行,降低成本和提高服务水平尤为重要。因此,分销链企业要在其竞争市场中占据一席之地,需要研究新的运作管理模式以适应不确定条件下的分销链协同预测计划的需求。

近年来,不少学者把 MA 理论应用到分销链/供应链中,采用 MAS 代替分销链/供应链中不同实体或功能完成系统的特定任务。许多研究表明,MAS 适合分销链/供应链仿真和运作。在信息不完备的情况下,分销链企业不可避免地需要进行协商、推理、交互、学习和化解冲突等,一方面,MAS 是能够有效地进行软方法的仿真;另一方面,模糊推理又适合处理不确定性问题。因此,把模糊数学、Agent 理论和传统预测方法相结合是解决这一问题的有效途径。本节将在前人研究的基础上,在设定分销链企业的信息基本共享、不考虑博弈游戏和各个企业均服从分销中心整体利益的基础上进一步展开不确定条件下分销链预测计划研究。

3.2.2.1　模糊理论及运用

模糊理论适用于处理 Agent 预测计划模型中的不确定性因素,它可以处理不精确的模糊输入数据和可能性问题。选用模糊数学中的代数运算公式:

$$\tilde{A} * \tilde{B} = \int_{z=x*y} \bigvee (\mu_{\tilde{A}}(x) \wedge \mu_{\tilde{B}}(y))/z \tag{3-9}$$

进行模糊数计算。式中,"$*$"为四则运算"$+$、$-$、$\times$、$\div$"之一。在库存管理中常用到梯度或三角形模糊数:$\tilde{A} = (a,b,c,d)$ 或 $\tilde{A} = (a,b,c)$,其隶属函数分别为:

$$\mu_{\tilde{A}}(x) = \begin{cases} (x-a)/(b-a), & a \leqslant x \leqslant b \\ 1, & b < x \leqslant c \\ (d-x)/(d-c), & c < x \leqslant d \\ 0, & 其他 \end{cases}$$

$$\mu_{\tilde{A}}(x) = \begin{cases} (x-a)/(b-a), & a \leqslant x \leqslant b \\ (c-x)/(c-b), & b < x \leqslant c \\ 0, & 其他 \end{cases}$$

其可能性原理为 $Pos(\tilde{A} * \tilde{B}) = \sup\{\min(\mu_{\tilde{A}}(x), \mu_{\tilde{B}}(y)), x, y \in R, x * y\}$,这里的 Pos 和 R 分别为可能性和实数域,两个模糊量 $\tilde{A}$ 和 $\tilde{B}$ 对应的隶属函数为 $\mu(x)$ 和 $\mu(y)$,其必然性为:

$$Nes(\widetilde{A} * \widetilde{B}) = 1 - Pos(\overline{\widetilde{A} * \widetilde{B}}) \tag{3-10}$$

$\overline{\widetilde{A} * \widetilde{B}}$是$\widetilde{A} * \widetilde{B}$的补集。在求解模糊问题时,运用式(3-10)可以把模糊问题转换为一般的数学模型进行求解,我们采用傅玉颖等[234]给出的解模糊方法。以梯形模糊数为例,解模糊为:

$$P(\widetilde{A}) = \int_0^1 h\left[\frac{a+d+(b-a-d+c)h}{2}\right]dh/\int_0^1 hdh = \frac{a+2b+2c+d}{6} \tag{3-11}$$

3.2.2.2　AFFM 的构建

(1)AFFM 构建

图3-7给出了 Agent 模糊预测模型(Agent-based Fuzzy Forecasting Model,AFFM)。管理 Agent 负责跟踪相关的其他 Agent,可以完成策略的生成与优化、评价与注册管理等功能。预测 Agent 非常重要,分为单层预测 Agent 和多层预测 Agent。多层预测 Agent 是分销链预测计划的重要组成部分,该预测模型充分考虑了当前的库存状况并运用 GA 进行求解。单层预测 Agent 可以从预测规则库中调用合适的预测方法完成市场需求的预测,如时间序列、NN 和模糊预测方法等。

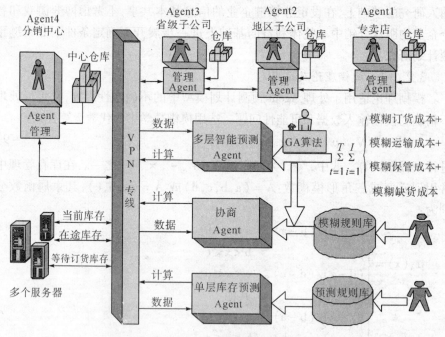

图3-7　Agent 模糊预测模型

AFFM 的工作原理如下:分销中心的管理 Agent 在感应到单层预测 Agent 或多层预测 Agent 的预测软订货量后,对整体最优和局部最优订货情况下的预测软订货量进行分析比较。然后在一定的允许误差范围内,确定两者优化下的预测软订货量是否需要协商。若存在冲突,则启动协商 Agent。协商 Agent 在充分考虑影响预测计划的定性因素下,充分利用专家经验,并通过模糊推理计算合适的预测软订货量。

（2）模糊预测模型的目标函数

首先,给出参数的定义:$\tilde{TC}$ 为分销链总成本;N 为分销链层数;$\tilde{AD}_k(t)$ 为企业的需求量,$\tilde{AD}_k(t) = [d_k^1(t), d_k^2(t), d_k^3(t), d_k^4(t)]$, $k = 1, \cdots, N, t = 1, \cdots, T$; $\tilde{A}_k$ 为单位订货成本,$\tilde{A}_k = (A_k^1, A_k^2, A_k^3, A_k^4)$; $\tilde{Y}_k$ 为单位运输成本,$\tilde{Y}_k = (Y_k^1, Y_k^2, Y_k^3, Y_k^4)$; $\tilde{B}_k$ 为单位保管成本,$\tilde{B}_k = (B_k^1, B_k^2, B_k^3, B_k^4)$; $\tilde{CH}_k$ 为单位缺货成本,$\tilde{CH}_k = (CH_k^1, CH_k^2, CH_k^3, CH_k^4)$; $\tilde{U}_k(t)$ 为企业初始库存 $\tilde{U}_k(t) = [U_k(t), U_k(t), U_k(t), U_k(t)]$; C 为产品单位成本;$S_k$ 为企业的最大库存量;Q_t^i 为企业订货量,$\tilde{Q}_k(t) = [\tilde{Q}_k^1(t), \tilde{Q}_k^2(t), \tilde{Q}_k^3(t), \tilde{Q}_k^4(t)]$。

这里给出单个产品、多周期的分销链预测计划模型,不涉及制造策略和成本问题,如面向库存和面向订单生产的策略等。分销链企业作为独立的实体,具有销售利润管理、库存成本管理和预测计划等目标,每层企业均可以采取一定的库存管理策略(周期性订货)满足自己的订货需求。通常,库存系统中包括以下费用:订购费、运输费、保管费和缺货损失费。对于不确定条件下的单位订货成本、运输成本、保管成本和缺货成本均定义为梯形模糊数分布。下面给出分销中心最关心的整个分销链成本优化的模糊预测计划模型,并将各个模糊数代入分销链的成本目标函数:

$$\tilde{TC} = \sum_{k=1}^{N}\sum_{t=1}^{T}\left\{ \begin{array}{l} (\tilde{A}_k \otimes T + C \otimes \tilde{Q}_k(t)) + \tilde{Y}_k \otimes \tilde{Q}_k(t) + \\ \tilde{B}_k \otimes \max\{[U_k(t) \oplus \tilde{Q}_k(t) \ominus \tilde{AD}_k(t)], 0\} \\ + \tilde{CH}_k \otimes \max\{[\tilde{AD}_k(t) \ominus U_k(t) \ominus \tilde{Q}_k(t)], 0\} \end{array} \right\} \qquad (3-12)$$

$$\tilde{U}_k(t) = U_k(t-1) \oplus \tilde{Q}_k(t) \ominus \tilde{AD}_k(t) \qquad \forall k, t$$

$$\tilde{AD}_k(t) = \tilde{Q}_{k-1}(t) \qquad \forall k > 1, t$$

$$\sum_{t=1}^{T} \tilde{Q}_k(t) \geqslant \sum_{t=1}^{T} \tilde{AD}_k(t) \qquad \forall k, t \qquad (3-13)$$

$$\tilde{Q}_k(t), \tilde{AD}_k(t) > 0 \qquad \forall k, t$$

式(3-12)给出了分销链企业多周期的总成本目标函数,包括企业的订货成本、运输成本、保管成本和缺货成本;式(3-13)分别给出分销链企业各个周期的库存平衡方程、分销链企业的订货量限制域。由于该分销链模糊函数中含有模糊参数,这里选用了 GA 和解模糊方法求解分销链企业预测软订货的优化解。

（3）AFFM 智能协商

在人类社会中,人与人之间的交互无处不在,而协商被公认为是完成交互的一种有效方式。在 AFFM 感应并计算了分销链中整体和局部成本的优化解后,若发现分销中心和其他企业之间存在冲突,则分销中心的管理 Agent 需要触发协商 Agent。

这里设定分销链企业局部和全局目标之间存在冲突的条件为:（企业全局最优下的预测订货成本 - 企业局部最优下的预测订货成本）÷ 企业全局最优下的预测订货成本 > 10%。以往对于冲突的处理方式一般是通过求解多目标函数,多目标函数由于可能存在着冲突,通常不存在一个对所有子目标同时达到最优的绝对解,而是存在一组均衡解,即所谓的帕累托解。这里采用 AFFM,并运用 Agent 的自动协商交互功能可以有效地提高分销链企业之间的协商效率。这样,既可以减少不必要的多目标函数的复杂性计算问题,又可以把影响预测计划的定性因素考虑到协商过程中。

下面给出了模糊约束条件下的协商框架,从模糊规则库中获取相关权重系数（Weight Coefficient,WC）,通过交互谈判确定满意解,并运用与分销链相关的影响因素确定分销链中的模糊规则。根据国内外选择分销商企业的研究成果,把影响分销链企业的因素分为四类:分销链企业的销售能力及服务水平（Sales Ability and Service Level,SASL）、财务状况及信誉（Financial Condition and Credit,FCC）、合作决策及偏好（Cooperative Decision and Preference,CDP）和企业所处的地域分布（District Distribution,DD）。为方便不确定参数的取值界定,对上述模糊量采用了三角模糊数:高（H）、中（M）和低（L）三种状态参数。这四种影响因素共有 81 种组合,见表 3 - 3。表 3 - 3 中的 X 表示任意高（H）、中（M）和低（L）状态中的一种状态,经过归纳 81 种组合简写为 49 种组合。这些专家经验被预先存储在模糊规则库中,根据这些组合给出模糊规则,运用决策者经验确定不同组合下的预测计划影响因子（λ）。

表 3 - 3　　　　　　　　　　　　　　模糊规则表

RL	FCC	DD	SASL	CDP	WC	RL	FCC	DD	SASL	CDP	WC	RL	FCC	DD	SASL	CDP	WC
1	H	X	H	H	H	18	M	M	M	X	M	35	L	M	L	H	M
2	X	H	M	H	H	19	X	H	L	L	L	36	H	L	L	X	L
3	L	L	X	L	L	20	H	H	M	X	H	37	X	H	H	H	H
4	H	H	M	L	H	21	H	M	L	L	M	38	L	M	X	L	L

表 3 - 3(续)

RL	FCC	DD	SASL	CDP	WC	RL	FCC	DD	SASL	CDP	WC	RL	FCC	DD	SASL	CDP	WC
5	H	L	H	M	M	22	M	X	H	L	H	39	M	X	H	H	H
6	L	H	L	X	L	23	H	L	H	L	M	40	M	X	H	M	H
7	H	M	H	X	H	24	X	L	L	L	L	41	H	L	M	H	M
8	L	H	H	L	M	25	M	H	M	L	M	42	L	L	M	L	L
9	H	H	L	H	M	26	M	X	L	M	H	43	H	M	L	M	H
10	H	H	H	L	H	27	X	H	H	H	H	44	L	M	X	M	H
11	L	L	L	X	L	28	L	H	M	H	M	45	H	M	M	X	H
12	L	M	H	H	H	29	H	H	M	L	H	46	M	M	L	L	L
13	M	X	L	H	M	30	H	H	L	M	H	47	L	H	H	M	M
14	H	M	L	M	L	31	L	L	H	H	M	48	L	L	M	H	M
15	H	L	M	M	H	32	H	L	M	M	L	49	L	H	M	L	L
16	M	X	M	M	H	33	M	M	L	L	L						
17	M	L	M	X	H	34	L	L	M	M	M						

表 3 - 4 给出了冲突企业之间的 Agent 协商算法。相关的协商参数为:分销链的整体目标函数成本为 $C_j(t)$,成本函数为 $func(C_j(t))$,各个企业的局部目标为 C'_j,成本函数为 $func(C'_j(t))$。企业之间存在冲突与否的状态储存在 stat(j) 中,其协商动作包括接受(Receive)、发送(Send)、获取(Obtain)、拒绝(Refuse)和认可(Accept)。

表 3 - 4　　　　　　　　　　Agent 协商算法

1	initialize	$j = 0, (j = 1, \cdots, i); K_i = 0$
2	if	$(c'_j \notin \alpha * c_j)$
3	then	$K_i \leftarrow K_j ; state(j) \leftarrow '冲突'; K_j \leftarrow send('邀请函')$
4	else	$state(j) \leftarrow '无冲突'$
5	endif	
6	when	$K_j\ received('邀请函')$
7	do	$K_j\ obtain\ c_j$
8	send	$(accept\ or\ reject\ c_j\ to\ K_i)$
9	when	$K_i\ received(K_j, accept, c_j)$

表 3 - 4(续)

10	do	state$(j)\leftarrow$'无冲突'$;c_j'\leftarrow c_j;$go to 7
11	when	received$(K_j,$refuse$,c_j)$
12	do	query(FKW);obtained GA;$\sum\sum(\lambda_i * func(C_j'(t))+(1-\lambda_i)*func(C_j(t)))$
13	if	$(no-find)$
14	then	returned('无解')
15	endif	
16		$j\leftarrow j+1$
17	output	result

协商 Agent 与冲突企业的管理 Agent 交互谈判时,首先协商 Agent 感应到所有冲突的企业并把它们存贮在 K_j 中,其中 j 表示存在冲突的企业。根据模糊规则库生成该企业的影响因子 λ,假设某企业的 SASL、FCC、CDP 和 DD 分别为 L、H、L 和 X,其结果 WC 为 L 符合规则 6。这时需要通过企业 Agent 和管理 Agent 调用模糊规则库和获取知识库中的专家经验,根据 WC 值设定 λ 值,对于 WC 为 L 的 λ 值一般在 $[0.1-0.5]$ 之间。协商 Agent 在完成分销链企业之间的冲突后,将结果反馈给该企业的管理 Agent。若企业 Agent 不满意则采用局部服从全局的原则,在随后的调度 Agent 中对该企业进行调度分配。

为验证不确定条件下的 AFFM,表 3 - 5 给出了分销链公司的单位订货成本、保管成本、运输成本和缺货成本的梯形模糊数。表 3 - 6 给出了分销链 20 个周期的市场需求量的梯形模糊数。设定分销链公司的预测软订货提前期均为单位周期时间,各层公司的初始库存为 0,单位产品成本由分销中心统一设为 5。采用 (s,S) 订货策略。在分销链中,在管理 Agent 触发下,当各层公司的当前库存量小于 s 时即开始发出订货信号,通过多层预测 Agent 计算后获得整体优化的预测软订货量。

表 3 - 5　　　　　　　　　　模糊单位成本

k	$\widetilde{A}_k$	$\widetilde{Y}_k$	$\widetilde{B}_k$	$\widetilde{CH}_k$
Agent1	$(1,2,3,5)$	$(1,2,3,4)$	$(2,3,5,7)$	$(3,5,7,9)$
Agent2	$(1,1.5,2,2.5)$	$(1,2,3,4,5)$	$(2,2,5,3,4)$	$(2,3,4,5)$
Agent3	$(1.5,2.5,3,5)$	$(2,2.5,3,3.5)$	$(3,3.5,4,4.5)$	$(3,3.5,4,5)$
Agent4	$(0.5,1,1.5,2)$	$(0.5,1,1.5,2.5)$	$(1,2,3,4)$	$(1,3,4,6)$

表 3 - 6 模糊需求量

W	FD	W	FD	W	FD	W	FD	W	FD
1	(78,80,82,84)	5	(70,76,77,78)	9	(44,46,49,50)	13	(55,57,61,64)	17	(90,92,96,102)
2	(60,62,67,70)	6	(46,47,48,49)	10	(45,46,48,49)	14	(41,43,44,48)	18	(80,86,87,90)
3	(90,91,96,99)	7	(30,31,35,38)	11	(90,92,94,96)	15	(93,97,100,105)	19	(104,109,120,125)
4	(68,71,74,77)	8	(77,78,83,84)	12	(79,80,81,84)	16	(80,83,87,90)	20	(90,93,100,105)

基于上述条件通过 GA 求解分销链公司的模糊预测值,并运用解模糊获得图 3 - 8 中的预测订货量分布,该图给出了分销链整体最优条件下的分销链公司 20 周的预测软订货量。从图 3 - 8 中可以看出,AFFM 抑制了预测软订货信息的放大,该计算结果和张庆民等[235]计算的确定性条件下的结果趋于一致。

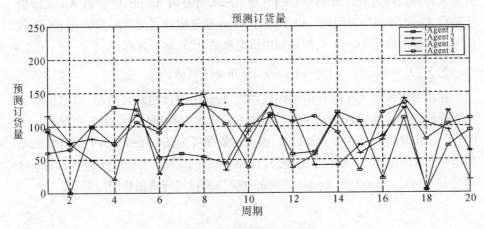

图 3 - 8 预测软订货分布

下面给出模糊预测软订货量和订货成本分布状况,设定分销链公司的单位成本、市场需求量为梯度模糊数的上下限值,其上、下限分别设定为 HF、LF。从表 3 - 7 中可以看出,分销链公司的模糊预测软订货总量和总成本分布在确定性上下界之间,这和实际情况是相符合的。

表 3 - 7 订货量与成本

I	LF	F	HF
总订货量	6090	6908	7287
Agent1 成本	4.1230e + 004	6.1665e + 004	8.0697e + 004
Agent2 成本	4.2910e + 004	5.9005e + 004	9.7187e + 004
Agent3 成本	5.3721e + 004	5.6481e + 004	7.4268e + 004
Agent4 成本	4.0550e + 004	7.1671e + 004	1.0127e + 005

若取所有的已知条件均为确定值,其中 $AD_k^{~}(t) = AD_k(t)$,$A_k^{~} = A_k$,$Y_k^{~} = Y_k$,$CH_k^{~} = CH_k$,$B_k^{~} = B_k$,显然该问题即演变为确定性问题。代入这些确定性参数到 MAFM 中,其计算过程与上节基本一致。

这里以分销链公司 Agent1 为例分析了冲突协商问题。由表 3 – 7 中的有关数据可得 Agent1 的整体最优成本为 6.1665e +004,把式(3 – 12)至式(3 – 13)中的 N 取 1,除 Agent1 的参数保持不变外,其余公司 Agent2、Agent3 和 Agent4 的单位成本均设为 0。通过计算可知,Agent1 的预测软订货总成本为 5.1955e +004,20 个周期的预测软订货总量为 1702,其成本偏差为 [(6.1665e +004) – (5.1955e +004)]/(6.1665e +004) = 15.7%,超出了预定的成本允许范围,存在冲突问题,因此进入协商谈判过程。分销中心的管理 Agent 与公司 Agent1 的管理 Agent 借助于协商 Agent 解决冲突问题。设定协商 Agent 通过模糊规则库并从公司 Agent 的决策者经验中确定 λk = 0.4,然后调用协商算法,代入如下方程:

$$\sum_{i=1}^{1}\sum_{t=1}^{T}[\lambda_i * func(C'_j(t)) + (1 - \lambda_i) * func(C_j(t))] \quad (3-14)$$

在求解过程中,GA 的种群编码仅设定 Agent1 的预测软订货量,求得协商后的预测软订货成本为 60331e +004,其成本偏差为 [(6.1665e +004) – (60331e +004)] ÷ (6.1665e + 004) = 2.2%。由设定条件可知,该 Agent1 的局部订货成本偏差在允许的范围内,满足分销链公司预测计划的需求。同理,分销中心 Agent1 与公司 Agent2、Agent3 和 Agent4 之间的冲突协商过程与该例相同。

3.3 智能预测预警可靠性

传统的基于样本统计的可靠性分析方法,所得到的是过去一段时间内的系统整体可靠性评估结果。对于已经完成设计、正在运行的分销链来说,这些历史统计数据的意义并不大,人们更关心的是分销链运作可靠性问题,这就要求分销链系统运行过程中的各种状态信息,要能够实时反映分销链运作可靠性指标。分销链可靠性预测预警,既不等同于企业可靠性预测预警,也不等同于分销链风险与稳定性预警。到目前为止,尽管国内外有不少学者对分销链预测预警展开了研究,但是尚没有学者对分销链可靠性预测预警进行研究,以及如何利用分销链运行过程中的相关实时数据,客观地评定系统可靠性的当前状态,实现分销链系统可靠性的实时智能预测预警,这些研究都具有紧迫性和必要性。

3.3.1 可靠性智能预测模型

分销链系统的可靠度预测,我们称为目标可靠度预测,就是根据订单信息对分销链的目标可靠性进行量化,其量度形式往往随着订单生产任务的不同而不同,可用概率来表示。提高分销链系统目标可靠性预测的实时性与正确性,一方面能够克服决策的盲目性,另一方面对后续的分销链可靠性设计及改进都具有十分重要的意义。

考虑到分销链的目标可靠度受到多种因素的共同影响,传统方法难以达到相对全面的综合评价。本节在模糊综合评价法的基础上,建立分销链目标可靠度 BP 神经网络预测模型。

3.3.1.1　BP 神经网络

BP 神经网络由一个输入层、若干个隐含层和一个输出层共同构成,每层均存在一个或多个神经元节点。信息从输入层输入,依次经过各个隐含层向输出层进行传递,连接权值 W 用来体现各层级间连接关系的强弱程度。通过已有的训练样本集对网络连接权值不断进行调整校正,使得神经网络最终实现期望的输入输出映射关系。如果采用反向传播学习算法对连接权进行调整,称为 BP 神经网络。其网络结构如图 3-9 所示。

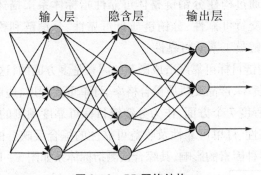

输入层　　隐含层　　输出层

图 3-9　BP 网络结构

网络中神经元的操作性为:$net_j^p = \sum_i W_{ji} O_i^p$,$O_j^p = f(net_j^p)$。式中:i,j 分别代表输入层神经元与隐含层神经元;W_{ji} 代表输入层神经元 i 到隐含层神经元 j 的权值;O_j^p 作为隐含层神经元 j 的当前输出;net_j^p 为隐含层神经元 j 的当前输入;p 作为当前输入样本;f 为一类非线性可微非递减函数。如果没有特殊说明,默认情况下取非线性 S 形函数 $f(x) = 1/(1 + e^{-x})$。

根据输出数值与输入样本间误差值的大小,通过网络训练对各层神经元间的连接权值不断地进行调整,位于输出层与隐含层上的神经元间权值调整公式,分别如下:

$$\Delta W_{kj} = \eta \delta_k^p net_k^p,$$

$$\delta_k^p = -aE_p/(anet_k^p),$$

$$E_p = 1/2 \sum_k (t_k^p - O_k^p)^2,$$

$$E = 1/2N \sum_{p} \sum_{k} (t_k^p - O_k^p)^2 \qquad (3-15)$$

式中：ΔW_{kj} 为输出层神经元 k 和隐含层神经元 j 的连接权调整值；η 为学习速率比例常数，通常取值范围在 0.01 ~ 1 之间；t_k^p 为输出层神经元 k 的理想输出；N 为学习样本个数。

隐含层神经元和输入层神经元之间的权值调整公式如下：

$$\Delta W_{ji} = \eta \delta_j^p net_j^p,$$
$$\delta_j^p = -a [\sum_{k} \delta_k^p W_{kj}] / (anet_j^p) \qquad (3-16)$$

式中：ΔW_{ji} 为隐含层神经元 j 和输入层神经元 i 的连接权调整值。

3.3.1.2 可靠性指标

关于分销链的可靠性指标，需要从分销链整体角度来分析分销链可靠性的影响指标，运用供应链运作参考模型（Supply Chain Operations Reference Model，SCOR）中的分销链可靠性由配送绩效、订单满足率和订单履行程度三个具体指标来体现，既可以采用准时交货率、失去销售百分比和顾客抱怨率来描述分销链可靠性，也可以通过构建分销链整体可靠性指标体系来描述分销链可靠性。具体包括：分销链交货可靠性、分销链质量可靠性、分销链利税可靠性、分销链品牌可靠性、分销链员工素质可靠性。

考虑到对分销链目标可靠度造成影响的因素是多方面的，这里以产品订货满足率、产品准时交货率、产品交货质量合格率、订单重要程度、违约赔偿率、订单紧急程度、订单收益程度 7 个方面，作为分销链目标可靠度预测的主要因素。目标可靠性是交货可靠性、订单可靠性及收益可靠性的综合反映。由此可知，目标可靠性受 3 个方面多种因素的影响，其综合预测指标体系如图 3-10 所示。

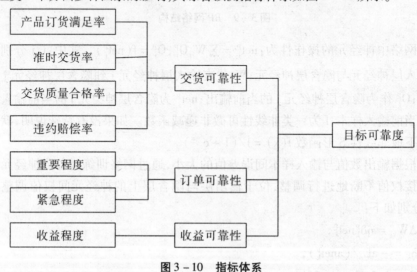

图 3-10 指标体系

根据模糊综合评价的建模原理,令目标可靠性预测因素集为 U ={交货可靠性 U_1,订单可靠性 U_2,收益可靠性 U_3}。交货可靠性、订单可靠性以及收益可靠性又分别包含下列因素:U_1 ={产品订货满足率 X_1,产品准时交货率 X_2、产品质量合格率 X_3、违约赔偿率 X_4};U_2 ={重要程度 X_5,紧急程度 X_6};U_3 ={收益程度 X_7}。评价集为 V ={优 V_1,良 V_2,一般 V_3,差 V_4}。

下面给出确定各指标隶属度的过程:

(1)有量纲向无量纲转化

在上述指标中,由于衡量订单收益程度指标的平均收益价格是一类有量纲值,难以进行综合对比,必须做无量纲处理。考虑到这个指标属于正指标类,可以采取常用的二次抛物偏大型分布的数学函数。下面对其进行描述:

$$f(x) = \begin{cases} 0, & x < x_{min}, \\ \left[\dfrac{x - x_{min}}{x_{max} - x_{min}}\right]^2, & x_{min} \leqslant x < x_{max}, \\ 1, & x_{max} \leqslant x, \end{cases}$$

式中,x_{max}、x_{min} 及 x 分别为此项指标的最大值、最小值以及具体实际值。

(2)无量纲指标的处理

对于指标体系中无量纲的指标,可以采取线性递增函数进行描述:

$$g(x) = \begin{cases} 0, & x < x_{min}, \\ \left[\dfrac{x - x_{min}}{x_{max} - x_{min}}\right], & x_{min} \leqslant x < x_{max}, \\ 1, & x_{max} \leqslant x, \end{cases}$$

式中,x_{max}、x_{min} 及 x 分别表示此项指标的最大值、最小值以及具体实际值。

(3)确定单因素评价矩阵

假定对 m 种订单进行预测,用 q_{ij} 表示对第 i 种订单第 j 项指标的预测结果 $(i = 1, \cdots, m; j = 1, \cdots, n)$,这样便构成了单因素预测矩阵:

$$Q = \begin{bmatrix} q_{11} & q_{12} & \cdots & q_{1n} \\ q_{21} & q_{22} & \cdots & q_{2n} \\ \vdots & \vdots & & \vdots \\ q_{m1} & q_{m2} & \cdots & q_{mn} \end{bmatrix} = \begin{bmatrix} Q_1 \\ Q_2 \\ \vdots \\ Q_m \end{bmatrix}$$

式中,Q_i 为对第 i 种订单的预测向量。

3.3.1.3 模糊综合评判的神经网络模型

模糊评价首先利用模糊数学理论进行模糊信息数字化处理,再进行定量评价。模糊评价表达式不反映具体数值大小,而是反映方案模糊评价函数隶属度的高低。采用神经网络处理模糊综合评判问题,不仅可以表示定性知识,而且具有自学习与定量数据处理能力、提高运算速度以及增强容错能力。分销链目标可靠性预测模型如图 3 – 11 所示。

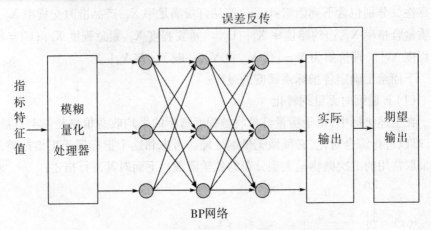

图 3 – 11　模糊综合预测的神经网络模型

本节的神经网络分别由一个输入层、一个隐含层和一个输出层构成。输入层上有 8 个节点,输出层上有 4 个节点,隐含层神经元节点个数可以根据具体情况进行设定。位于 BP 神经网络前列的模糊量化处理器可以将输入的指标特征值转化为隶属度。

结合目标可靠性预测模型算法原理,将其具体实现方法描述如下:

(1)划分已有的模糊综合评判案例,分为 M 个训练样本与 L 个测试样本。

(2)确定网络结构参数,包括输入层、隐含层和输出层上神经元个数、学习系数、误差允许范围等。

(3)网络初始化,网络连接权系数赋初值。

(4)输入学习样本特征值矩阵 $X_{m \times n}$,经过模糊化处理器转化为评价矩阵 $Q_{m \times n}$。

(5)输入学习样本的综合评判值,构成期望输出向量 $D = (d_1, d_2, \cdots, d_m)$,作为网络训练的参照标准。

(6)利用网络中神经元的操作性计算隐含层、输出层上各神经元单元的实际输出值。

(7)依据式(3 – 15)中的后两式,分别计算每一个学习样本二次型误差函数 E_p 与对于所有学习样本集的神经网络平均误差 E。

(8)根据式(3 – 15)中的前两式、式(3 – 16)中的后式,调整神经网络中各个权值与阈值。

(9)如果在给定精度满足 $\varepsilon > 0, E \leqslant \varepsilon$,则结束训练;否则重新转入(6)。

(10)对于已完成训练的神经网络模型,应用测试样本集进行测试。如果正确率高于指定值(默认情况取90%),表明此网络模型可用;否则,选取样本,重新训练。

3.3.1.4 目标可靠性仿真计算

对输出进行归一化处理,可以保证输出 $\sum_{i=1}^{4} V_i{}' = 1$。即 $V' = V/||V|| = [V_1', V_2', V_3', V_4']^T$,其中,$V_i' = V/\sum_{i=1}^{4} V_i$。

在训练 BP 神经网络时,将误差指标和学习率分别设定为某一参数,编写好仿真程序之后,只需要根据不同的订单确定相应的可靠性因素指标,通过改变 BP 神经网络结构及选择相应的训练样本集,即可实现对特定订单生产的分销链进行目标可靠性预测。

3.3.2 可靠性综合预警模型

所谓预警是指对某一警素的现状和未来情况进行测度,对其不正常状态的时空范围和危害程度进行预报,并采取相应的防范措施。换句话说,预警就是度量特定状态偏离预设警戒线的强弱程度,同时在必要时发出警示信号的过程。

分销链可靠性预警是指根据各企业可靠性实时信息,针对分销链系统可靠性指标值波动的特定现象,所建立的一套可靠性监测、评估、决策和控制的理论与方法体系。它是在分销链可靠性预警指标体系的基础上,通过确定预警等级,对分销链运作状态偏离可靠性指标界线的强弱程度进行度量,最后做出决策及警示的过程。正确地进行分销链可靠性预警,需要预警技术手段以及相应的决策能力要能够适应分销链系统自身的特点。如果可靠性预警值设置过高,则不利于发挥分销链系统的功能优势;如果可靠性预警值设置过低,则又容易导致决策失误,造成分销链管理不当。建立科学的分销链可靠性预警机制,对分销链在不同时期的运作可靠性进行准确预测预报,适时地采取相应对策,防止和减少分销链中断事故发生,是保证分销链系统经济、合理与高效运作的关键,也是提高分销链管理水平的一项重要任务。

分销链可靠性预警系统的功能,归纳起来有以下几个方面:①实现对分销链系统运作过程的适时监测;②通过对监测结果进行识别,判定运作结果属于何种可靠性状态;③对出现的可靠性状态进行分析,为分销链运作管理以及可靠性改进提供科学依据和解决方案;④正确分析分销链系统的运行轨迹,对运作可靠性发展态势进行预测;⑤及时和定期地发布分销链可靠性状况,引导分销链朝着稳定、优化及可持续可靠的方向发展。

3.3.2.1 可靠性预警分析

(1)预警系统流程

分销链可靠性预警系统,是在全面、准确把握分销链可靠性相关指标演变规律的基础上,对分销链的当前和未来可靠性进行测度,预报不正常的时空范围和危害程度,同时发出告警信号的信息系统。它是一个从确定预警状态,到发出预警信号的完整信息系统过程,包括明确警义、寻找警源、分析警兆、预报警度和排除隐患,如图3-12所示。

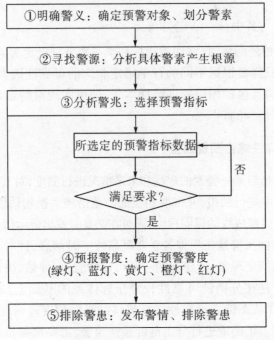

图3-12　预警逻辑流程

分销链可靠性预警系统根据预警指标体系,监视分销链的实时运作情况,将每一个细小变化汇总进行分析,识别系统可靠性变化的发展趋势,如图3-13所示。

指标正常表明分销链系统处于良性发展的趋势;指标异常表示分销链可靠性有向劣性发展的趋势,此时需要及时地采取措施,使其重新回到良性发展的轨道上。最终,所有的信息都反馈到分销链可靠性预警系统。

(2)分销链可靠性各类预警方式

考虑到现有文献没有对分销链可靠性预警方式做出完整的定义,这里对分销链的各种可靠性预警方式进行了归纳,如图3-14所示。通过系统化定义和分析这些预警方式,在此基础上,建立分销链可靠性预警体系架构,阐明各种预警方式之间的相互关系,以便能够较灵活地研究和完善分销链可靠性预警模型,进而能够对多参量的分销链可靠性特征进行考核。

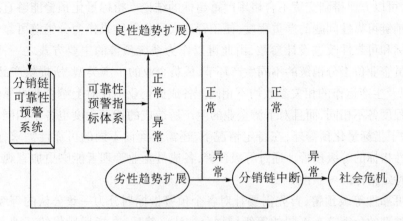

图 3 – 13　预警运作流程

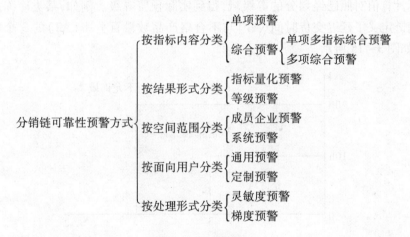

图 3 – 14　预警方式

①按照分销链可靠性所包含的具体指标内容分类,可以分为单项预警和综合预警。单项预警针对分销链的某一类可靠性问题,或针对某项可靠性特征进行量化,从而得到考核值的过程。其表现形式就是针对分销链系统特定单项可靠性指标,计算出此项指标具体值。例如,某女式时装分销链的准时交货合格率为93%。综合预警是在分析单项预警指标的基础上,将分销链单项可靠性指标的多个特征量,按照其内在属性进行有机合成,从而得到其考核值的过程。其结果的表现形式可以是分销链的综合可靠性指标,或者是综合预警等级。

②为了在不同生产运作环境下实现分销链针对性预警,按照可靠性预警结果的表现形式分类,可以分为指标量化预警和等级预警。指标量化预警是对分销链可靠性指标进行数值化计算,所得到的结果是一个具体数值。再将数值与行业标准规定或生产合同规定的限值水平直接进行相互比较。例如,通过监测得到的某分销链的交货不合格率为5.12%,而合同中对应的限值是4%,经过

3

分
销
链
智
能
预
测
管
理

比较,可以方便得到交货不合格率严重超标的结论。指标量化预警能够直接反映分销链可靠性问题的严重程度,便于管理人员将其结果作为分销链可靠性控制目标和可靠性改进设计参数,由此可以作为系统预警的主要方式之一;由于各成员企业位于分销链的不同生产环节,成员企业的生产类型、所提供产品(服务)以及生产运作的相关参数均不相同。各成员企业不仅对上游企业可靠性的敏感程度各不相同,而且对下游企业的生产所造成的扰动程度也各不相同。因此,除了指标量化预警外,在特定情况下,还需要面向不同的可靠性需求,建立可靠性指标的等级预警。通过等级预警,各成员企业管理者能够更加直观地感受到特定指标的可靠性。

可靠性等级预警,首先需要针对各个预警指标划分为一致公认的等级域,不同类型的分销链有不同的等级域划分方法。然后,在指标量化的基础上,将实际计算值对照已经划分的等级域,得到实际预警等级。例如,某类冷冻产品分销链定义了延迟交货时间(A1)与不合格产品数量百分率(A2)的 3 个等级域,如图 3 - 15 所示。

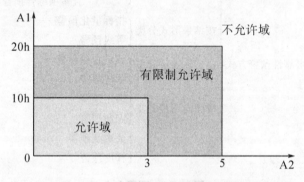

图 3 - 15 产品 A1 和 A2 等级域划分

③按照分销链可靠性预警的空间层次分类,可以分为成员企业预警和系统预警。成员企业预警是对特定成员企业的可靠性特征量进行检测与分析,计算出该成员企业实际的可靠性水平。在一个特定周期内,对该成员企业可靠性指标的相关记录数据进行特征化分析及统计产生,用以表示该成员企业可靠性,同时为下一步的系统可靠性计算提供依据。可以按照周、旬、月、季来划分时间周期;相对于成员企业预警,系统预警是站在分销链安全稳定运行的高度,对整个系统进行可靠性预警。系统预警指标与成员企业预警指标基本相同,其表现形式既可以是各成员企业预警指标平均值,也可以是各成员企业预警指标的概率值。

·④为了满足成员企业的不同可靠性需求,这里提出两个预警定义,即通用预警与定制预警。通用预警是全面计算已规定的各项可靠性指标,是一种典型的综合预警。通用预警反映了分销链的普遍可靠性水平,是衡量分销链能否提供优质服务水平和可靠性管理水平的重要指标。定制预警是在通用预警的基础上,针对特定企业所关心的具体可靠性问题,并按所需结果的特定表现形式进行预警的过程。它是衡量分销链对特定企业所提供产品(服务)的可靠性是否能够达到其期望值的工具,可以较为有效地监督和促进生产合同的执行或服务的提供。可靠性定制预警和定制生产一样,一般只针对生产有特殊要求的用户、少数成员企业和核心企业而言的。根据所关心的分销链可靠性的具体内容,定制预警可以是单项预警,也可以是综合预警。

⑤灵敏度预警与梯度预警。根据灵敏度系数所进行的预警称为灵敏度预警。灵敏度系数的计算公式为:

$$S(i/j) = \Delta M_i / \Delta N_j = \partial M_i / \partial N_j, i = 1, 2, \cdots, m; j = 1, 2, \cdots, n。$$

式中,$S(i/j)$ 是灵敏度系数(或矩阵),ΔM_i 是状态变量的变化量,ΔN_j 是控制变量的变化量。

以准时交货期变化 ΔR_T 和准时交货价格变化 ΔR_P 两者的灵敏度关系为例,在分销链可靠性控制中经常要用到这种灵敏度关系。当改变准时交货期 ΔR_T 时,假定准时交货数量和质量不变,这时准时交货价格可能会发生变化,改变量为 ΔR_P。经过推导可得,灵敏度矩阵 $S_{TP} = \Delta R_T / \Delta R_P$,利用灵敏度矩阵 S_{TP},可以知道哪些产品的交货期变化对调整准时交货价格最有效,实现对准时交货价格的定量控制。S_{TP} 值越大,则灵敏度越高,即可控变量对状态变量的影响越大。同理,可以得到其他控制变量和 ΔR_P 的灵敏度关系。通过灵敏度预警能够分辨出重要的控制量,帮助分销链管理人员及时地采取最有效的控制措施。

梯度是一级一级呈阶梯状的,梯度预警就是针对可靠性变化,所给出的一级一级预警。用下式表示为:

$$F = \begin{cases} f_{0,1} & 0 \leqslant t \leqslant t_1 \\ f_{1,2} & t_1 \leqslant t \leqslant t_2 \\ \vdots & \\ f_{i-1,i} & t_{i-1} \leqslant t \leqslant t_i \\ \vdots & \\ f_{n-1,n} & t_{n-1} \leqslant t \leqslant t_n \end{cases}$$

式中,F 表示某项可靠性预警指标在 $(0, t_n)$ 时段内的平均值梯度分布,$f_{i-1,i}$ 表示在 (t_{i-1}, t_i) 时间内此项可靠性预警指标的平均值。以每月准时交货率变化为例,可以按天数将每个月分成 30 个时间段,$f_{0,1}, f_{1,2}, \cdots, f_{29,30}$ 分别表示每天准时交货率。将 30 段连接起来,便可以形成一条呈阶段状分布的准时交货率曲线。根据此梯度曲线,针对准时交货率变化可能出现的薄弱时间段发出预警,这就是梯度预警的一种形式。

经过对以上所给出的分销链可靠性各种预警方式的目的和内容进行分析,

可以得到各类预警方式之间的相互关系。具体内容如下：

①按照指标包含内容、空间覆盖范围和结果表现形式,各类可靠性预警指标内部之间都是纵向的上下关系。例如,单项预警作为综合预警的基础,指标量化预警作为等级预警的基础,企业预警作为系统预警的基础。

②按照指标包含内容、空间覆盖范围和结果表现形式,各类可靠性预警指标外部之间的联系是横向、两两交融的。例如,无论是单项可靠性预警,还是综合可靠性预警,其表现形式既可以是量化的又可以是分级的;企业与系统可靠性预警包含的内容可能是可靠性单项预警,也可能是可靠性多项预警或可靠性综合预警。

③按用户需要所提供的定制预警与通用预警的内部之间是横向的平行关系。它们可以是按指标包含内容分类、按空间覆盖范围分类和按结果表现形式分类中的任何一种方式。

④实际检测并收集的企业可靠性基础数据,在经过不同指标内容、空间层次和结果形式的纵向计算后,预警结果最终需要映射到实际应用上,才能达到预警目的。

(3)预警体系架构

根据以上各种预警方式的定义,同时结合对它们之间的相互关系的分析,能够实现从纯数据处理技术的角度考察分销链可靠性预警的全过程,进而构建分销链可靠性预警体系构架,如图3-16所示。由图3-16可知,从专业技术层和应用服务层这两个视角出发,将预警体系架构分为两个层次:专业技术层作为应用服务层的基础与支撑,应用服务层作为专业技术层预警结果的影像。

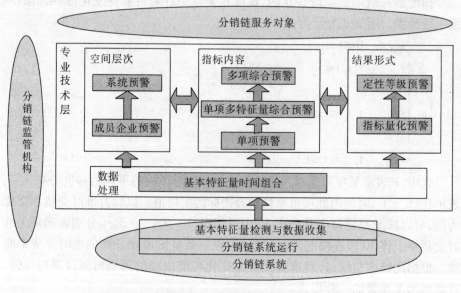

图3-16 预警体系架构

图 3-16 中的双向箭头表明它们之间在数据信息上的相互联系,纵向箭头形成了一个自下而上的预警流程,其中应用服务层面向分销链服务对象和企业。

图 3-16 中的分销链可靠性预警架构包含三个主体,分别是分销链系统、分销链服务对象以及中立的分销链监管机构。应用服务层在提交分销链可靠性特定问题和预警应用要求后,专业技术层根据应用服务层下达的需求形式,先对所监测到的基础数据进行计算和处理,再将结果映射到应用服务层,得到相应的预警结果。本节所设计的分销链可靠性预警体系架构包含了各种可靠性预警方式,不仅规定了内部各层各分区的职能和输出形式,而且显示了体系内部之间的关系以及内部与外部之间的接口界面。

(4)预警指标体系

综上所述,对分销链进行可靠性预警,如果仅靠一个或几个指标往往是很难评价系统可靠性存在的问题与症结。指标体系的科学与否直接决定着预警的准确性,它是预警系统中的关键环节,因此需要建立预警指标体系。

建立分销链可靠性预警指标体系的目的是为了使预警信息定量化、条理化和易操作化。分销链可靠性预警指标体系应结合各类分销链的具体功能特点展开,要选择重点指标和敏感指标,以便预警指标体系能真正反映分销链运作的实际情况。其选择原则为:

①指标选取原则。在确定可靠性预警指标时,必须遵循以下原则建立预警指标体系:针对性原则、适应性原则、操作性原则、系统性原则、敏感性原则、独立性原则和预测性原则。

②指标设计。根据国内外对分销链可靠性的相关研究成果,选取以下 6 项预警指标:产品可靠性(x_1)、物流可靠性(x_2)、资金流可靠性(x_3)、运作可靠性(x_4)、库存可靠性(x_5)、信息可靠性(x_6)。

将各项指标划分成 9 个级别,其中 1~5 级对应可靠性合格时的情况,6~9 级对应可靠性不合格时的情况。具体划分方式为:将可靠性单项指标分别在限值范围内平均分为 5 个等级,为可靠性合格时的等级划分;将不合格时的可靠性单项指标划分为 4 个等级,跨度为合格时跨度的 2 倍。这样的等级划分有利于在合格时精细考察可靠性情况,而在不合格时大范围考察可靠性情况。从 1~9 级,节点可靠性情况逐级下降,分级情况如图 3-17 所示。考虑到实际生产运作中,对节点可靠性的要求范围不宜过于苛刻,将 2 级和 3 级同时定义为高度可靠等级。

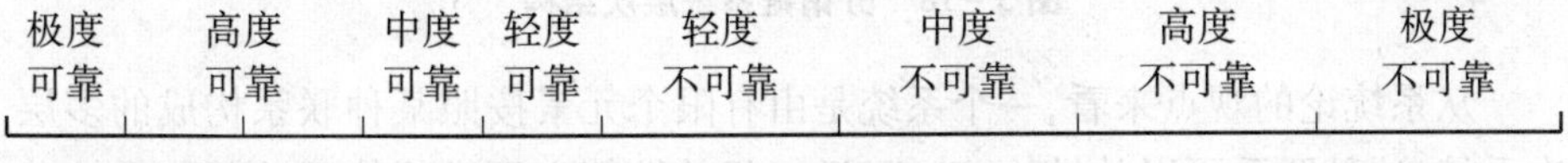

极度可靠	高度可靠	中度可靠	轻度可靠	轻度不可靠	中度不可靠	高度不可靠	极度不可靠

图 3-17 可靠性等级划分

各项可靠性指标限值应有所不同。此外,同一个分销链不同环节上节点可靠性指标的等级划分,也应当考虑到生产情况的具体相关要求。

③数据无量纲化处理。考虑到各数据量纲不同,需要进行无量纲化处理。如果实际收集的数据属于正态分布,并且部分残缺。在此情况下,为了保证大多数数据的关联度的要求,备选两套无量纲化处理方法:初值化法与标准差标准化法。对于初值化法来说,其表示为 $p_i = x_i/x_1$,其中 p_i 为处理后标准化指标,x_i 为第 i 项指标数据,x_1 为相对统计期(基准指标与对比指标数据都完整的时间序列)内初始时间数据;对于标准差标准化法来说,其表示为:

$$p_i = (x_i - \bar{X})/s,其中\ s = \sqrt{(\sum_{i=1}^{n}(x_i - \bar{X})^2)/n}。$$

3.3.2.2 基于 MA 的可靠性预警模型

(1)分销链系统的层次结构

分销链中各企业构成分销链上的节点,不同节点在分销链中起着不同的作用。子链由相邻节点构成,包含从原料到产品,再到用户这一过程中的部分环节。子链作为分销链的组成部分,可视为以核心企业为中心的相邻节点组成的局部完整的分销链,它具有层次性、相对独立性、动态组成等特点。分销链作为一类复杂系统,既可以将分销链这一网链结构看成是由供应商、分销商、零售商等不同环节相互串联构成,也可以认为是由多条子链相互并联组成,见图3-18。

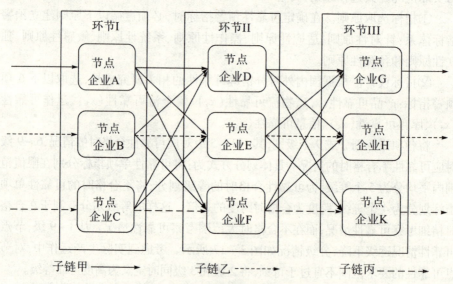

图 3-18 分销链系统层次结构

从系统论的观点来看,一个系统是由有限个元素按照某种联系构成的多层次系统,这种联系可以从结构、功能、运行相关性等方面进行体现,因而,系统分层可以根据系统特点,按照结构、功能等来分层。按照分销链的结构与功能分在,分销链可分为系统级、子系统级、节点级三个层次,分别对应于整体分销链、各子链(或各环节)、各节点企业。

(2)现有预警系统面临的难题

目前,多种方法或技术已经被引入到系统预警的研究和应用之中,包括专家系统、人工神经元网络、Petri 网络、模糊逻辑推理以及基于优化技术的解析法等。但到目前为止,已取得实际应用或具有应用潜力的警报处理方法,还是以专家系统和解析模型为主。

专家系统采用人类专家的知识与推理能力来解决实际问题,应用于复杂的警报处理问题在原理上比较合适,国内外学者在这方面已经做了很多研究工作。基于解析模型的方法则是将引起警报的原因作为求解对象,根据系统结构、保护配置以及实时接收到的警报信息构造出解析形式的优化模型,之后采用有效的优化算法求取最优解。有的作者采用"构建实际警报信息和期望警报信息之间差异的解析模型"的思想,将警报处理问题描述为无约束 0 - 1 整数规划问题进行求解。有的作者则利用了警报信息的时序特性,把警报时序引入基于解析模型的警报处理方法之中,不仅能分析出导致警报事件发生的原因及其时间,而且能识别出异常或遗漏的警报,适用于警报信息发生时间不确定或者不完备的情况。

由于影响分销链运作过程的因素很多,用单一的评估方法无法得到很好的效果。此外,现有的解决方案在应用上还存在以下 3 个主要难题:

①模型集成问题。现有的各企业的管理软件分散在不同企业系统中,如果没有提供外部访问和外部程序的接口,就会使得这些评估模型的重用和集成从技术上很难实现。

②数据集成问题。分销链可靠性评估模型需要对分散在不同的企业数据进行采集,由于它们的操作系统、数据库系统和数据格式经常有较大差异,这就给数据采集和融合带来了很大困难。

③信息分层问题。各企业运行监视信息通过企业监控系统进行数据采集,并汇总上传到系统集控中心,这些信息按时间顺序显示,未进行任何分层或判断。在企业存在生产运作异常或发生故障时,事件记录很多,很容易造成重要警报信号遗漏,从而可能导致处理最佳时机延误,使得分销链系统运作状态进一步恶化。为了及时了解各节点、各子链、各环节以及分销链整体可靠性情况,需要对分销链进行分层考察与综合预警,从不同层面全面获取分销链的运作可靠性数据。

(3)分销链可靠性预警模型构建

本节构建了基于 MAS 的分销链可靠性综合预警模型,如图 3 - 19 所示。通过多 Agent 集成多种智能计算方法,实现对复杂分销链进行综合预警,模型的预测结果能给分销链管理者提供合理的决策数据。并且能够提高计算速度、预测精度和可信程度。

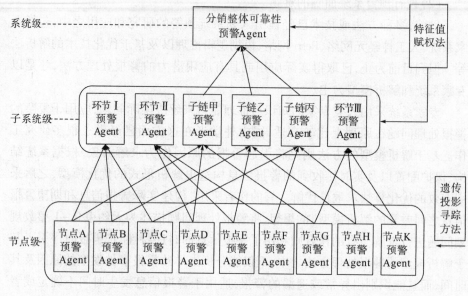

图 3-19　可靠性综合预警模型

　　分销链可靠性综合预警模型的结构设计主要体现了 MAS 以及结构分层的思想,根据分销链的功能体系结构,从下到上,依次对节点企业、子系统(子链与环节)以及系统进行可靠性预警。将每个节点、每个子环节、每条子链,定义为独立的 Agent,利用 Agent 的自治性、互相协调、协商等特性,从局部到总体,实现分销链可靠性综合预警。

　　模型的核心部分是三类评估 Agent:①最底层的节点 Agent 根据 MAS 中 Agent 的自治性功能,利用遗传投影寻踪方法对各单项可靠性指标特征进行智能化提取,从而得到各节点企业可靠性评估结果;然后,利用 Agent 之间的通信与协调功能,逐级向上一级的子系统级 Agent 进行可靠性信息综合。②中间层的子系统 Agent 利用特征值赋权法从不同层面上对节点可靠性评估结果进一步综合加权,得到各环节与各条子链可靠性评估结果。再将结果传递给系统 Agent。③最上层的系统 Agent 综合各条子链可靠性评估结果,得到分销链整体可靠性。上下层 Agent 之间只需要对评估结果进行传递,避免了大量数据的传输,达到系统资源的节省。并且评估过程不受任何人为因素影响,实现对分销链可靠性情况的全面考察。

3.3.3　可靠性智能预警方法

3.3.3.1　基于遗传投影寻踪法的可靠性综合预警

节点可靠性综合评估的研究焦点在于如何将多指标综合成为单一指标,换句话说,就是如何将由节点各单项可靠性指标所组成的高维空间点转化至低维空间的映射问题。投影寻踪法[236]是指能够将高维数据投影至低维子空间,以客观方式提取待评估指标特征的数据分析方法。传统的投影寻踪方法在寻找高维数据最佳投影方向时的计算量非常大,利用遗传算法能够非常好地解决这一类复杂优化问题。基于遗传投影寻踪法的节点可靠性综合评估流程如图3-20所示。

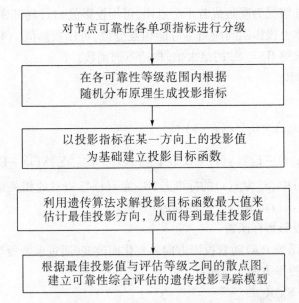

图3-20 基于遗传投影寻踪法的节点可靠性综合预警流程

（1）建立投影数据

节点可靠性综合评估,首先需要建立能够描述节点可靠性各单项指标投影指标的目标函数。根据所得到的节点可靠性分级标准,在各等级范围内通过随机取值的方法建立投影指标,从而形成样本集 $< x(i,j),y(i) >$。其中,$x(i,j)$ 为通过归一化了的各可靠性单项指标,$y(i)$ 为对应的评估等级。

$$x(i,j) = x^*(i,j)/x_{max}(j), i = 1,2,\cdots,n, j = 1,2,\cdots,m \qquad (3-17)$$

式中 n,m 分别为样本的个数和指标个数,$x_{max}(j)$ 分别为第 j 个指标的最大值。

（2）计算投影值

将高维数据信息通过投影方向转化到低维空间,更加易于用常规方法进行处理。设 a 为 m 维单位向量,其分量为 $a(1),a(2),\cdots,a(m)$,则第 i 个样本的投影特征值为:

$$z(i) = \sum_{j=1}^{m} z(j) = \sum_{j=1}^{m} a(j)x(i,j), i=1,2,\cdots,n, j=1,2,\cdots,m \qquad (3-18)$$

定义 $z(j) = a(j)x(i,j)$ 为 i 样本 j 指标的投影分量值。

通过式(3-18),可以将 n 维数据 x(i,j)综合成以 a = (a(1),a(2),…,a(m))为投影方向的一维投影值 z(i),从而建立可靠性评估指标 x(i,j)与评估等级 y(i)之间的数学关系。

(3)构造投影目标函数

对于综合投影指标值 z(i),其散布特征如下:局部投影点要能够尽可能地相对密集,最佳情况为凝集成若干个点团,可用投影值 z(i)局部密度 R_{zy} 进行描述。同时,整体上投影团间应当尽可能相互分散,可用投影值 z(i)的标准差 S_z 进行描述,即求解 R_{zy} 与 S_z 的最大值,构造下列函数:

$$f(a) = S_z | R_{zy} | \qquad (3-19)$$

其中:

$$S_z = \left[\sum_{i=1}^{n} (z(i) - E_z)^2 / (n-1) \right]^{1/2}$$

$$R_{zy} = \sum_{i=1}^{n} [z(i) - E_z][y(i) - E_y] / \left\{ \sum_{i=1}^{n} [z(i) - E_z]^2 \sum_{i=1}^{n} [y(i) - E_y]^2 \right\}^{1/2}$$

式(3-19)中,S_z 为 z(i)的标准差,R_{zy} 为 z(i)与 y(i)的相关系数,其中 E_z、E_y 分别为序列 {z(i)} 和 {y(i)} 的均值。

(4)优化投影指标函数

投影目标函数 f(a)随着投影方向 a 变化而改变,通过求解投影目标函数最大值计算最佳投影方向 a^*,即:

$$\max f(a) = S_z | R_{zy} |$$

$$\text{s. t.} \quad \sum_{j=1}^{n_p} a(j)^2 = 1, 0 \leqslant a(j) \leqslant 1 \qquad (3-20)$$

这是一个以 a = (a(1),a(2),…,a(m))为优化变量的非线性优化问题,通过常规方法处理会造成求解困难,利用遗传算法可以较为方便地找到最优投影方向[237]。

(5)综合评估遗传投影寻踪模型

将求得到的最佳投影方向 a^* 代入式(3-18),可以得到第 i 个样本的投影值 $z^*(i)$。根据由 $z^*(i)$ 与 y(i)所构成的散点图,建立可靠性综合评估数学模型,进而得到节点可靠性综合评估结果。

3.3.3.2 基于特征值赋权法的子系统可靠性综合预警

子系统评估 Agent 作为评估模型的中间部分,起承上启下的作用。子系统评估 Agent 利用特征值赋权法对各节点评估 Agent 得到的结果进行综合加权,可以得到各条子链与各环节的可靠性综合评估等级。特征值方法利用上述的各节点评估结果建立比较判断矩阵,自动判断各个对象的相对重要程度,进而确定评估指标权重系数[238],所得权重更为客观。若矩阵 N 中的元素 n_{ij} 满足:

$$n_{ij} > 0, i, j = 1, 2, \cdots, m; n_{ii} = 1, i = 1, 2, \cdots, m; n_{ji} = 1/n_{ij}, i, j = 1, 2, \cdots, m$$

则矩阵 N 称为比较判断矩阵,其中 m 是其中评价指标的个数。数学上将满足上式的矩阵 N 称为一致性矩阵,与特征根 $\lambda_{max}(N) = m$ 对应的归一化非负特征向量称为排序权重向量。根据特征值法的基本思想,评价指标权重系数就是归一化后的与 N 的特征值 m 相对应的特征向量 $\omega = (\omega_1, \omega_2, \cdots \omega_m)^T$。

系统预警 Agent 位于可靠性综合预警模型的最高层,利用下层的各个子链预警 Agent 所上传的可靠性信息,得到分销链整体可靠性预警结果。系统预警 Agent 内部结构和功能与子系统预警 Agent 类似,此处就不赘言。

3.3.3.3 应用算例

为了验证分销链可靠性综合预警模型的有效性,下面以某敏捷时装分销链为例,对其进行可靠性综合预警计算。

(1)节点可靠性指标及其分级标准

将位于分销环节的节点可靠性各单项指标进行分级,如表 3-8 所示,表中第 5 级为节点可靠性各单项指标的限值。同理得到其他环节上节点可靠性分级标准。

表 3-8　　　　　　　　某节点可靠性指标及其分级标准　　　　　　　单位:%

评价指标			x_1	x_2	x_3	x_4	x_5	x_6
可靠性等级	合格	极度可靠 1级	≤2	≤0.6	≤0.16	≤0.4	≤0.4	≤0.04
		高度可靠 2级	4	1.2	0.32	0.8	0.8	0.08
		3级	6	1.6	0.48	1.2	1.2	0.12
		中度可靠 4级	8	2.4	0.64	1.6	1.6	0.16
		轻度可靠 5级	10	3	0.8	2	2	0.2
	不合格	轻度不可靠 6级	14	4.2	1.12	2.8	2.8	0.28
		中度不可靠 7级	18	5.4	1.44	3.6	3.6	0.36
		高度不可靠 8级	22	6.6	1.76	4.4	4.4	0.44
		极度不可靠 9级	≥22	≥6.6	≥1.76	≥4.4	≥4.4	≥0.44

(2)节点可靠性综合预警

从图 3-18 中可知,该分销链上共 9 个节点企业(节点 A~K),分别位于 3 条子链(甲、乙、丙)与 3 个环节(Ⅰ、Ⅱ、Ⅲ)上。首先利用遗传投影寻踪方法对位于子链乙与环节Ⅰ上的节点 B 进行可靠性综合预警。节点 B 预警 Agent 通过查询数据库,得到最近一周内的可靠性相关数据,如表 3-9 所示。从表 3-9 中可知,节点 B 的运作可靠性与信息可靠性这两项均超标,产品可靠性指标也较大。

预警指标	x_1	x_2	x_3	x_4	x_5	x_6
测试数据	8.72	0.085	0.017	2.091	2.348	0.03
限值	10	3	0.8	2	2	0.2

①建立投影指标

首先,根据表 3 – 8 中的设定标准,利用随机分布原理,在各可靠性等级内使得投影指标随机生成,对其归一化处理后形成样本集。例如,对于第 2 等级:$2 \leqslant x_1 \leqslant 4, 0.6 \leqslant x_2 \leqslant 1.2, 0.16 \leqslant x_3 \leqslant 0.32, 0.4 \leqslant x_4 \leqslant 0.8, 0.4 \leqslant x_5 \leqslant 0.8, 0.04 \leqslant x_6 \leqslant 0.08$。在上述区间内,通过随机取值法可以生成任意多的投影指标。同理,在其他等级上也能生成足够多的投影指标。本例中共生成 100 个投影指标,投影指标包括反映节点可靠性情况指标 $x(i,j)$,即归一化后的节点可靠性各单项指标,以及相对应的预警等级 $y(i), i = 1, 2, \cdots, n, j = 1, 2, \cdots, m$,本例中,$n = 100, m = 6$。

②建立投影目标函数及遗传算法优化

根据式(3 – 19)建立投影目标函数,需要利用遗传算法对非线性优化问题进行求解,可以利用现有的遗传算法工具箱计算出上述优化问题的满意解。经过多次试验,最后选定格雷码遗传算法的参数分别为:编码长度 $l = 25$、父代个体数目 $n = 60$、杂交概率 $p_c = 0.7$ 和变异率 $p_m = 0.028$,最大遗传代数为 $T = 50$。

从所生成的遗传算法解与种群均值变化曲线图可知,随着进化次数的增加,种群均值快速向最优解 – 0.98 靠拢,直至达到最终的最优解。经过优化计算,得到最佳投影方向 $a^* = [0.4987, 0.2684, 0.3136, 0.5491, 0.5181, 0.1047]$。由此可以看出,遗传投影寻踪法根据各项可靠性指标对综合预警结果的贡献大小特征进行判断,由于产品可靠性(x_1)、运作可靠性(x_4)以及信息可靠性(x_5)的相应数值较大,因此对这 3 项指标权重赋值也相对较大。

③基于遗传投影寻踪的可靠性综合预警

将上面所得到的最佳投影方向代入式(3 – 19)中,可以得到所有的样本集散点图,如图 3 – 21 所示。

通过对图 3 – 21 观察可知,$z^*(i)$ 与 $y(i)$ 的所组合生成图形为阶梯型上升曲线。通过对该曲线进行分段线性插值处理,便可以得到近似分段连续函数。该散点图各阶层所对应的端点值如表 3 – 10 所示。该阶梯形曲线的分段连续函数如下式所示:

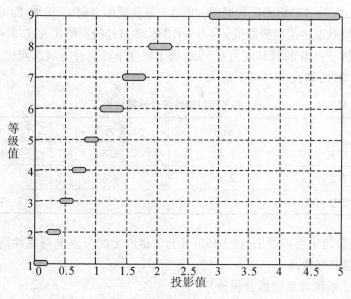

图 3 - 21　样本集的散点图

$$y(i) = \begin{cases} 1, & z^*(i) \leqslant 0.157 \\ 1 + [1/(0.262 - 0.157)](z^*(i) - 0.157), & 0.157 < z^*(i) \leqslant 0.262 \\ 2, & 0.262 < z^*(i) \leqslant 0.372 \\ 2 + [1/(0.451 - 0.372)](z^*(i) - 0.372), & 0.372 < z^*(i) \leqslant 0.451 \\ \vdots & \\ 9, & 2.579 < z^*(i) \end{cases}$$

$$(3 - 21)$$

表 3 - 10　　　　　　散点图各阶层的端点投影值

等级	左端点	右端点
1	–	0.157
2	0.262	0.372
3	0.451	0.614
4	0.653	0.808
5	0.861	1.0011
6	1.106	1.407
7	1.479	1.847
8	1.861	2.296
9	2.579	–

根据式(3−17)将测试数据归一化后与最佳投影方向 a^* 相乘,即可得到节点 B 的可靠性状况的最佳投影值 $z^*(i) = 1.286$,将最佳投影值代入式(3−21),得到 $y(i) = 6$,即节点 B 的可靠性为 6.5 级,处于轻度不可靠性等级。同理,得到其他节点的可靠性,如表 3−11 所示。

表 3−11 各节点可靠性综合预警结果

	子链甲	子链乙	子链丙
环节 I	3.2	6.5	4.5
环节 II	2.4	4.8	7.2
环节 III	2	4	4.2

从预警结果可以看出,位于环节 II 与子链丙上的节点 F 可靠性情况也较为严重,预警等级较高。

(3)子系统可靠性综合预警

子系统 Agent 负责对各环节与各条子链可靠性进行综合预警。以环节 I 为例,由表 3−11 可知位于环节 I 上的 3 个节点(A、B、C)的可靠性预警等级分别为 3.2、6.5、4.5。利用该预警等级建立的比较判断矩阵如下式所示:

$$N = \begin{bmatrix} 3.2/3.2 & 3.2/6.5 & 3.2/4.5 \\ 6.5/3.2 & 6.5/6.5 & 6.5/4.5 \\ 4.5/3.2 & 4.5/6.5 & 4.5/4.5 \end{bmatrix}$$

利用几何平均值法[238],可以得到比较判断矩阵对应于特征值 3 的特征向量,即各预警指标的权重为 $\omega = [0.23, 0.46, 0.32]$。

从权重可以看出,当遗传投影寻踪方法得到的预警结果等级较高时,其对应的权重也较大。即当不可靠性情况比较严重时,对其关注程度也相对较高,对其所赋权重也较大,这种赋权法能够合理反映实际情况。

对环节 I 上各节点的可靠性进行综合加权,得出环节 I 的可靠性为 5.12 级,处于轻度不可靠性等级。

(4)系统可靠性综合预警

同理,根据图 3−19 建立不同方面的比较判断矩阵,得到各环节、各子链及分销链整体可靠性综合预警结果,如表 3−12 所示。从前述表 3−8 和图 3−17 所划分的可靠性等级可知:环节 I、环节 II 与子链乙、子链丙均超过 5 级,处于轻度不可靠等级;环节 III 为 3.6 级,处于中度可靠等级;子链甲为 2.65 级,处于高度可靠等级;分销链整体可靠性为 4.7 级,处于轻度可靠等级。综合评判得出最终预警等级为黄色,此结果与实际情况完全符合。

表 3 – 12　　　　　　　　　　可靠性综合预警结果

环节预警等级			子链预警等级			分销链整体预警等级
环节Ⅰ	环节Ⅱ	环节Ⅲ	子链甲	子链乙	子链丙	
5.12级	5.6级	3.6级	2.65级	5.3级	5.6级	4.7级
轻度不可靠	轻度不可靠	中度可靠	高度可靠	轻度不可靠	轻度不可靠	轻度可靠
橙灯	橙灯	蓝灯	绿灯	橙灯	橙灯	黄灯

小　结

本章在前人研究的基础上,从 MA 理论和预测模型的构建两个方面进行了综合考虑,优化了基于 MA 的分销链预测计划问题。首先,把传统预测方法与 MA 理论相结合,构建了由管理 Agent、单层预测 Agent、信息抽取 Agent 和企业 Agent 组成的单层库存预测模型,并以 ANFIS 为例进行了分析。然后,针对分销链多层库存的问题,为解决分销链中预测计划过程中忽略当前库存状况的问题,构建了基于 MA 的预测计划模型——MAFM,优化了具有约束条件的目标函数,将惩罚函数引入 GA 进行求解,计算了分销链成本优化下的预测软订货量,并对 MAFM 和传统预测方法进行比较。仿真发现 MAFM 优于传统的预测方法。最后,为解决分销链中预测计划过程中忽略决策者参与的问题,讨论了不确定条件下的预测计划问题,运用 MA 理论和模糊理论优化了分销链预测计划模型——AFFM。采用模糊理论对预测计划参数进行表述并给出了模糊规则库用于协商谈判中。应用 GA 和解模糊计算了分销链整体或局部优化下的数学模型,并提出了化解企业间冲突的模糊协商算法。

界定了分销链可靠性预警概念,分析了分销链可靠性预警系统功能及运作流程等。然后,在归纳和分析单项预警和综合预警、指标量化预警和等级预警、企业预警和系统预警、通用预警和定制预警、灵敏度预警与梯度预警的相互关系基础上,构造了基于专业技术层和应用服务层的不同视角的分销链可靠性分层预警体系架构。体系架构显示了体系内部之间相互关系以及内部与外部之间的联系,可以在此架构的基础上进行各类分销链可靠性预警模型的研究。接着,针对订单生产型供应链的目标可靠性预测问题,建立了可靠性预测的指标体系,给出了指标的隶属函数。在此基础上,构建了基于 BP 神经网络的分销链目标可靠性模糊综合预测模型。针对传统的成员企业可靠性评估模型计算量过大、难以直接应用等问题,着重构建了基于 MAS 的分销链可靠性综合预警模型,根据分销链的功能体系结构,由下往上依次对节点企业、子系统以及系统进行可靠性分层预警。节点 Agent 利用遗传投影寻踪法对各节点可靠性进行综合预警;子系统 Agent 利用特征值赋权法对已经得到的各节点可靠性预警结果进行不同层面的加权,从而得到各环节与各子链的可靠性预警等级;系统 Agent 负责分销链整体可靠性预警。最后,通过一个应用实例对系统的可行性与有效性进行了验证。

分销链可靠性综合预警克服了传统预警方法只考虑单一可靠性指标的局限性,可以对影响分销链可靠性的所有指标进行综合预警,能够得到各节点企业、各环节、各子链以及分销链整体可靠性综合预警等级,真正达到从局部到总体,综合考察分销链可靠性的目的。利用投影寻踪方法进行分销链可靠性预警,可以克服传统的预警方法受人为主观因素影响较大的弊端。该方法可以智能化地提取可靠性指标特性,预警过程无需任何人为赋权,因此可以不受人为因素影响,所得结果客观合理、可信度高及实用性强,为分销链可靠性预警工作向智能化发展开辟了一条新途径。

4 分销链智能计划订货管理

在分销链的计划订货优化模型中，$k-1$ 层企业一般通过定量计算，运用优化函数求得相应的订货量 Q_{k-1}。设定最初上报给主管企业的预测值为 $MF_{k-1}(i)$，若订货量 Q_{k-1} 和预测值 $MF_{k-1}(i)$ 相差太多，无形中会增加各个企业的额外成本和计划订货的冲突，最终导致生产商的生产和库存成本的不确定性。这时主管企业则考虑了影响订货量的定性因素，并计算 $k-1$ 层企业的计划订货量 q_{k-1}，以便上下层企业之间达成计划订货的协议。这里存在以下几种可能的情况：

（1）若 Q_{k-1} 和 q_{k-1} 相差不大且在 $[MF_{k-1}(i), I_{max}]$ 范围之内，那么主管企业从定量和定性的角度分析认为 $k-1$ 层企业向主管企业的计划订货量相对合理。这里假设该条件为 $\delta = |MF_{k-1}(i) - q_{k-1}|/MF_{k-1}(i) < 10\%$ 或 $\delta = |MF_{k-1}(i) - Q_{k-1}|/MF_{k-1}(i) < 10\%$。至于是否与先前的预测值相符，对上下层企业自身的利润来说无关紧要，这时可认定主管企业同意 $k-1$ 层企业的计划订货量，或者触发基于上下层企业的协同 Agent 不是太必要。

（2）若 Q_{k-1} 和 q_{k-1} 相差大于 10% 且在 $[MF_{k-1}(i), I_{max}]$ 范围之内，说明由 $k-1$ 层企业成本最小化求解获得的计划订货量 Q_{k-1} 和主管企业计算的 $k-1$ 层企业的计划订货量 q_{k-1} 不一致。当 Q_{k-1} 靠近 $MF_{k-1}(i)$ 且 q_{k-1} 靠近 I_{max} 时，说明市场波动和价格折扣对该企业的订货量影响不明显，而相应地定性因素对订货量产生了明显的影响，这时可认定触发基于上下层企业的协同 Agent 相当必要；当 q_{k-1} 靠近 $MF_{k-1}(i)$ 且 Q_{k-1} 靠近 I_{max} 时，说明相应地定性因素对订货量的影响不明显，而市场波动和价格折扣对该企业订货量产生了明显的影响，这时可认定基于上下层企业的协同 Agent 不是太必要。

（3）对于 Q_{k-1} 大于 I_{max} 且 q_{k-1} 在 $[MF_{k-1}(i), I_{max}]$ 范围之内，或者若 q_{k-1} 大于 I_{max} 且 Q_{k-1} 在 $[MF_{k-1}(i), I_{max}]$ 范围之内的情况在本节的计算中是不会发生的，因为 I_{max} 是分销链成本计算的约束条件。

一般情况下，由于 Q_{k-1} 和 q_{k-1} 不尽相同，这说明影响企业订货的因素是多方面的，需要综合考虑定量和定性两方面的因素。从上述分析可以看出，当

k-1层企业通过管理 Agent 把订货量 Q_{k-1} 上报给主管企业后,一旦主管企业接受到该信息,管埋 Agent 则启动计划订货量的判断准则。若 $Q_{k-1}(q_{k-1})$ 与 $MF_{k-1}(i)$ 偏差小于 10% ,那么主管企业则同意 k-1 层企业的计划订货量或者基于上下层企业的协商不是太重要;否则主管企业会启动上下层企业之间的协商谈判。在协商谈判过程中,主管企业采用整体最优的定量计算和定性分析相结合的方式确定 k-1 层企业的计划订货量。基于这些思考,构建并优化了基于 MA 的计划订货模型和模糊评价下基于 MA 的协同计划模型。

4.1 传统订货管理模型

在分销链传统计划订货管理中,k-1 层企业一般采用周期性上报计划订货量,主管企业则根据该订货量进行配货。由于上下层企业都有各自的目标并经常产生冲突,所以这种订货模式往往会造成上下层企业之间沟通不流畅。虽然直接面对市场和消费者的 k-1 层企业,往往掌握着丰富的实时市场信息和用户信息,但是主管企业却很难获得这些定性信息,仅仅可以通过 ERP 软件获取 k-1 层企业当前和以往的定量数据。另外,由于 k-1 层企业面对着不断变化的市场环境和销售策略(如广告和促销等),这些定性信息很难输入到 ERP 软件中。若仅仅根据以往的销售和订货数据确定下一个周期的订货量是不完善的,需要研究影响 k-1 层企业计划订货的一些定性因素,这实际上是一个多属性决策问题。研究多属性决策问题常用的方法有 AHP(ANP)、模糊数学和 NN 等。AHP 方法被 Saaty 教授提出以来得到了广泛的应用[239];模糊数学理论虽然适合研究不确定性问题,但是在 F-AHP 中,由于模糊判断矩阵的排序方法不同则求得的权重也不同[240],所以,在需要确切权重时该方法不太适合;对于 NN,Li 等[241]采用增强型模糊神经网络管理汽车备用件库存,其不足之处在于需要大量的训练数据,不太适合数据较少或产品周期较短的环境。

为了迎合实时市场变化的需求,获得 k-1 层企业的定性信息,现代智能控制理论(NN、GA 和 MA 理论等)越来越多地被应用到企业管理和供应链领域。为了提高分销链的运作效率,这里选用 MA 理论构建了计划订货模型。MA 理论已经被广泛地应用在计划订货领域。

本节运用 AHP 法分析了计划订货问题并通过 Super Decision 软件计算 k-1 层企业的权重,构建了分销链企业的计划订货模型,并考虑了定性和定量因素影响下的多目标函数。为了方便研究,假设企业之间不存在博弈关系。

4.1.1 计划订货模型构建

4.1.1.1 基于 MA 的计划订货模型

通常情况下,k-1层公司在计划订货中一般是根据以往的销售数据预测需求量,然后再根据需求量确定订货量。这种各自决策的订货过程造成了"信息孤岛"和信息流和物流的脱节,不可能在上下层公司之间形成快速反应。尤其当k-1层公司面临着突发性需求变化时,主管公司的管理者并不能掌握未来市场需求变化的信息。从主管公司来看,定性信息无法实现共享是一种缺陷,造成了不良的后果。为了解决上述问题,图4-1给出了基于MA的计划订货模型。

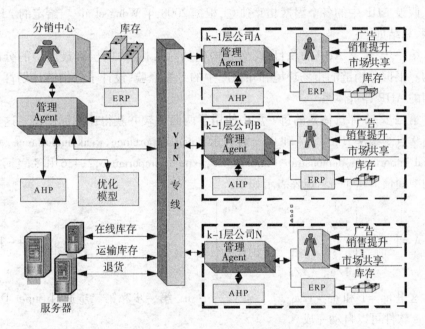

图 4-1 基于 MA 的计划订货模型

下面给出了该模型的步骤:

第一步,该模型运用AHP法分析了影响k-1层公司计划订货的定性信息。定性信息包括公司广告、促销活动、未来的天气变化和市场占有率等因素。这些信息若在下一个周期的销售过程中发生变化,那么无疑会影响到本次的订货决策。

第二步,在计划订货决策中,主管公司需要对k-1层公司进行评价,根据这些定性因素确定k-1层公司的比例标度值。一般情况下,k-1层公司的市场状况不同,其影响因素的比例标度也不同。因此,需要知识库中的专家经验确定市场状况的比例标度值。主管公司一般管辖 k－1 层的几个公司,管理 Agent通过基于 MA 的计划订货模型把计算的比例标度值运用到 AHP 方法中。

第三步,k－1 层公司的管理 Agent 自动读取 ERP 软件中的历史数据和当前数据,获取相关定量数据后,再与主管公司的管理 Agent 进行交互,通过 VPN 或专线把这些信息传递给主管公司。

第四步,当需要订货的 k－1 层公司的比例标度值和历史订货信息传递到主管公司后,主管公司的管理 Agent 根据定性数据和定量数据运用多目标函数进行优化,求得 k－1 层公司的计划订货量。若满足分销链的约束条件,主管公司则按照该订货计划配货;否则,进入协同 Agent 进行计算。

4.1.1.2 AHP 和多目标函数应用

假设 AHP 中的各个因素相互独立,根据 2008 年 Wong et al[242] 给定的 AHP 步骤,总结如下:

第一步,定义 AHP 的总目标,然后构建从总目标、中间层到最底层的分层机构。根据分销链的市场环境和知识库中的专家经验,设计了分销链计划订货模型的 AHP 评价体系。

第二步,在评价体系的每一层中使用了两两比较并获得比例标度值。这里采用 9 点等级法,1,3,5,7 和 9 分别表示 equal importance,weak importance,essential importance,demonstrated importance,extreme importance,2,4,6 和 8 表示它们的中间值。这个 n－矩阵表示如下:

$$A = \left[a_{ij} \right] = \begin{bmatrix} 1 & a_{12} & \vdots & a_{1n} \\ 1/a_{12} & 1 & & a_{2n} \\ \vdots & \vdots & \vdots & \vdots \\ 1/a_{1n} & 1/a_{2n} & \vdots & 1 \end{bmatrix} \tag{4-1}$$

这里 $a_{ii} = 1$ 和 $a_{ji} = 1/a_{ij}$,$i, j = 1, 2, \cdots, n$。第一步和第二步通过 Super Decisions 软件可以自动完成。

第三步,进行一致性检验。

第四步,估计每一层元素的比例标度值。分销链公司计划订货过程既与以往的销售历史和当前的库存状况有关,又与未来的不确定因素相关。

对于影响销售或订货的定性因素来说,很难用数学方法实现。图 4－2 给出了影响分销链公司计划订货的定性评价模型,该模型由目标层、准则层和方案层组成。关系 B1 是指上下层公司之间的关系,包括订货完成率、激励措施和应急反应;销售策略 B2 包括广告和促销活动,如买一送一;市场变化 B3 是指外部因素的变化,如替代品和竞争者市场占有率等;天气 B4 没有子标准,直接连接到方案中。接着,由需要订货的 k－1 层公司的管理 Agent 根据评价模型进行评价,按 1－9 标度对重要程度进行赋值。同样地,主管公司则根据评价模型对

k−1层公司进行评价,通过上下层公司的评价建立判断矩阵。随后的计算步骤则完全通过 Super Decisions 软件计算,并进行判断矩阵的一致性检查,以便获得合理的权重系数和优先权排序。具体的计算方法请参看文献[243]。

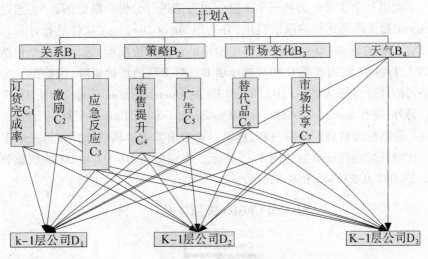

图 4−2　定性评价模型

下面通过集成 AHP 和多目标函数探讨了分销链的计划订货优化问题。订货开始时,k−1 层公司的管理 Agent 触发计划订货需求。然后,上下层公司开始进行协商。当主管公司获取 k−1 层公司的权重后,主管公司的管理 Agent 需要读取 ERP 软件中的定量数据,如当前库存、安全库存、订货成本、运输成本和保管成本等。多目标函数优化的目的是最大化 k−1 层公司的计划订货量以及最小化分销链公司的成本。多目标函数为:

$$
\begin{cases}
\max f_1 = \sum_{i=1}^{n} w_{k-1}^i * Q_{k-1}^i \quad i = 1, 2, \cdots n \\
\min f_2 = (A_{k-1}^i + Y_{k-1}^i) * Q_{k-1}^i + (ss_{k-1}^i + Q_{k-1}^i/2) * B_{k-1}^i \quad i = 1, 2, \cdots n
\end{cases}
$$

$$\text{s. t.}$$

$$\sum_{i=1}^{n} Q_{k-1}^i \leqslant \text{Total}$$

$$f_2 \leqslant TC_{k-1}^i$$

$$0 \leqslant Q_{k-1}^i \leqslant \text{Max}_{k-1}^i$$

$$(4-2)$$

式(4−2)中包括三个成本:订货成本、运输成本和保管成本。相关的符号 w_{k-1}^i 和 x_{k-1}^i 分别表示 k−1 层公司的权重和需要的计划订货量,A_{k-1}^i、Y_{k-1}^i 和

B_{k-1}^i 分别表示公司 i 的单位订货成本、运输成本和保管成本,ss_{k-1}^i 和 Max_{k-1}^i 分别表示公司 i 的安全库存和最大库存,TC_{k-1}^i 表示公司 i 可以承担的总费用,Tota 表示主管公司可供订购的总产品。

下面以一个主管公司和三个下层公司为例进行分析。根据图 4-2 通过管理 Agent 提供两两比较的取值范围,并选用 Super Decisions 软件进行计算。图 4-3 给出了在 Super Decisions 软件中给出的计划评价模型,该评价模型包括目标类 A、标准类 B、因素类 C 和可选择项 D。对于两两评价矩阵,仅给出一个下层公司的评价目标 A 的 B1、B2、B3 和 B4 的 Quenstionnaire mode,如图 4-4 所示。另外,还有 numerical mode、verbal mode 和 graphical mode 三种表示方式,对于这几种指标因素判断矩阵过程,这里不再给出。通过软件计算获得三个下层公司计划订货的权重系数如图 4-5 所示。下层公司 D1、D2 和 D3 的权重分别为 0.238087、0.235346 和 0.526567。

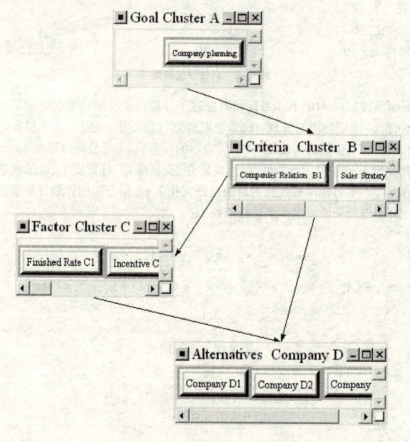

图 4-3 Super decision 主界面

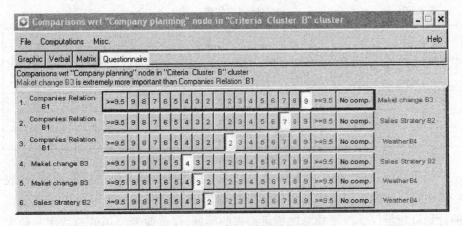

图 4 – 4　quenstionnaire mode

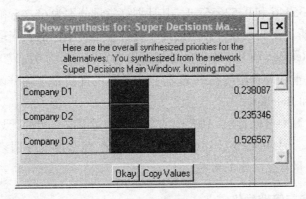

图 4 – 5　计划订货的权重系数

为了证实该方法的有用性,以三个下层公司 Retailer₁、Retailer₂ 和 Retailer₃ 为例,分析了定性和定量因素影响下公司的计划订货量。相关已知初始数据如表 4 – 1 所示。

表 4 – 1　　　　　　　　　　初始数据

Retailer	A_{k-1}^i	B_{k-1}^i	Y_{k-1}^i	$S S_{k-1}^i$	Max_{k-1}^i
1	2	4	7	15	60
2	4	7	4	10	50
3	3	5	2	18	70

根据上述数据利用 Matlab 软件中的 fgoalattain 指令可求得三个公司的计划订货量,见表 4 – 2。

表 4 – 2 计划订货量

Retailer	w_{k-1}^i		No w_{k-1}^i	
	$TC_{k-1}^1 = 340,$ $TC_{k-1}^2 = 200,$ $TC_{k-1}^3 = 550$	$TC_{k-1}^1 = TC_{k-1}^2 = TC_{k-1}^3 = 1000$ $Max_{k-1}^1 = Max_{k-1}^2 = Max_{k-1}^3 = 70$	$TC_{k-1}^d = 340,$ $TC_{k-1}^2 = 200,$ $TC_{k-1}^3 = 550$	$TC_{k-1}^1 = TC_{k-1}^2 = TC_{k-1}^3 = 1000$ $Max_{k-1}^1 = Max_{k-1}^2 = Max_{k-1}^3$ $= 70$
1	26	65	20	67
2	45	65	34	67
3	70	70	70	67

当考虑权重时,在三个下层公司总费用和主管公司总供货量的约束下,表4 – 2中第一列的下层公司计划订货量分别为26、45 和70。为了分析下层公司的计划订货量仅受权重和总供货量约束的问题,仅仅改变公司的总费用和最大库存量,计算发现当下层公司 Retailer₁、Retailer₂ 和 Retailer₃ 的权重分别为0. 238087、0. 235346 和 0. 526567 时,其计划订货量分别为65、65 和70。当不考虑权重时,分析了受约束条件影响的计划订货量也是不同的。当取消约束条件时,Retailer₁、Retailer₂和 Retailer₃ 的计划订货量分别近似为67、67 和67,也就是说在不考虑权重和总费用的约束下,分销中心总的配货量平均分配给了 Retailer₁、Retailer₂ 和 Retailer₃。

从上述运算中可以看出,AHP 中的定性因素对下层公司的计划订货量产生了一定的影响。另外,各个公司的当前库存状况、经营成本等因素也对下层公司的计划订货量产生一定的影响。

4.1.2 库存管理优化

4.1.2.1 基于多重分类准则的库存管理

随着市场经济竞争的日趋激烈,加强物流管理与控制已成为物流企业降低物流成本、提升顾客满意度的重要途径。调查发现,当前大多数企业的物流库存管理大多采用 ABC 分类法,在实际物流库存管理过程中往往忽视产品的采购难易度、采购提前期、产品质量合格率、市场需求状况、销售利润、生产依赖性两种原材料相关度、产品保质期等影响因素。这种方法虽然克服了物流库存占有的资金成本问题,但影响了企业对顾客的服务水平。

(1)优化模型的建立

为克服传统物流库存管理中 ABC 分类准则的单一性,基于帕累托定律思想,运用规范列平均法确定相对权重,对库存分类法加以改进以便放松约束,同时又能找到合理的需要重点加以管理物流产品。设定企业需要完成 J 重目标 Pj,j = 1,2,…,J,即有 J 重分类准则 Pj,并按占用资金范围将现有产品大致分为 I 类产品(为方便阐述,对各类产品给予特定代号为产品 i,i = 1,2,…,I,产品 i

对应 P_j 的数值为 a_ji，其品种数为 b_i），其优化模型构建思路可引入 0 - 1 变量 x_{ji}、y_{ji}、z_{ji}。其含义分别表示为：

$$x_{ji} = \begin{cases} 1, 在分类准则 \ P_j \ 下库存品 \ i \ 属于 \ A \ 类 \\ 0, 否则 \end{cases}, \quad i = 1, 2, \cdots, I; j = 1, 2, \cdots, J$$

$$y_{ji} = \begin{cases} 1, 在分类准则 \ P_j \ 下库存品 \ i \ 属于类 \\ 0, 否则 \end{cases}, \quad i = 1, 2, \cdots, I; j = 1, 2, \cdots, J$$

$$z_{ji} = \begin{cases} 1, 在分类准则 \ P_j \ 下库存品 \ i \ 属于 \ C \ 类 \\ 0, 否则 \end{cases}, \quad i = 1, 2, \cdots, I; j = 1, 2, \cdots, J$$

$$(4 - 3)$$

根据上述设定分别建立物流管理的横向型优化模型和纵向型优化模型。横向型优化模型是指多个目标处于同一层级内，此模型主要针对同一层级内存在多重分类准则的库存优化，即假设 J 重分类准则 P_j, $j = 1, 2, \cdots, J$ 处于同一层级，且可以根据各分类准则的不同重要程度确定其权重，在此假设权重矩阵 $P = (p_1, p_2, \cdots, p_J)^T$。纵向型优化模型是指多个目标间的等级不同，第一级目标等级一定大于第二级目标，依此类推，在操作中必须在完成高等级目标的前提下才能考虑低等级目标的实现。

①横向型优化模型

引入物流管理的分类模型符号正、负偏差变量 d_k^+、d_k^-, $k = 1, 2$，得在分类准则 $P1$ 的作用下，A 类产品对应的分类准则 $P1$ 的数值百分比不小于 60%，品种百分比不大于 20%，对应最小目标函数中增加 $d_1^- + d_2^+$。在分类准则 $P1$ 的作用下，设定 C 类产品对应的分类准则 $P1$ 的数值百分比不大于 15%，而品种百分比不小于 50%。在分类准则 $P1$ 的分类下，为了保证产品 i 一定且仅属于 A、B、C 中的某一类，则一定有 $x_{1i} + y_{1i} + z_{1i} = 1$, $i = 1, 2, \cdots, I$。引入正、负偏差变量 d_k^+、d_k^-, $k = 3, 4$，对应最小目标函数中增加 $d_3^+ + d_4^-$。将 J 重分类准则共同作用在物流库存中，引入正、负偏差变量 d_{jt}^+、d_{jt}^-, $t = 1, 2, \cdots, 4; j = 1, 2, \cdots, J$，则可建立如下模型：

$$\text{Min} z = Q \cdot p$$

$$\begin{cases} x_{ji} + y_{ji} + z_{ji} = 1, \quad i = 1,2,\cdots,I; j = 1,2,\cdots,J \\[4pt] \sum_{i=1}^{I} a_{1i} x_{1i} + d_{11}^- - d_{11}^+ = 0.60 \sum_{i=1}^{I} a_{1i} \\[4pt] \sum_{i=1}^{I} b_i x_{1i} + d_{12}^- - d_{12}^+ = 0.20 \sum_{i=1}^{I} b_i \\[4pt] \sum_{i=1}^{I} a_{1i} z_{1i} + d_{13}^- - d_{13}^+ = 0.15 \sum_{i=1}^{I} a_{1i} \\[4pt] \sum_{i=1}^{I} b_i z_{1i} + d_{14}^- - d_{14}^+ = 0.50 \sum_{i=1}^{I} b_i \\[4pt] \sum_{i=1}^{I} a_{2i} x_{2i} + d_{21}^- - d_{21}^+ = 0.60 \sum_{i=1}^{I} a_{2i} \\[4pt] \sum_{i=1}^{I} b_i x_{2i} + d_{22}^- - d_{22}^+ = 0.20 \sum_{i=1}^{I} b_i \\[4pt] \sum_{i=1}^{I} a_{2i} z_{2i} + d_{23}^- - d_{23}^+ = 0.15 \sum_{i=1}^{I} a_{2i} \\[4pt] \sum_{i=1}^{I} b_i z_{2i} + d_{24}^- - d_{24}^+ = 0.50 \sum_{i=1}^{I} b_i \\[4pt] \cdots \qquad \cdots \qquad \cdots \\[4pt] \sum_{i=1}^{I} a_{Ji} x_{Ji} + d_{J1}^- - d_{J1}^+ = 0.60 \sum_{i=1}^{I} a_{Ji} \\[4pt] \sum_{i=1}^{I} b_i x_{Ji} + d_{J2}^- - d_{J2}^+ = 0.20 \sum_{i=1}^{I} b_i \\[4pt] \sum_{i=1}^{I} a_{Ji} z_{Ji} + d_{J3}^- - d_{J3}^+ = 0.15 \sum_{i=1}^{I} a_{Ji} \\[4pt] \sum_{i=1}^{I} b_i z_{Ji} + d_{J4}^- - d_{J4}^+ = 0.50 \sum_{i=1}^{I} b_i \\[4pt] x_{ji}, y_{ji}, z_{ji} \text{为 0-1 变量}, \quad i = 1,2,\cdots,I; j = 1,2,\cdots,J \\[4pt] d_{jt}^+, d_{jt}^- \geq 0, \quad t = 1,2,\cdots,4; j = 1,2,\cdots,J \end{cases} \qquad (4-4)$$

其中 $\quad Q = \begin{bmatrix} d_{11}^- & d_{12}^+ & d_{13}^+ & d_{14}^- \\ d_{21}^- & d_{22}^+ & d_{23}^+ & d_{24}^- \\ \cdots & \cdots & \cdots & \cdots \\ d_{J1}^- & d_{J2}^+ & d_{J3}^+ & d_{J4}^- \end{bmatrix}^T$

按此模型可以进行 I 类产品在多重分类准则 Pj 作用下的 ABC 分类,在计算得出各分类结果后,企业可以按对各分类准则的重视程度进行比较,再具体决定最终分类结果。这种算法综合考虑了多重同层级的分类准则 Pj,更加符合物流产品的分类需求。

②纵向型优化模型

纵向型优化模型用于这些分类准则存在重要程度和层级之分的库存分类

问题。假设 J 重分类准则 P_j 处于不同层级，即必须在完成上级目标 P_j 的基础上，再去完成下级目标 P_j+1。根据不同层级的目标重要程度确定其罚数权重，表示分类结果偏离其对应目标的可接受程度。同理，可参照横向型优化模型建立纵向型优化模型。要注意的是，实践经验表明物流库存分类最多不要超过五类，过多的种类反而会增加控制成本。

（2）案例分析与验证

以某会展物流企业为例进行优化模型的计算。该企业成立于 1986 年，是一家研制、开发以及生产可拆装式展览器材的供应链企业，已与全国 90% 以上的展览馆建立长期合作关系，2008 年被授予中国展览馆协会副理事长单位，2010 年成为中国上海世博会设备租赁类推荐服务供应商。该企业物流产品品种繁多，且不同产品之间的变异程度很大，企业规模较小时物流管理出现过库存量过大导致流动资金周转不灵的现象。目前，由于企业规模不断扩大，用户对企业的服务质量提出了更高的要求，如交货及时性、采购难度、产品环保性能、产品循环使用性等更高要求和个性化要求。基于这些物流库存管理问题验证上述两类物流库存管理优化模型，并与传统 ABC 分类法相比较，检验优化模型的合理性。以该企业某季度物流库存为例，分别使用传统模型和优化模型对产品进行计算，找出适合物流企业的产品分类管理方式。在此先不考虑其他库存分类影响因素，以该季度库存占用资金 a_{1i} 为分类准则，对企业产品进行传统 ABC 分类标注，序号 i 为占用资金由大到小排列的代码，产品 i 的采购难度系数 a_{2i} 为供应商交货延迟次数/总采购次数，下文将序号为 i 的产品简写为产品 i。

根据物流企业实际库存管理的需要，重点管理 Z40、S10、32A 类产品，严格控制这三类产品的库存量，采用连续检查控制方式及时更新管理。这三类产品的有效控制管理可以使企业盈利倍增。与其他产品相比，在相同库存管理成本下，这三类产品可以给企业生产及营运带来更高价值。由于这些产品采购成本高，库存占用大量流动资金，因此对其需要高度关注其库存量，以适度的数量保证该季度的销售量需求，无需过多采购而占用大量流动资金。该物流企业的产品大多为展览器材的核心部分，占有资金量较大，如框架性器材、灯具、面板等。同时，该企业要将 S06、Z16、4W、9016 类库存管理作为 B 类产品控制，对其关注度仅次于 Z40、S10、32A 类产品，由于类型较少所以仍需对其高度重视。其他14 类产品归为 C 类产品，因其占用资金比例最小，品种最多，大多数产品为小配件，如灯泡、扳手等。对于 C 类产品企业无需关注太多，可大批量购进以尽量满足顾客需求；相反，如果过多关注 C 类产品，反而会因购货次数增大而增加运输成本和管理成本。下面以横向型优化模型为例进行计算分析。

①横向型优化模型

目前,物流企业在库存管理中希望通过合理的内部订货管理降低成术。在库存控制方面希望在保证库存合理占用资金的基础上加大力度调整采购难度系数 a_{2i} 大的产品 i 的采购供应商及采购周期。通过上述论述可知,在库存管理方面企业有两个目标:分类准则 P1 是指通过库存分类优化分析,合理分配各产品的资金占用比例;分类准则 P2 是指通过优化分析找出采购难度大的现有产品和潜在产品,并调整其采购供应商和采购周期的相关策略。并基于实际情况,通过物流企业专家分析论证得 P1、P2 重要程度权重矩阵 $P=(p1,p2)T=(3,1)T$,并将原始相关数据代入横向型优化模型。通过计算得到优化计算的结果,如 $x_{21}=1$,表示按 P2 分类产品 1 属于 A 类;$z_{13}=0$,表示按 P1 分类产品 3 不属于 C 类,依次类推,得分类结果,见表 4 – 3。

表4 – 3　　　　　　　　　　横向优化模型结果

序号 i	P_1 分类	P_2 分类	相同处
1	A	A	A
2	A	B	\
3	B	C	\
4	B	A	\
5	B	C	\
6	C	C	C
7	C	C	C
8	C	C	C
9	B	B	B
10	B	B	B
11	B	A	\
12	C	A	\
13	B	A	\
14	C	C	\
15	C	B	\
16	C	B	\
17	B	C	C
18	C	C	C
19	C	C	C
20	C	C	C

从表4 – 3中可知,在以分类准则 P1、P2 的共同作用下,产品 1 为 A 类产品,产品 9、产品 10 为 B 类产品,产品 6、产品 7、产品 8、产品 17、产品 18、产品

19、产品 20 为 C 类产品。其他序号的产品不能从表 4-3 中简单地得出分类，可以按照企业对其重要程度继续进行分类，如产品 4、产品 12 按占用资金分类分别归为 B、C 类，但产品 4 采购难度系数高达 0.46，对于这类产品，如果按照采购难易度分类则被视为重点管理的 A 类产品，对其要特别注意其采购程序及采购提前期；产品 12 虽采购难度系数适中，但品种数非常少，平均采购难度系数增加，因此在 P2 的作用下也被列为 A 类产品；对于产品 3，因品种数多，采购难度系数小，从 B 类降到 C 类，可大批量购进，以周期检查控制方式来管理。

从上述比较可以看出，优化模型能够准确地根据物流企业的要求，通过多重分类准则同时或按层级顺序对企业产品进行合理分类，实施层级库存控制，并通过不同时间点的模型运用及时反映企业生产变化趋势，做出合理的库存控制调整。下面通过对优化模型与传统模型的比较，找出企业潜在关键因素，为管理者决策提供依据。

②传统模型与优化模型的比较

以上优化模型在同一层级内多重分类准则作用下的分类模型，针对传统 ABC 分类法仅有单一分类准则的缺陷进行优化，使其更加符合企业库存需求。基于上述数据将优化模型与传统 ABC 分类法比较，将横向型优化模型的权重由 $P = (p_1, p_2)^T = (3, 1)^T$ 先后换为 $(7, 5)^T$、$(1, 1)^T$、$(5, 7)^T$、$(1, 3)^T$，以实践检验优化模型的合理性和优越性。计算出分类结果并与传统 ABC 分类比较，如表 4-4 所示。

从表 4-4 可知，当加入分类准则 P2 并将传统模型转化为横向型优化模型时，可以看出产品 2、产品 3、产品 5、产品 6、产品 7 分类有所降级，产品 2、产品 3 由 A 类降至 A、B 类之间，产品 5、产品 6、产品 7 由 B 类降至 B、C 类之间，而大多数 C 类产品的分类有所上升，提升到 B、C 类之间或 A、B 类之间，这都是由于 P2 准则作用的结果。尤其在产品 11、产品 12、产品 13 上，由于采购困难系数超过平均水平受分类准则 P2 的作用明显，以至于使其在 P2 的影响下从 C 类上升到 A 类产品中。

表 4-4　　　　　　　　　　优化模型与传统比较

序号	传统模型	横向型优化改进 $(P_1, P_2)^T$				
		$(3, 1)^T$	$(7, 5)^T$	$(1, 1)^T$	$(5, 7)^T$	$(1, 3)^T$
1	A	A A	A A	A A	A A	A A
2	A	A B	A B	A B	A B	A B
3	A	B C	B B	B C	B C	B C
4	B	B A	B A	B A	B A	B A

表4-4(续)

序号	传统模型	横向型优化改进$(P_1,P_2)^T$				
		$(3,1)^T$	$(7,5)^T$	$(1,1)^T$	$(5,7)^T$	$(1,3)^T$
5	B	B C	B B	B C	B C	B C
6	B	C C	B C	B B	B C	B C
7	B	C C	C C	A C	C C	C C
8	C	C C	C C	C C	C C	C C
9	C	B B	B B	C C	C C	C B
10	C	C B	C B	C B	B B	C B
11	C	B A	C A	C A	C A	C A
12	C	C A	C A	C A	C A	C A
13	C	C A	C A	C A	C A	C A
14	C	C C	C C	B C	B C	C C
15	C	C B	C B	B B	C B	C B
16	C	C C	C C	C C	C C	C C
17	C	B C	C C	C C	C C	C C
18	C	C C	C C	C C	B C	C C
19	C	C C	C C	C C	C C	A C
20	C	C C	B C	C C	B C	C C

从上述比较中可以看出,优化模型能够合理地根据物流企业的要求,通过多重分类准则或按层级顺序对企业产品有效分类,做出合理的物流库存控制调整。物流企业在库存订货的过程中选用了该优化策略,对框架性器材、视频、灯具、面板、灯泡等展览器材进行管理,通过对上述20种产品的统计分析发现,企业2009年上半年比2008年同期库存订货效率有了明显改进,缺货品种数量平均减少了约13%,销售利润平均提高了约34%,其他管理指标如采购提前期时间也有了一定程度的缩短。

4.1.2.2 基于供应商管理库存(VMI)的库存管理

分销链企业经常面临着易腐产品的订购、补充和销售问题,易腐产品的高变质率和贬值率使得分销链的管理者必须要通过降低分销链的库存、缩短分销链的循环周期来降低库存成本,制定合理的库存策略成为分销链管理中的重要内容。本节研究两类易腐产品:一类是指随时间的推移物理性质发生变化而失去经济价值的产品,如食品、酒精、药品等;另一类是随时间推移应用性质发生变化而逐渐失去经济价值的产品,如电子产品、时装、软件等。第一类物品的生命周期较短,经保质期之后,物品的自然属性会发生改变,从而失去使用价值及经济价值,发生有形变质;第二类物品的市场生命周期较短,在市场上流行一段时期后会由于消费者偏好的改变、产品更新换代等原因而贬值,失去原有的经济价值,发生无形变质。VMI 模式打破了传统库存分割的管理模式,用系统、集成的管理思想管理库存,使分销链库存管理能够同步进行。在 VMI 模式下,供应商如何整合下游企业的需求,在满足下游企业需求的同时制定自身库存策略,是成功实施 VMI 的关键。

易腐产品库存问题的研究最早是由 Whitin 提出来的,之后 Ghare 提出了易腐产品的库存模型: $\dfrac{dI(t)}{dt} + \theta I(t) = -D(t)$。其中, θ 是易腐产品的变质率, $I(t)$ 是在 t 时刻的库存水平, $D(t)$ 是在 t 时刻的需求。这个库存模型为后续的易腐产品库存问题研究及相应模型构建奠定了基础。对于 VMI 模式的研究,以往学者通过假定需求速率为随机变量,在已知其分布函数的情况下,通过积分运算确定订货点。由于用户需求呈随机变化,前置期需求量的变化规律难以把握,而运输与库存之间又存在相互影响的关系,用纯数学方法很难描述和计算。另外,不少学者在研究订货点的时候,总是基于不允许缺货这个条件研究,如果过度地强调不缺货有时往往付出的成本会比适当缺货成本要大得多。因此,在考虑产品变质率的情况下,首先建立一个供应商和多个订货商,且订货商不允许缺货的 VMI 模型,并在此基础上建立允许缺货且缺货量部分拖后的 VMI 模型。运用 Matlab 仿真软件对后者进行仿真求最优解,通过参数灵敏度分析得到各个变量之间的变动规律。

(1)模型构建

在基于 VMI 的运作模式下,易腐产品的库存管理成本主要由两部分构成:一部分是订货商库存成本。在考虑易腐产品变质率的前提下,订货商的库存成本包括产品的订货成本、存储成本和变质成本,缺货时还需考虑缺货成本;另一部分是供应商库存成本。由于供应商能够直接了解顾客的需求,并依据发货情况决定自身的补货策略,因此,供应商库存成本包括补货成本、存储成本和变质成本。

首先,进行问题设定与参数。研究假设如下:顾客的需求率为常数;订货商补货可瞬时实现,订货提前期为 0;供应商采取 $(0, S_{hi})$ 补货策略;不考虑由于缺货而导致的缺货时间需求率低于拥有现货时段的需求率情形。参数定义如下: C_p 为单位产品的变质成本; θ 为在库存货变质率; $I_i(t)$、$I_{vi}(t)$ 分别为 t 时刻的第 i 个订货商、供应商的库存水平; D_i 为顾客对于第 i 个订货商的需求率; T 为订货商的订货周期; S_{hi} 为第 i 个订货商在周期 T 内的最大存储量; C_{fi}、C_{hi}、C_{si} 分别为

第 i 个订货商的订购固定成本、单位存储费用、单位缺货成本；C_{hp}、C_f 分别为供应商单位存储费用、订购固定成本；TC_i 为第 i 个订货商单位时间内的总库存成本；t_{vi} 为供应商满足第 i 个订货商在 T 时间内的需求所用时间；P：制造商向供应商供货的供应速率，$P > \sum_{i=1}^{n} D_i$；λ：订货商一个周期内有现货的时间占补货周期的比率；t_0：每个订货商在共同周期 T 内开始出现缺货的时间；S_{si}：第 i 个订货商在共同周期 T 内的最大缺货量；TC_{vp} 为供应商单位时间内的总库存成本；TC_{vmi}：单位时间内供应商与订货商的总库存成本。

（2）不允许缺货的 VMI 模型构建

①订货商不允许缺货模型

对于订货商，库存水平由于需求和变质不断减少。假设在 $t = T$ 时刻，库存水平减少为 0，$I_i(t)$ 为 t 时刻第 i 个订货商的库存水平，则 $I_i(t)$ 满足下列微分方程：

$$\frac{dI_i(t)}{dt} + \theta I_i(t) = -D_i, 0 \leqslant t \leqslant T \qquad i = 1,2,3\cdots,n \tag{4-5}$$

对式（4-5）积分求解，可得：

$$I_i(t) = \frac{1}{\theta}[e^{-t\theta + C\theta} - D_i], 0 \leqslant t \leqslant T \qquad i = 1,2,3\cdots,n \tag{4-6}$$

由边界条件 $I_i(t) = 0$，可解得 $C = \frac{1}{\theta}\ln D_i + T$，代入式（4-6）可得：

$$I_i(t) = \frac{D_i}{\theta}[e^{(\theta T - \theta t)} - 1]$$

因此可得，第 i 个订货商在共同订货周期 T 内的总存储成本（TC_{hi}）为：

$$TC_{hi} = C_{hi}\int_0^T I_i(t)dt = \frac{C_{hi}D_i}{\theta}\left(\frac{e^{\theta T} - 1}{\theta}\right) \tag{4-7}$$

第 i 个订货商在共同订货周期 T 内的变质成本（TC_{pi}）为：

$$TC_{pi} = C_p\left[\frac{1}{2}T \cdot S_{hi} - \int_0^T I_i(t)dt\right] = C_p\left[\frac{1}{2}T \cdot S_{hi} - \frac{D_i}{\theta}\left(\frac{e^{\theta T} - 1}{\theta}\right)\right] \tag{4-8}$$

所以，第 i 个订货商单位时间 T 内的总库存成本 $TC_i = \dfrac{C_{fi} + TC_{hi} + TC_{pi}}{T}$。

②供应商不允许缺货模型

供应商在共同周期 T 内分别向 n 个订货商提供产品，并且设定 t_{vi} 为供应商向第 i 个订货商交货的时刻，如果假设用 $I_{vi}(t)$ 表示供应商 t 时刻向第 i 个订货商提供产品的库存水平，因此，$I_{vi}(t)$ 满足下列微分方程 $\dfrac{dI_{vi}(t)}{dt} + \theta I_{vi}(t) = P$。对此式积分可得：

$$I_{vi}(t) = \frac{1}{\theta}[P - e^{-(t+F)\theta}], 0 \leqslant t \leqslant t_{vi} \tag{4-9}$$

其中,F 为一任意常数,由边界条件 $I_{vi}(0) = 0$,可解得 $F = -\frac{1}{\theta}\ln P$,将 F 代入式(4-9),可得:

$$I_{vi}(t) = \frac{P}{\theta}(1 - e^{-\theta t})$$

由于在订货商模型中提到的 S_{hi} 被假设为第 i 个订货商在共同周期 T 内的最大库存量,则供应商 t_{vi} 时刻向第 i 个订货商的交货数量满足 $I_{vi}(t_{vi}) = S_{hi}$,又有边界条件 $I_i(0) = S_{hi}$。

所以,供应商的总存储成本(TC_{hp})为:

$$TC_{hp} = \sum_{i=1}^{n}[C_{hp}\int_0^{t_{vi}}I_{vi}(t)dt] = \frac{P \cdot C_{hp}}{\theta}\sum_{i=1}^{n}\left(t_{vi} + \frac{e^{-\theta t_{vi}}}{\theta}\right) \tag{4-10}$$

供应商因产品变质而产生的变质成本(TC_p)为:

$$TC_p = C_p \cdot \sum_{i=1}^{n}\left[\frac{1}{2}t_{vi}S_{hi} - \int_0^{t_{vi}}I_{vi}(t)dt\right] = C_p \cdot \sum_{i=1}^{n}\left[\frac{1}{2}t_{vi}S_{hi} - \frac{P}{\theta}\left(t_{vi} + \frac{e^{-\theta t_{vi}} - 1}{\theta}\right)\right] \tag{4-11}$$

供应商在 T 内的总库存成本(TC_{vp})为:

$$TC_{vp} = \frac{C_f + TC_{hp} + TC_p}{T}$$

因此,订货商和供应商总库存成本 $TC_{vmi} = \sum_{i=1}^{n}TC_i + TC_{vp}$。

(3)允许缺货的 VMI 模型构建

①订货商允许缺货模型

在不允许缺货 VMI 模型的基础上,构建了订货商允许缺货的库存管理模型[244]。已知假设 λ 为订货商在 T 时间内有货时间的比率,t_0 为每个订货商在共同周期 T 时间内出现缺货的时间,所以 $t_0 = \lambda T$,则 $I_i(t)$ 满足下列分段函数的微分方程。当 $0 \leqslant t \leqslant t_0$ 时,$I_i(t)$ 满足:$\frac{dI_i(t)}{dt} + \theta I_i(t) = -D_i$;当 $t_0 \leqslant t \leqslant T$ 时,$I_i(t)$ 满足:$\frac{dI_i(t)}{dt} = -D_i$,解微分方程得:

$$I_i(t) = \begin{cases} \frac{1}{\theta}(e^{-\theta t + \theta A}) - D_i, 0 \leqslant t \leqslant t_0 \\ -D_i t + B, t_0 \leqslant t \leqslant T \end{cases} \quad A、B \text{ 为任意常数}, i = 1, 2, 3 \cdots, n \tag{4-12}$$

又由边界条件 $I_i(t_0) = 0$,可求得 A 和 B:$A = \frac{\ln D_i}{\theta} + t_0$,$B = D_i t_0$,将 A、B 代入

式(4－12)，可得：

$$I_i(t) = \begin{cases} \dfrac{D_i}{\theta}(e^{\theta t_0 - \theta t} - 1), 0 \leqslant t \leqslant t_0 \\ D_i(t_0 - t), t_0 \leqslant t \leqslant T \end{cases}$$

第 i 个订货商的总缺货成本(TC_{si})为：

$$TC_{si} = C_{si} \int_{t_0}^{T} [-I_i(t) dt] = \frac{D_i C_{si}}{2}(T - t_0)^2 \qquad (4-13)$$

第 i 个订货商的总存储成本(TC_{hi})为：

$$TC_{hi} = C_{hi} \int_0^{t_0} [I_i(t)] dt = \frac{C_{hi} D_i}{\theta} \left[\frac{e^{\theta t_0} - 1}{\theta} - t_0 \right] \qquad (4-14)$$

第 i 个订货商因产品变质而产生的变质成本(TC_{pi})为：

$$TC_{pi} = C_p \left[\frac{1}{2} t_0 S_{hi} - \int_0^{t_0} I_i(t) dt \right] = C_p \left[\frac{1}{2} t_0 S_{hi} - \frac{D_i(e^{\theta t_0} - 1)}{\theta^2} + \frac{D_i t_0}{\theta} \right] \qquad (4-15)$$

因此，第 i 个订货商在单位时间内的总库存成本 TC_i
$= \dfrac{C_{fi} + TC_{si} + TC_{hi} + TC_{pi}}{T}$。

②供应商允许缺货模型

供应商在共同周期 T 内分别向 n 个订货商提供产品，由 t_{vi} 表示供应商向第 i 个订货商交货的时刻，那么 $I_{vi}(t)$ 满足下列微分方程 $\dfrac{dI_{vi}(t)}{dt} + \theta I_{vi}(t) = P$，又由于边界条件 $I_{vi}(0) = 0$，同理，可求得 $I_{vi}(t) = \dfrac{P}{\theta}(1 - e^{-\theta t})$。由于 S_{hi}, S_{si} 分别表示第 i 个订货商在共同周期 T 内的最大存储量、第 i 个订货商在共同周期 T 内的最大拖后缺货量，则供应商 t_{vi} 时刻向第 i 个订货商的交货量满足 $I_{vi}(t_{vi}) = S_{hi} + S_{si}$，另因 $S_{hi} = I_i(0) = \dfrac{D_i}{\theta}(e^{\theta t_0} - 1)$，$S_{si} = I_i(t) = D_i(T - t)$，故可求得 $t_{vi} = -\dfrac{1}{\theta}$ $\ln \left[1 - \dfrac{D_i}{P} e^{\theta t_0} - \theta T - \theta t_0 - 1 \right]$。

供应商的总存储成本(TC_{hp})为：

$$TC_{hp} = \sum_{i=1}^{n} [C_{hp} \int_0^{t_{vi}} I_{vi}(t) dt] = \frac{P \cdot C_{hp}}{\theta} \sum_{i=1}^{n} \left(t_{vi} + \frac{e^{-\theta t_{vi}} - 1}{\theta} \right) \qquad (4-16)$$

供应商由于产品变质所产生的变质成本(TC_p)为：

$$TC_p = C_p \sum_{i=1}^{n} \left[\frac{1}{2} t_{vi} (S_{hi} + S_{si}) - \frac{P}{\theta} \left(t_{vi} + \frac{e^{-\theta t_{vi}} - 1}{\theta} \right) \right] \qquad (4-17)$$

供应商的总库存成本 $TC_{vp} = \dfrac{1}{T}(nC_f + TC_{hp} + TC_p)$，从而得到单位时间内的

总库存成本 $TC_{vmi} = \sum_{i=1}^{n} TC_i + TC_{vp}$。

4.1.3　物流管理优化

在一个企业中,物流无时无刻不发生在企业的每一个角落,企业与上流企业以及下流企业的链接协调,企业内部各个体系、门店之间的供货配送,无一例外地涉及了企业的物流系统。可以说一个企业的物流系统,在很大程度上决定了一个企业的运营成本以及其获得其利润的多寡,特别是对于大型连锁企业,其物流系统对于其生存发展有着极大的影响。也就是说,物流系统,决定着一个企业的综合竞争实力。

首先,拥有良好物流系统的大型企业,具备专业的物流设备以及完善的物流运作体系,如大型专业配送车队、优质自动分拣设备以及专业库存调拣系统,这就在很大程度上减少了人力资源的浪费,同时减少了人力所产生的不必要的错误,提高了运作效率。其次,拥有专业的配送中心,可以保证一旦订货单下达至配送中心,配送中心会立即做出反应,制定配送时间表,决定配送流程以及路线,并且按照此配送表在合理时间将货物分配至分店以及客户手中。并且其可以自动对于此次配送进行统计分析,将此货物订货以及库存情况反馈至厂家,以便厂家进行进一步决策。最后,众所周知,每一个企业都在努力通过良好的管理运营减少自己的库存成本。而一个优秀的配送体系,可以有效地减少库存,甚至达到“零库存”的理想状态。只要企业建立良好的配送体系,就可以有效减少库存。取而代之的是各类分拣系统以及一套可以高效操作的管理信息系统。如此一来,企业便可以省去不菲的库存开支,从而进行更有意义的投资。

物流系统将使一个企业的分销链各个部分有机结合,使其各部分的功能发挥至最大,形成良好的物流系统体系。这种做法无疑使其规模经济的良好运营发挥到了一个极大的高度,使得整个物流体系的能力得到了极大的改善。总的来说,物流系统在很大程度上支持了大型连锁企业的经营体系。可以说,物流系统的良好运营,是一个大型连锁企业成功的秘诀。

综上所述,企业选择有利于自身发展的良好物流系统体系是十分关键的。一套适合企业自身特点的物流系统体系,可以使企业快速发展,增加自身企业价值,而若选择的物流系统体系不能与自身状态贴合,则会出现事倍功半的窘境。所以,企业应该十分审慎地选择适合自身的物流系统体系,以此为契机,寻求突破性发展,为自己的品牌价值提升寻得有效帮助。

4.1.3.1　连锁企业物流模式分析

细分国内外企业物流配送模式,主要包括以下四种模式:自营物流模式、第三方物流模式、共建物流模式和综合物流模式。

（1）自营物流模式

自营物流模式是指企业结合其自身规模以及条件,并考虑其分店网点等多方面因素之后,自行建立一个或者多个自营物流中心,接着根据企业自身的物流业务需求,通过自营的物流中心进行相关物流活动的一种模式。这种物流方式没有其他势力干预,可以对自身物流配送做到全面掌控。然而因为企业需要投入大量成本进入其物流中心的投资,所有对于企业的资金可能会存在一定的要求。因为此种物流模式仅为自身一家企业服务,在一定程度上造成了物流资源的浪费。总的来说,自营物流由于其前期投入巨大,资金回笼慢,对于物流方面理解需要深入,所以只适用于实力雄厚的大型企业,不适用于小型企业。

（2）第三方物流模式

第三方物流模式是指通过与第三方物流公司合作,签订合同,将物流业务交给其专业的物流团队是行相关物流活动。此种物流模式的好处在于可以把企业自身的物流业务外包给专业的第三方物流公司。而企业不用自建物流中心或者大型库存中心,企业可以充分利用第三方物流公司的资源,并且享受其专业团队带来的高效服务,同时为社会减少物流资源的浪费。企业不用花费巨资参与物流的筹划管理,转而将视野放在营销管理上,创造更大的价值。

1999 年英国的 Cranfield 大学分析指出,越来越多的企业愿意把自身的物流配送业务交给第三方物流公司来管理。

如表 4 - 5 所示,第三方物流服务在路线设计到库存成本方面均可以为企业节约平均 10% 左右的成本。然而,我国第三方物流尚处于起步阶段,物流成本较大,物流集约化程度低,物流管理人才较少,物流现代化程度不高。

表 4 - 5　　　　各项第三方物流服务预计节约的成本比例

第三方物流服务	预计节约成本
路线重新设计和最优化	10% ~ 15%
闭环路径的专一服务	15%
运输模式转换	10% ~ 15%
核心运输商管理和路通搭配	5% ~ 10%
运费谈判和审计	4% ~ 5%
入货运输货物整合以及运输模式选择	20% ~ 25%
反向物流	10% ~ 15%
专门运输商地点整合	10% ~ 12%
库存及维持库存成本	7% ~ 10%

（3）共建物流模式

共建物流是指企业与其他同类企业进行合作，共同筹资建立物流中心，共同进行物流管理，从而降低单个企业的资金压力，同时增加物流资源的利用率。然而，由于此种物流模式使得几个企业共同使用物流中心进行物流活动，所以有可能造成因为物流资源分配不当，从而产生纠纷。同时，由于企业同时进行配送，可能造成商业机密的流出，导致不必要的麻烦。所以，应用此种物流配送模式的企业需要做好沟通协调以及保密工作。共建物流模式又分为联合设置场地模式、一配送对多家模式和共同享有模式。总的来说，共建物流模式需要企业与企业之间做好充分的沟通，相互信任的同时要做好预防和准备工作。

综上所述，三种物流配送模式各有利弊，企业应该考虑其利弊，趋利避害，找到适合自己企业发展的物流配送模式。三种物流配送模式的比较如表4－6所示。

表4－6　　　　　　　　　　三种物流配送模式比较图

	自营模式	共建物流	第三方物流
适用企业	大型企业	大中型企业	所有企业
服务质量	高	较低	较高
信息化程度	较低	一般	高
物流成本	高	较高	低
物流控制能力	高	较高	较低
规模效益	较低	一般	较高
集中核心业务的能力	低	较低	高
物流业务专业化程度	较低	一般	高
业务关系	一对一	一对一	多对一
增值服务	较少	较少	较多
质量控制	容易	一般	较难
运营风险	高	较高	较低
分销链因素	少	较少	多
可信任度	高	较高	一般
设备	陈旧	较陈旧	先进
运营资料泄露可能性	低	较低	较高

（4）综合物流模式

综合物流模式是指企业将自营物流与第三方物流相结合共同承担企业的

物流业务的一种模式。主要包括以下三种主要形式：

①自营与第二方按比例分割形式。此种模式指的是企业将自身一部分物流业务剥离抛出，交给第三方物流企业操作运营。此种模式的好处在于，无论是企业还是第三方，都是一种各管各的局面，这样使得双方都有相当程度上的自主权，对于其物流业务具有十分宽广的操控权，不必太在意对方会有太多的干涉。而企业方面也因为其主要的物流业务掌握在自己的手中而对第三方物流企业比较放心。然而，在此种模式下，第三方物流企业却处在了十分被动的位置上。首先是因为不能全盘掌握对方物流业务又不得不部分掌握对方的部分物流业务，使其处在了"想管又不好管，不想管又不能不管"的境地之中。其次由于企业方的强势，第三方物流企业如果有些物流思路与企业不相符，企业很有可能立即与第三方物流企业解除合同。这使得第三方物流企业行事"战战兢兢，如临深渊，如履薄冰"，在极大程度上打击了第三方物流企业的合作积极性。

综上所述，此种模式是一种较为初级的自营与第三方物流企业相结合模式，适用于各方面条件都不成熟的市场以及企业。

②自营操作第三方管理形式。此种模式指的是企业将物流管理方面的权利交给第三方物流企业，而其自身负责对第三方物流企业的决策进行操作。此种模式比较少见，主要适用于一些对于物流管理比较缺乏经验，十分需要专业物流管理团队支持的企业。

③自营管理第三方操作形式。此种模式与第二种模式正好相反，是指企业将物流管理方面的权利握在自己手中，而将其决策之后的执行交给第三方物流企业。此种模式对企业可谓有百利而无一害。首先，企业可以省去一大笔物流设施的建设开支，同时减少物流系统运营的人力以及物力费用。企业可以降低其部分成本，转而投向生产营销方面，寻求更大的利润空间。其次，由于企业将物流管理方面的权力牢牢攥于手中，就不会导致传统第三方物流系统模式下，企业对自身物流业务无法自如控制管理的弊端，还可以避免将自身商业机密泄露给第三方物流企业。

4.1.3.2 物流模式实例

某企业为了做好客服管理方面的服务工作，在当时整个行业还未对物流系统引起重视的情况下，率先建立了比较完善的客服管理系统。此系统将每一位客户购买的每一台商品的详细数据、配送安装信息以及维修信息全部录入计算机中的管理信息系统，做好了一整套完整的客户服务管理资料，为其日后物流系统发展打下扎实基础。为了适应逐步扩大的业务量的需要，该企业建立了卖场、售后服务中心、仓库、配送中心等一系列物流系统设施，并建立了局域网络系统，通过信息系统的运作，对库存管理、配送管理、售后管理等方面做出了详细完善的规划。企业在物流系统方面得到了进一步提升。

2000年左右,该企业再次发展其物流系统。该企业不在卖场(核心商圈)设置库房,而是把库房移动到一些租金低廉的地区。这样卖场的空间大量节省出来,用于租给更多店铺,获得更大利润。而顾客买好商品只需在家等着,立即会送货上门。这样一次送货可能可以满足多个顾客的送货需要,客观上也节约了物流成本。之后该企业在全国一线城市,以及部分二、三线城市都推行了此种模式,建立了一个全国范围内的连锁网络。该企业按照其预先计划,在全国范围内90个左右城市建成了物流系统的配送网络,实现了现代化的物流系统体系。

该企业一直认为一个完善的物流系统体系,是提供服务质量保障,乃至整个品牌价值以及其利润的根本。为了提供保质保量的物流服务,从一开始就选择了自营物流配送模式。如前文所述,该企业于20世纪90年代就构建了当时十分先进的物流系统,并且逐步形成了"进、销、存、送、装"等方面完全一体化的管理信息系统。时间推进至现在,该企业已然完成了一次物流系统的变革与完善,实现了物流系统的现代化、信息化,使得其分销链系统高效率运转,客观上基本满足了现今业务形势的需要。

该企业已经实现了以信息化为主导,集信息化购物、科技化管理、数字化配送为一体的第二代物流系统模式。目前,各子公司、门店并不分配专门的服务器,而是通过ATM网与总部直接相连,其网络覆盖率范围十分宽广,从各销售门店、仓库、售后服务中心到售后网点皆有分布。第二代物流系统模式为该企业带来了更大的收益,其可为该企业节约将近一半的物流成本。比如其投资项目之一的多层立体机械库货架,其相同储存面积下,相比传统仓库,其储存货物量超过一倍,而同时由于采用了自动机械进行作业,其作业效率相比传统机械超过两倍。同时使用WMS库存管理系统,使得其进出货差错近似于0,对于机械的损坏也下降90%。由于信息化管理的提升,该企业物流人员减少了2/3,直接为该企业减少大量人力成本。据统计,该企业因为采用了第二代物流系统模式,其物流成本减少近50%。

随着该企业品牌价值的提升,业务量随之变多,企业现今已通过连锁形式完成了其全国物流网络的构建。目前企业整个全国物流网络包含了一个面向全国的物流配送中心,以及20多个管理区域的区域配送中心,覆盖了全国30多个省份,以及200个左右的大中小型城市。可以说该企业通过第二代物流系统,成功地减少了物流成本,缩短了时间进程,提升了服务水平,提高了品牌形象,增加了商业利润,企业在客观上因为其较为完善的物流系统,成为了行业中的佼佼者。

如前文所述,该企业应用第二代物流系统成功提升其物流系统档次,并且"减少了物流成本,缩短了时间进程,提升了服务水平,提高了品牌形象,增加了商业利润",那么,是否意味着该企业现今的物流系统已经十分完美了呢?事实并非如此。该企业的此套物流系统，从宏观到具体各个方面都存在一定瑕疵。下面将对此进行详细分析。

（1）宏观决策方面问题

①物流及分销链资金投入庞大

目前由于使用了自营物流及分销链体系，导致其每年对于物流系统设施以及物流本身费用的开销巨大。而随着消费市场的发展，各方企业都在将其主营业务做细做强。该企业过于庞大的物流系统体系必然导致企业无法将自己的主营业务做大做强。

面对日益增强的物流需要以及日益细化的分工，第三方物流企业迅速崛起，而后也将成为今后的物流趋势。第三方物流企业凭借其专业的分工以及服务，迅速走入众多企业的眼帘，并成为众多企业的物流首选。以西方为例，欧洲对于第三方物流企业的需求平均达到 20% 左右，而美国以及日本平均达到 30% 左右，并且呈上涨趋势。按照分工细化理论，第三方物流必将成为未来物流的主流，而随着越来越多的第三方物流企业的引入，该企业的自营物流系统体系必将无法为企业的整体发展增色，相反可能拖企业发展的后腿。

②企业缺少快速复合运输系统

所谓复合运输，是指转运问题。由于现在经济全球化问题的凸显，导致产销两地的运输路途较长，很可能需要运用不同交通工具联合运输。这通常比单种交通工具的运输要缓慢，很可能耽误宝贵的物流时间，延误商机。因此，这需要企业建立快速复合运输系统，建立面向全球的、大范围的、多途径的物流系统，以便使物流服务更加完善顺畅。然而，由于该企业属于自营物流及分销链体系，尚未也很难构建快速复合运输系统，因此将对该企业日后规模扩大造成一定障碍。

（2）微观实施方面问题

某企业在应对其物流供应问题时，犹豫国内物流处于起步阶段，以及某企业自身物流尚处于摸索发展阶段，故仍有不完善之处。

①网点扩张并未转化成利润扩张

某企业一直在紧锣密鼓地进行着其对于国内城市的"圈地运动"，以追求更多的顾客，更高的市场份额。然而，这种方式在客观上增加了物流成本，降低了企业的运营能力，整体上拉低了企业的盈利水平，并且使企业的经营风险增加。

纵观某企业近年来的销售网络与销售额，都在呈指数性增长，而这喜人态势的背后，却隐隐透出了一丝令人担忧之处。因为其销售数额增加的同时，并没有带来其利润的同比增长。这正是因为其每一次扩大销售网络，都需要同比增加其物流系统配套设施，这在客观上限制了某企业的整体盈利能力。

②配送中心的构建问题

目前包括某企业在内的许多大型连锁企业在配送中心的构建方面都显得

不够用心。

如对于配送中心应该建于何处,其并未考虑全面。很多时候,只考虑其投资建设费用或者租金费用等。然而,这在客观上忽略了诸如配送费用、服务效率方面的问题。事实上,许多配送中心地处偏僻,交通并非便利,这在客观上阻碍了其物流的配送效率。再如配送中心的内部设施,虽然某企业在国内属于佼佼者,但是相比于国外的配送中心,其差距仍非常巨大。

③在不同时间段缺乏完整筹划

某企业属于连锁企业,其企业性质决定了其物流需求呈周期性变化的状态。诸如"五一"、"十一"等节假日期间,某企业的销售量必将呈现急转直上的态势。在此期间,可能出现物流能力不够、分销链不能完整运作等情况。然而,如果为此"黄金期"配备足够的物流系统物资,其又必将在淡季出现使用率低下,甚至摆在仓库计提折旧的情况。

4.1.3.3　物流模式改进分析

(1)模式改进程序

综合各大连锁企业的物流系统结构的提升以及发展,其改进物流结构的程序具体可以按照以下几点进行:①对于现今正在运行的物流系统结构进行一次完整评估;②对于其所影响的物流成本、物流效率、物流服务质量等因素做出一次全面的调查报告,并以此报告为基础,为接下来的工作打下扎实的基础;③根据调查报告的调查结果,找寻其改进方向,确定其物流系统的发展方向;④结合企业的内部以及外部因素,寻求适合企业自身的物流系统改进方案。

对于企业的内部因素,需要注意以下几点:①产品特征。不同企业其物流过程中的产品有不同的物流特性,需要根据产品特性制定相应的物流系统结构。②物流系统成本。不同企业的物流成本差异很大,需要根据不同的物流成本制定不同的物流系统结构。③物流服务质量。需要考虑企业的物流对象对于服务质量的需求,这有助于对于物流系统定制的改进。④企业综合实力。企业自身的综合实力反映了企业的资金水平以及其规模大小,对于不同规模的企业,物流系统结构也会有所不同。⑤对拟定的物流系统改进方案进行评估以及检测,以确定其对于企业的帮助性。对于以上若干种方案进行综合评估分析,选择最佳方案作为企业物流系统的改进方案。

(2)模式评估方法

①多目标决策分析法

系统工程所研究的大规模复杂系统一般具有目标多样化的特点,而在管理决策的过程中通常需要考虑多个目标。在实际的管理运营过程中,也会出现需要考虑多方面因素的情况,此时就需要使用多目标决策分析法来进行决策。

此次物流系统结构改进方法的决策,在于计算不同物流系统方案的综合价

值系数。也就是说,综合价值系数代表着其方案的价值高低。综合价值系数可以用以下公式表示:

$$V_i = \sum_{i=1}^{n} F_j Z_{ij}$$

式中,V_i 表示综合价值系数,F_j 表示权重,Z_{ij} 表示规范化后属性值,且 $0 < Z_{ij} < 1$。Z_{ij} 的存在主要因为各个方案的赋值基准不同,所以需要进行统一,统一方式如下:

对成本型目标:

$$Z_{ij} = \frac{X_j^{max} - X_{ij}}{X_j^{max} - X_j^{min}}$$

对效益型目标:

$$Z_{ij} = \frac{X_{ij} - X_j^{min}}{X_j^{max} - X_j^{min}}$$

根据某企业内部资料可得出某企业在使用四种物流系统模式下的各类数据指标,见表4-7。

表4-7　　　　　某企业四种物流系统模式的决策分析

配送模式	成本费用（百万元）	预计销售额（百万元）	利润总额（百万元）	客户满意度（%）
	0.3	0.2	0.3	0.2
自营物流模式	10	170	19	99
第三方物流模式	5	120	18	98
共建物流模式	8	200	16	98.5
综合物流模式	6	180	20	99

将表4-7中的属性值规范化,继而求得综合价值系数,即可得到表4-8。

$$Z_{11} = \frac{10-10}{10-5} = 0 \quad Z_{12} = \frac{10-5}{10-5} = 1 \quad Z_{13} = \frac{10-8}{10-5} = 0.4 \quad Z_{11} = \frac{10-6}{10-5} = 0.8$$

$$Z_{21} = \frac{170-120}{200-120} = 0.625 \quad Z_{22} = \frac{120-120}{200-120} = 0 \quad Z_{23} = \frac{200-120}{200-120} = 1$$

$$Z_{24} = \frac{180-120}{200-120} = 0.75 \quad Z_{31} = \frac{19-16}{20-16} = 0.75 \quad Z_{32} = \frac{18-16}{20-16} = 0.5$$

$$Z_{33} = \frac{16-16}{20-16} = 0 \quad Z_{34} = \frac{20-16}{20-16} = 1 \quad Z_{41} = \frac{99-98}{99-98} = 1 \quad Z_{42} = \frac{98-98}{99-98} = 0$$

$$Z_{43} = \frac{98.5-98}{99-98} = 0.5 \quad Z_{44} = \frac{99-98}{99-98} = 1$$

$$V_1 = \sum_{i=1}^{4} F_j Z_{ij} = 0.55 \quad V_2 = \sum_{i=1}^{4} F_j Z_{ij} = 0.45$$

$$V_3 = \sum_{i=1}^{4} F_j Z_{ij} = 0.42 \quad V_4 = \sum_{i=1}^{4} F_j Z_{ij} = 0.89$$

表 4-8   某企业四种物流系统模式的综合价值系数

配送模式	成本费用（百万元）	预计销售额（百万元）	利润总额（百万元）	客户满意度（%）	V_i
	0.3	0.2	0.3	0.2	
自营物流模式	0	0.625	0.75	1	0.55
第三方物流模式	1	0	0.5	0	0.45
共建物流模式	0.4	1	0	0.5	0.42
综合物流模式	0.8	0.75	1	1	0.89

从表 4-8 中不难看出,综合物流模式的综合价值系数最高,可见综合配送最为适合某企业的物流系统发展需求。而自营配送因为其高额的成本费用,使得此种物流系统配送模式难以发挥至最优化。也就是说,某企业需要进行一种自营物流系统与第三方物流系统相结合的物流系统模式。此种模式对于某企业无疑是一种新尝试,某企业需要寻求与第三方物流的合作,以改善自身现今物流系统模式的不足之处。

②SWOT 分析法

如前文所述,某企业需要实行自营与第三方物流并行的物流系统新形式。那么,某企业物流系统体系中加入第三方物流的元素,是否可行? 以下我们将进行关于第三方物流加入的 SWOT 分析。见表 4-9。

表 4-9   第三方物流加入某企业的 SWOT 分析

环境因素	内部因素
机会(O):国家日益重视物流的发展,从而出台了许多措施,物流业将进入大发展时期。 国外第三方物流企业的进驻以及带动。	优势(S):较大企业规模 良好企业形象 对物流体系十分了解 第三方物流主动寻求合作 降低物流成本
挑战(T):物流建设正处于起步阶段,基础薄弱,缺少法制化和诚信的市场环境,企业竞争激烈,产品同质性强,利润率低。同时还需面对国外物流公司的竞争。	劣势(W):某企业已有自营物流体系 削弱企业对物流的管理控制力 可能导致商业机密流出

优势:

首先,某企业拥有极大的企业规模。其前几十年来打下的坚实基础为日后的第三方物流发展会起到十分巨大的帮助。同时,某企业同样用几十年在顾客面前树立了一个端正的企业形象。这也会使将来第三方物流的进驻起到一个良好的推动作用。其次,某企业多年来的自营物流系统体系的建立,使得某企业对于国内各方的物流水平、物流体系都有了一个十分详细的了解。同时,某企业也对物流运作有着十分详尽的了解,自身也具备十分完整的物流信息系统体系,可以对物流系统做到十分到位的管理与控制。而这些,会对第三方物流的进驻起到正面的带动作用。再次,由于某企业的多年行业领头羊的身份,国际许多著名第三方物流企业诸如住友、华润都向某企业抛出橄榄枝,主动寻求与某企业的第三方物流合作。最后,第三方物流能够降低企业的物流运营成本,使企业专注于生产营销方面内容,更好地提升企业的利润空间以及品牌形象。

劣势:

首先,某企业已经建立较为完备的自营物流系统体系,要想使某企业将原有的物流业务全部或者部分剥离推出,其操作难度较大,需要企业进行一次比较深刻的变革。企业对此次变革也需要投入相当巨大的精力以及时间;其次,第三方物流无疑会在一定程度上削弱企业对于物流系统的管理与控制权力,导致企业对物流业务不能完全把控。同时,由于物流外包给第三方物流,可能会导致企业某些商业秘密流出,为企业造成不必要的麻烦。

机会:

首先,国家在改革开放以后,大力推行市场经济,与此同时对于有利于市场经济发展的各项活动都出台政策表示倡导与鼓励,有关物流系统方面的有利政策也层出不穷,可以说,此阶段是物流系统在国内的大肆发展时期;其次,由于中国经济的快速发展,对于物流需求的不断提升,国外也有许多知名的第三方物流企业进驻国内。因此,各企业的选择范围不仅变广,同时由于国外第三方物流企业的带动,中国的第三方物流企业的发展与进步也将得到进一步提升。

威胁:

威胁方面,主要因为连锁企业的同质率较高,无论从产品到服务几乎相同,如果选用第三方物流这种物流外包的形式,可能在一定程度上将物流成本也变成趋于相同,这或许会对企业产生不利影响。

综上所述,并非单纯的第三方物流系统结构就可以解决某企业现有的物流问题。在此,我想提出中国的古老观点:"中庸"以及"阴阳调和"。也就是说,凡事皆非黑即白,很多时候,其实两种解决思路都未能将事情得到完整解决,然而只需要将两种解决思路"有机结合",便可幻化出不可思议的美妙方案。

4.1.3.4　模式改进方案

如前文所述,某企业的物流系统结构的改进模式应该为综合物流模式,分析该模式下三种主要形式的利弊,并结合某企业的实际情况,本文认为某企业应该选择"自营管理第三方操作"。其具体做法为：

（1）建立一个物流控制中心。其作用只负责物流决策,不负责具体操作。

（2）物流控制中心下达决策,通过信息分析整合,将任务分派给不同地区的第三方物流区域配送中心,区域配送中心根据物流控制中心下达的指令,进行具体操作。

以基本配送为例,具体程序为：

（1）分公司接到订单后上传至物流控制中心。

（2）物流控制中心接到订单,对相关区域配送中心下达相关送货命令。

（3）区域配送中心实施配送。

在这个模式下,某企业的物流系统体系得到了进一步改善,各方面能力都得到了进一步提升。其优点如下：完善了某企业的连锁经营体系,使得某企业的整个经营体系得到了进一步整合提升;使物流系统的信息化与规模经济形成了一次统一;由于其统一的管理以及专业物流操作,使得其物流效率得到了进一步提升。

同时,通过这种物流模式的运作,可以将企业的各个区域配送中心实现动态联盟体系。这种组织方式可以将任意区域的配送中心看成"虚拟配送中心",其余的区域配送中心看成该区域配送中心的"虚拟仓库"。也就是说,虚拟的配送中心在物流控制中心的命令下对"虚拟仓库"进行一定权限范围内的货物调度,一定程度上避免物流缺货状况发生。

在这种运作方式下,每一个区域配送中心都在一定程度上获得了更大的物流集散能力,对于企业整体的物流效率有了进一步提升。然而,此模式显然无法一蹴而就。由于某企业也已完成了具备一定规模的自营物流系统体系,故让其在短时间内转变为上述模式,委实困难。

现今最为妥当的方式则为：

（1）开始与第三方物流企业合作,将部分物流业务外包给第三方物流企业。

（2）逐步增加第三方物流企业业务的比率,直至完全将物流业务交给第三方物流企业。同时,裁减己方物流人员以及设施,以转让等形式将己方物流设施逐步移出。同时,做好自己的物流人才储备,以便为之后的彻底转型预备物流决策人才。

（3）将物流业务完全交给第三方物流企业运作,自身仅保留物流决策等权利,完成物流系统结构转型。

如前文所述,该企业物流系统结构的改进模式应该为自营管理第三方操作。然而,此模式的达成无法一蹴而就,需要分阶段循序渐进地进行。而第一阶段中,需要与第三方物流企业合作,这无疑使得分销链出现"扩流"的情况。而如何得知其分销链扩流之后,其花费最少的费用解决最大的物流需求,进而对于分销链进行进一步优化,向"自营管理第三方操作"的方向发展。在如今这个经济全球化的社会中,由于其经济圈的扩大,物流的重要性也日益凸显。现今由于产销地的距离不断拉大,物流成本也随之不断增加,再加上物流站点的分散,交通方式的变化,站点之间物流费用的变化,物流成本的计算以及线路的优化显得尤为重要。

4.2 智能协同计划模型

4.2.1 模糊评价下智能协同计划模型

通常情况下,前人对计划订货的研究一般设定为确定性、单目标或多目标函数的数学模型进行建模求解,这仅仅是对现实问题的一种抽象解释。对于包括最大化消费者满意度、最大化社会和公司责任与最小化总成本等定性因素在内的一类多属性、多目标决策问题,一些学者采用 AHP(ANP)和混合整数规划(Mixed Integer Linear Programming,MILP)等方法进行了研究。Erol 等[245]应用质量功能配置(Quality Function Deployment,QFD)和偏好方法把定性问题转化为定量问题,然后通过多目标函数进行求解。Li 和 Xia 等[246,247]分别在模糊环境下运用 LINMAP 求解了 MADM。Yang 等[248]在运用 AHP 确定权重的基础上运用了两种方法研究 MADM 问题。上述方法仅仅是在考虑了定性因素的条件下,通过集中建模的方式解决计划订货问题,没有从分布式的角度探讨如何解决分销链公司之间存在的冲突问题。

为了采用分布式建模方式,部分学者建议运用 MA 理论探讨分销链/供应链的计划订货问题。MA 理论采用了分布式、自主性和智能化的管理理念,体现了个体 Agent 的个人利益等特性,有利于解决数学模型无法体现的复杂性问题。Kaeageorgos 等[249]给出了基于 MA 的谈判机制进行物流和生产计划模型的优化。这些学者运用 MA 理论给出了几类智能计划订货框架,分析了基于 MA 的谈判和学习过程,但是并没有从分销链/供应链协同运作和模糊控制等角度进行讨论。

由于分销链公司的计划订货模型具有多属性和多目标的特点,公司之间存在着利益冲突问题,需要在多属性和多目标决策的基础上考虑与计划订货相关的定性因素。为了实现分销链公司的自主性和智能性需要,在分销链中运用模糊理论和 MA 理论构建了冲突条件下基于 MA 的分销链协同计划模型。该模型采用模糊控制理论计算了影响分销链公司计划订货的权重,并代入贝叶斯学习中进行求解。为了证明该模型的有效性,并应用 Matlab/Simulink 进行了仿真实验。

4.2.1.1　协同计划模型

运用 MADM 把分销链分解为两两相互作用的个体 Agent,分销链公司之间的相互作用则转换为 MA 之间的相互作用。下面给出了模糊评价下基于 MA 的分销链协同计划模型。

基于 MA 的分销链协同计划模型如图 4-6 所示。该模型的思路符合分销链公司的实际运行状况,有利于双方达成订货协议。通过 k、k-1 层公司反复的协同达成双方满意的计划订货量。以 k、k-1 层公司为例,该协同计划模型由公司 Agent、管理 Agent、计划 Agent 和协同 Agent 组成,其协同过程采用由下向上的工作方式。至于分销链其他层的协同计划运作模式也是类似的。

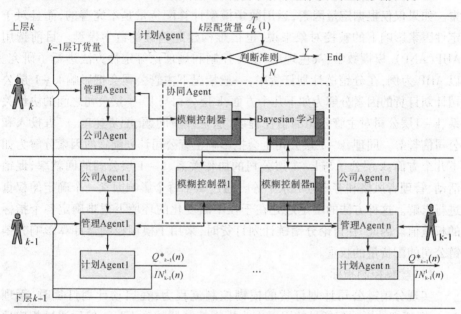

图 4-6　基于 MA 的协同计划模型

一般情况下,k-1 层公司根据自己掌握的外部信息和自己成本最优化的原则通过计划 Agent 计算需要的订货量,并发送给主管公司。主管公司在不太可能了解 k-1 层公司私有信息的前提下,一般会采用全局最优的方式判断下层公司的订货量是否符合整体最优的要求。以 k-1 层中的一个公司为例,在 k-1 层公司管理 Agent1 的触发下,计划 Agent1 根据感知的定量数据,计算该公司的订货量 $IN_{k-1}^1(1)$,并把订货量发送给主管公司。当主管公司接受到该订货量后,其管理 Agent 也同样会触发计划 Agent 计算整体成本优化下的配货量。主管公司的管理 Agent 根据判断准则,确定 k-1 层公司的订货量是否满足整体优化的条件。如果满足条件,那么接受 k-1 层公司的订货量 $IN_{k-1}^1(1)$;否则,启动协同计划模型中的协同 Agent。

4 分销链智能计划订货管理

在协同 Agent 中,主管公司首先通过数据库或与公司的管理者进行交互,并感知有关的定性因素信息,借助模糊控制器计算出影响配货量的权重。其次运用贝叶斯学习获取该权重影响下的配货量,并把该配货量反馈给 $k-1$ 层公司;接着,$k-1$ 层公司分析该配货量。如果可以接受,那么协同结束;否则,$k-1$ 层公司同样也触发模糊控制器,获得影响自己订货量的指标并计算相应地权重,再运用贝叶斯学习计算该条件下的订货量,并再次发送给主管公司。最后,经过 k、$k-1$ 层公司反复、自主地协商完成分销链的协同计划订货。

4.2.1.2 模糊控制设计

在分销链中,影响配货量(订货量)的因素很多,既有定性因素也有定量因素。如果仅仅根据定量因素,运用数学模型计算配货量是不完善的,而且对于定性因素影响下的被控对象来说,也很难构建起精确的数学模型。目前选用 AHP(ANP)、模糊数学、灰色理论、定性控制和熵理论等定性方法进行了研究。以 AHP 为例,在分销链计划订货中,一般情况下主管公司会把影响 $k-1$ 层公司计划订货的因素分解为如下几个方面:k 层公司与 $k-1$ 层公司之间的协作关系、$k-1$ 层公司对主管公司的信任程度、退货政策问题、配货速度、广告投入和公司信誉等。同理,$k-1$ 层公司也会把影响主管公司计划配货的因素分解为如下几个方面:k 层公司与 $k-1$ 层公司的协作关系、$k-1$ 层公司的回款率、促销活动、管理者风格和客户服务水平等。通过赋予每个影响因素一个确定的权重进行求解。这种方法的不足之处在于在不断变化的环境下很难确定各个指标的权重值。因此,在讨论分销链计划订货时,采用了模糊控制器计算影响分销链公司的配货量的权重。

(1)模糊控制指标

实现分销链公司计划订货的模糊控制流程为:在启动计划订货时,管理 Agent 把感知的影响配货量的因素作为模糊控制器的输入量。然后通过相应地模糊语言获取输入变量的模糊子集,再根据模糊控制规则进行模糊和反模糊控制获得配货量权重。

对于模糊控制器的输入变量来说,可以采用多输入多输出的方式,但是过多的输入和输出变量将导致模糊控制规则过度复杂,相互间的关系也难以把握,计算时间较长。所以,一般情况下要求在保证模糊控制规则有效性的基础上尽量简洁。在不考虑市场因素和产品质量问题的情况下,给出了 k、$k-1$ 层公司计划订货决策的影响因素。虽然影响分销链公司订货量的定性因素很多,但是我们把相关的影响因素归纳为两个输入量:公司自身的状况(Company Condition,CC)和 k、$k-1$ 层公司的关系(Company Relation,CR)。下面给出了在两个模糊输入量的情况下,模糊控制器在分销链计划订货中的应用。

（2）模糊控制器

模糊系统一般由如下 4 个基本要素组成:知识库、控制机制、模糊器和反模糊器。模糊控制器的设计涉及如下几个步骤:模糊化、构建模糊控制规则、确定权与规则信度、选择适当的关系生成方法及控制合成算法和反模糊。图 4－7 给出了具有线性过渡带的直线形三角隶属函数,因为它较为简单,耗费较少的计算时间,基本能够适应分销链公司管理者对定性因素的主观判断。根据一般计划订货的常识和经验,计划订货的模糊控制规则原理可以归纳为:如果 k、k－1 层公司之间的关系很好且对方公司的自身状况因素也很好,那么定性因素对配货量的影响不明显。否则,如果 k、k－1 层公司之间的关系很差且对方公司的自身状况因素也很差,那么定性因素对配货量的影响则很明显。

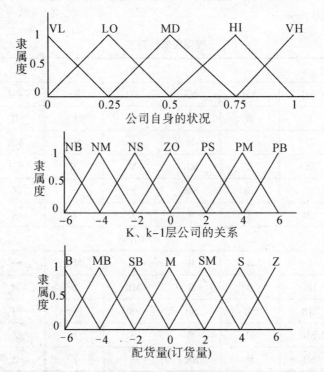

图 4－7　三角隶属函数

根据 k、k－1 层公司的实际情况和调查问卷给出了模糊控制器输入变量的取值范围。模糊控制器的 CC 输入量可以划分为 5 个等级:{最小,小,中,大,最大},简记为:{VL,LO,MD,HI,VH};对于模糊控制器的 CR 输入量可以划分为 7 个等级:{负大,负中,负小,零,正小,正中,正大},简记为:{NB,NM,NS,ZO,PS,PM,PB}。输出量的模糊化等级也划分为 7 级:{零,小,小中,中,小大,中大,大},简记为:{ZO,SL,SM,M,SB,MB,B}。

根据模糊控制规则原理,对于 k 层公司来说,相应地控制规则可以用如下模糊条件语句描述：

R_1 : IF CC = VL AND CR = NB　　THEN O = B;

R_2 : IF CC = VL AND CR = NM　　THEN O = B;

R_3 : IF CC = VL AND CR = NS　　THEN O = B;

R_4 : IF CC = VL AND CR = ZO　　THEN O = B;

R_5 : IF CC = VL AND CR = PS　　THEN O = B;

R_6 : IF CC = VL AND CR = PM　　THEN O = B;

R_7 : IF CC = VL AND CR = PB　　THEN O = MB;

……

对于 k、k-1 层公司来说,这 70 条控制规则可简写成一个模糊控制规则表,如表 4-10 所示。

表 4-10　　　　　　　　　　　模糊控制规则表

k CC	CR						
	NB	NM	NS	ZO	PS	PM	PB
VL	B	B	B	B	B	B	MB
LO	B	B	B	B	MB	MB	MB
MD	B	B	MB	M	M	SM	SM
HI	M	SM	SM	S	S	Z	Z
VH	SM	S	S	Z	Z	Z	Z
k-1	CR						
VL	B	B	B	B	MB	SB	M
LO	B	B	B	MB	B	M	M
MD	MB	SB	SB	SM	SM	S	S
HI	SB	M	M	S	S	Z	Z
VH	SB	M	SM	S	Z	Z	Z

在模糊规则控制表中,采用了 Mamdani 法进行模糊关系的合成运算。常用的解模糊法主要有系数加权平均法、重心法、最大隶属度法和取中位数法等,我们采用重心法进行解模糊。所谓重心法是指输出值取模糊隶属函数曲线与横坐标围成面积的中心,计算输出范围内一系列连续点的重心,即 $u = \int x u_N(x) dx / \int u_N(x) dx$。式中,x 为输入模糊变量,$u_N(x)$ 为隶属度函数。具体的分析过程请参阅文献[250]。

由表 4-10 可以得到如图 4-8 所示的分销链计划订货的模糊推理图。运用模糊控制器原理把计划订货的相关定性因素和知识库中的专家经验等因素进行定性转化,给出了模糊控制规则表并作为模糊控制的依据储存在数据库中;然后通过解模糊计算配货量的权重,即图4-8中的Bayesian模块的输入量。

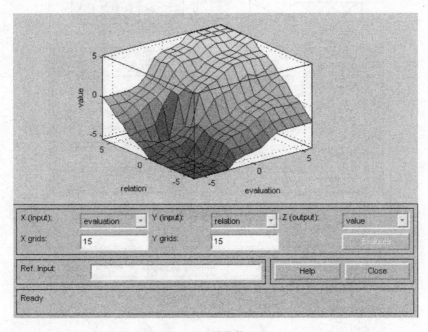

图4-8　模糊推理图

4.2.1.3　Bayesian学习设计

协同计划的学习过程是 k、$k-1$ 层公司为达成某种订货目标而相互交互信息的动态过程,其核心是从对方公司获得其计划订货的信息。在学习过程中,由于分销链公司仅仅拥有协商对手不完全的信息,需要通过学习的方法从协商过程中获得相关的信息,以便做出有利于自己利益最大化的配货决策。在协商的开始阶段,分销链公司根据以往的历史数据确定对方公司的配货量概率信息,在协商中当主管公司收到 $k-1$ 层公司的订货量时,主管公司运用Bayesian获得 $k-1$ 层公司的相关信息并对 $k-1$ 层公司的历史信息进行修正。然后根据 $k-1$ 层公司的当前信息提出下一轮的配货量。在协商过程中,分销链公司一般会根据自己公司的利益最大化目标确定配货量。当协商进入僵持阶段时,双方公司需要采取妥协行为才能使协商活动继续进行下去。k、$k-1$ 层公司通过模糊控制器分别计算了定性因素影响下的订货量权重,见图4-9、图4-10、图4-11。

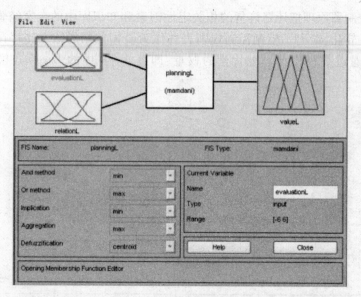

图 4 - 9 模糊推理系统图

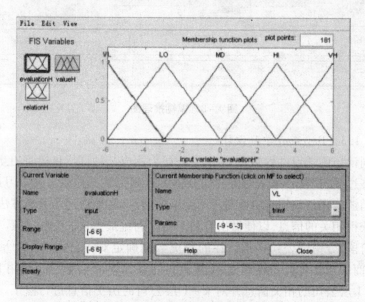

图 4 - 10 k 层公司的隶属函数图

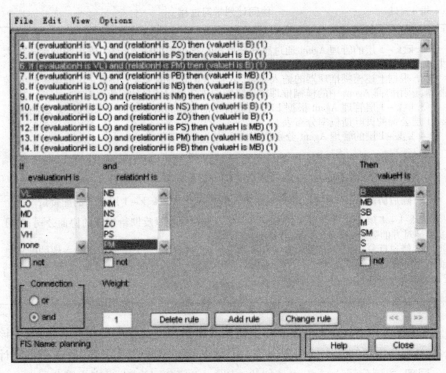

图 4-11　模糊规则表

在上节中，k、$k-1$ 层公司通过模糊控制器分别计算了定性因素影响下的配货量权重。正常情况下，在该权重 ε 确定前，模型中的专家系统一般具有该权重下需要发配多少数量产品的先验概率，该先验概率反映了抽样前专家系统在该权重下所掌握的配货量信息和经验。利用贝叶斯给出的概率理论，可以确定 k、$k-1$ 层公司的协商配货量。根据先验概率和后验概率的概念，下面给出 bayesian 学习的过程。其计算公式为：

$$P(F_i/\varepsilon_1,\varepsilon_2,\cdots,\varepsilon_n) = P(F_i)P(\varepsilon_1,\varepsilon_2,\cdots,\varepsilon_n/F_i)/\sum_{j=1}^{n}P(\varepsilon_1,\varepsilon_2,\cdots,\varepsilon_n/F_j)P(F_j)$$

$$(4-18)$$

在这里，$\sum_{i=1}^{6}P(F_i)=1$，F 表示 Agent1 的配货量或 Agent2 的订货量，$F=\sum_{i=1}^{6}F_i$ $*P(F_i/\varepsilon_n)$。

表 4-11 给出了具体的协同计划学习过程。上述信息的学习是在对与其相关的协商公司的观测基础上，通过一系列相互交互信息直到获得双方满意解为止。由于 Agent 是自主个体，在管理 Agent 的触发下进行交互和协商能够完成各自的任务。Agent 的协商过程是反复的动态过程，在协商过程中需要双方做出让步才能够达成一致的目的。若都不让步的话，那么很难获得协商结果。

表 4-11　　　　　　　　　协同计划学习过程

1. k、k-1 层的管理 Agent 通过感知获取模糊推理器的输入指标,确定影响因子的大小,如 {VL、LO、MD、HI、VH},作为模糊推理器的输入。

2. 根据上述模糊推理器的输入参数,分别建立分销链 k、k-1 层公司的模糊推理控制器,运用协商 Agent 中的模糊推理器计算影响该公司配货量的权重系数。

3. k、k-1 层管理 Agent 根据 ERP 等软件中的数据和所感知的专家经验,分别制定 k、k-1 层公司的贝叶斯概率分布表。

4. k、k-1 层的管理 Agent 分别调用协商 Agent,运用公式:

$$P(F_i / \varepsilon_1, \varepsilon_2, \cdots \varepsilon_n) = P(F_i)P(\varepsilon_1, \varepsilon_2, \cdots \varepsilon_n / F_i) / \sum_{j=1}^{n} P(\varepsilon_1, \varepsilon_2, \cdots \varepsilon_n / F_j)P(F_j)$$

计算 k 层公司的配货量和 k-1 层公司的订货量分布 $P(F_i / \varepsilon_1, \varepsilon_2, \cdots \varepsilon_n)$。

5. 随后协商 Agent 根据公式 $F = \sum_{i=1}^{6} F_i * P(F_i / \varepsilon_n)$ 计算 k、k-1 层公司的配货量。

6. k、k-1 层公司把分别经过 Bayesian 学习获得配货量反馈给相应的协商公司;若可以满足对方的需求,那么转移到第 8 步。

7. 经过反复的模糊推理和 Bayesian 学习协商,直到 k、k-1 层公司达成一致的配货量或协商次数为止;

8. 结束协商。

在协商中 k-1 层公司 Agent2 到底需要做出多少让步确定其订货量,需要该公司 Agent2 根据知识库的知识识别对方 Agent1 的先验概率分布,并进行推断计算。同理,主管公司 Agent1 也是如此。以 k-1 层公司为例,设定主管公司 Agent1 向 k-1 层公司 Agent2 发出的配货量为 FH_i 时的先验概率为 $P(F_i)$,先验概率 $P(F_i)$ 表示为配货量 FH_i 的概率分布估计,它反映了 k-1 层公司 Agent2 对配货量 FH_i 的先验知识,包括实践经验和主观判断等。设 $P(\varepsilon_1, \varepsilon_2, \cdots, \varepsilon_n / F_i)$ 表示在主管公司 Agent1 的配货量为 FH_i 时,k-1 层公司 Agent2 对主管公司 Agent1 的控制为 $\varepsilon_1, \varepsilon_2, \cdots, \varepsilon_n$ 的概率分布,$P(F_i / \varepsilon_1, \varepsilon_2, \cdots, \varepsilon_n)$ 表示在 k-1 层公司 Agent2 对主管公司 Agent1 的模糊控制为 $\varepsilon_1, \varepsilon_2, \cdots, \varepsilon_n$ 时,配货量为 FH_i 的概率分布。同理,主管公司 Agent1 的 Bayesian 过程也类似于上面的分析过程,该学习过程贯穿于协同计划的全过程。

4.2.1.4　算例分析

（1）构建仿真模型

这里讨论了动态计划下的整体优化模型和模糊评价下的动态协同计划模型。第一种情况是以往定性条件下分销链计划订货的一般方法;第二种情况是从系统仿真和协同的角度出发,分析了分销链在定性条件下的协商计划订货的过程。

①动态计划下的整体优化模型

基于上节模糊控制推理计算的权重,主管公司的管理 Agen 根据输入选项对下层公司进行定性评价。首先通过三角隶属函数对定性输入变量进行模糊化,借助于模糊推理规则进行推理,再通过解模糊运算求得输出量。图 4 – 12 给出基于权重的计划订货优化模型,它借助 GA 工具箱和模糊控制工具箱并通过编程实现了优化计算。当主管公司得到 $Q_{k-1}^{2*}(i)$ 值后,把 $Q_{k-1}^{2*}(i)$ 和原来的 $Q_{k-1}^{1}(i)$ 相比较,若发现基本一致,那么接受 $k-1$ 层公司的订货量;否则,按照总成本优化的原则确定配货量,主管公司的管理 Agent 启动该计算函数 $TC^*(i)$ $= \sum_{i=1}^{n} \varepsilon_i TC_1^{12}(i)$。最后,主管公司运用 GA 进行计算上下层公司整体最优的配货量。

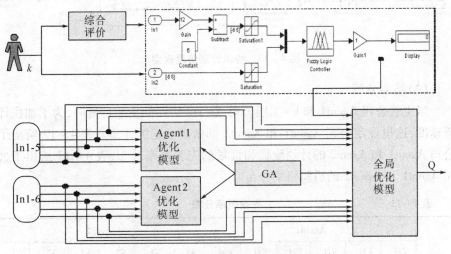

图 4 – 12　基于权重的计划订货优化模型

②模糊评价下的动态协同计划模型

当分销链公司存在冲突时,分销链公司需要通过模糊控制器和 bayesian 学习的动态协商过程获得一致的计划配货量。为了简化管理 Agent 触发公司 A-gent 获得定性控制指标的复杂性(模糊控制器的输入参数),在 Matlab/Simulink 中假设 k、k – 1 层公司 Agent1 和 Agent2 模糊控制器的输入项均为正弦波分布。

在设计模糊控制器的输入变量时,由于实际输入变量的变化范围精确量不一定在[– 6,6],需要通过公式转化到[– 6,6]。在 Simulink 中由于没有可以利用的 bayesian 模型,为了实现在 Simulink 中进行模糊控制和 bayesian 学习的集成仿真,构建了 S – Functions 函数。S 函数提供了实现用户自定义的模型和 Simulink 进行接口,该函数方便与 Simulink 求解器进行交互式操作。M 文件中的 S 函数由如下形式的 Matlab 函数组成:[sys,xo,str,ts] = f(t,x,u,flag,pa,p2,…)。通过初始化、计算模块导数、输出计算结果和结束等操作即可完成 S 函数的构建,其具体内容请参阅书籍[251]。根据以上论述,运用 Simulink 设计了主管公司 Agent1 和 k – 1 层公司 Agent2 的协同计划仿真模型,如图 4 –13 所示。

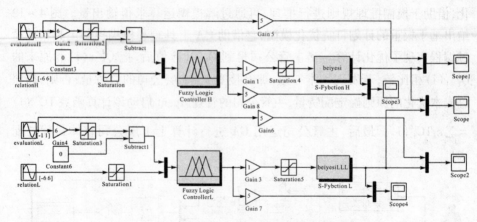

图 4 – 13   协同计划仿真模型

（2）结果分析

当主管公司 Agent1 和 k – 1 层公司 Agent2 协同配货和订货时，为了加快计算速度，这里设定公司 Agent1 和 Agent2 都做出一定的让步。表 4 – 12 给出了公司 Agent1 和 Agent2 的计划配货和订货的先验概率分布，表 4 – 13 给出了公司 Agent1 和 Agent2 的后验概率分布。

表 4 – 11   先验概率分布

	Agent1						Agent2					
	FH_1	FH_2	FH_3	FH_4	FH_5	FH_6	FL_1	FL_2	FL_3	FL_4	FL_5	FL_6
F_i	10	20	30	40	50	60	70	60	50	40	30	20
$P(F_i)$	0.1	0.2	0.4	0.2	0.1	0.0	0.1	0.2	0.3	0.3	0.1	0.0

表 4 – 12   后验概率分布

ε_i	Agent1						Agent2					
	FH_1	FH_2	FH_3	FH_4	FH_5	FH_6	FL_1	FL_2	FL_3	FL_4	FL_5	FL_6
[0,0.1]	0.5	0.4	0.2	0.0	0.0	0.0	0.5	0.4	0.3	0.0	0.0	0.0
[0.1,0.2]	0.3	0.3	0.3	0.0	0.0	0.0	0.4	0.3	0.2	0.0	0.0	0.0
[0.2,0.4]	0.1	0.2	0.3	0.1	0.1	0.1	0.1	0.2	0.2	0.1	0.0	0.0
[0.4,0.6]	0.1	0.1	0.2	0.2	0.1	0.1	0.0	0.1	0.2	0.2	0.2	0.1
[0.6,0.8]	0.0	0.0	0.0	0.3	0.4	0.3	0.0	0.0	0.1	0.3	0.3	0.3
[0.8,1.0]	0.0	0.0	0.0	0.4	0.4	0.5	0.0	0.0	0.0	0.4	0.5	0.6

通过仿真得到了如图 4 – 14 所示的公司 Agent1 和 Agent2 的模糊权重。该

图给出了一个半周期的权重分布图,当公司 Agent1 和 Agent2 的两个输入指标值{VL,LO,MD,HI,VH}和{NB,NM, NS,ZO,PS,PM,PB}不断变化时(由最差到最好,再到最差到最好),仿真得到的配货和订货权重如图4-9中的曲线。当输入的模糊控制指标值为差时,得到的权重较小;当输入的模糊控制指标值变好时,权重不断增加;当模糊控制指标值最好时,其权重达到最大值。该权重变化的平滑程度与模糊控制逻辑规则的设计是相关的,若控制等级分得越细,那么得到的权重曲线也越平滑。

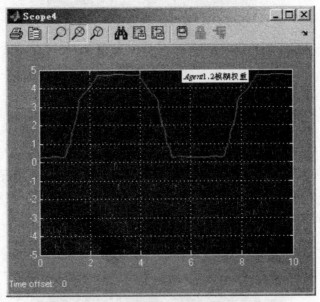

图4-14   Agent1、Agent2 模糊权重

图4-15给出了公司 Agent2 的订货量权重和订货量分布。该图仿真了当公司 Agent2 不断做出让步时的订货量权重和订货量分布。从图4-15中的横坐标0-3时间段(半个正弦波周期)的分布可以看出,通过 bayesian 学习的计算,对公司 Agent1 的模糊控制得越好,则可以认为公司 Agent1 越有能力满足自己的订货需求。虽然有可能增加公司Agent2短期需求短缺的风险,但是却有利于降低公司 Agent1 额外增加的库存成本和公司 Agent2 的库存成本,这与分销链管理的需求现状和计划订货的经验相符合。同理,公司 Agent1 的配货量权重和配货量也基本类似于图4-14的结果,其不同点在于当对公司 Agent2 的模糊控制得越好,配货量就越有可能适当增加,这个结果也是与公司实际配货情况相符合的。

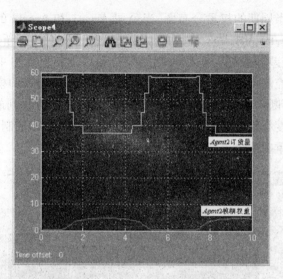

图 4 – 15　Agent2 订货量权重和分布

图 4 – 16 中给出公司 Agent1 和 Agent2 协同计划的计算结果,仿真了公司 Agent1 和 Agent2 在一个半周期的配货和订货协同过程的分布情况。可以发现在公司 Agent1 和 Agent2 都做出让步的情况下,双方能够获得交集解,也就是能够获得双方满意的订货量。

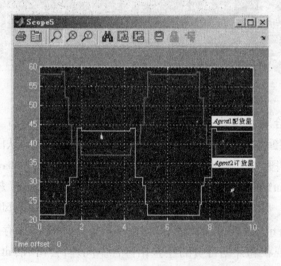

图 4 – 16　Agent1、Agent 2 协同计划

4.2.2　无中间库存的订货智能模型

本节仅仅从分销链计划订货流程的角度进行了讨论,构建了基于 MA 的无中间库存计划订货模型。同时,从定性的角度探讨了中国商业文化对分销链运

作管理可能产生的影响,分析了分销链企业计划订货过程的重构问题。

任何企业的管理决策都处在特定的社会文化环境中,该环境下的商业文化在一定程度上影响着企业的运作管理模式。几千年的历史沉积孕育了丰富的商业文化,并以儒家文化对中国和中国人的影响最大。儒家文化和现代文明的融合也体现在中国企业的运作管理中。当前商业文化有如下几个特点:中国社会是以道德理念为基准,不同于西方以法治国的模式;孔夫子的仁义礼智信和三纲五常等道德观念依然渗透在中国社会活动中;中国传统商业文化中讲究人际关系、家庭关系、等级观念和面子问题,在商业经营中讲究诚信和融洽的关系,一般都会避免直接冲突。企业的信息大多被高层管理者所占有,不能实现信息的真正共享。可见,中国商业文化体现了以德治国的"人治"特点,与西方国家的规范式、流程式的管理模式有所不同。

4.2.2.1 问题的提出

随着现代信息技术的快速发展,分销链企业的 FPS 运作管理模式逐渐向自动化和智能化的方向发展,各个企业的管理也由以往的内部运作逐渐过渡到多企业协同运作的模式,如虚拟企业等。随着全球经济一体化的发展,许多先进的管理技术成果在全球范围内得到共享,如 ERP、CPFR、DRP 和 CRM 等,同样也在快速发展的中国获得了推广和应用。但是 2002 年的调查[252]发现,许多先进的管理技术和软件在中国的实施并不尽如人意,造成这种现象的因素很多,如软件不够柔性化和中西方文化差异等。

部分学者对中国企业的商业文化进行了研究,Martinsons 等[253]探讨了中国商业文化下的信息化应用问题,给出了中国组织机构下的 MIS 原理的解释。Ren[254]讨论了中国商业环境中企业文化和工作流模式不相符、企业管理人员素质不高和企业上层不重视等问题。Rosen 等[255]研究了在 B2B 上不同商业文化和国际交流渠道之间的关系。对于基于 MA 的计划订货运作管理文献大多从软件构架和工作流程等角度进行了探讨。

当前,分销链企业在从事信息化建设和实施信息化改造中需要考虑中国现实社会的状况,虽然 ERP 和 SCM 等信息化软件促进了企业的发展,但是目前的信息化状况并不能令人满意,不少管理者和操作人员反映软件操作繁琐和流程僵化等问题。基于以上的分析,我们主要考虑了以下问题:在分销链企业运作管理中如何适应商业文化环境?如何把西方流程式的管理软件和理念融合到中国商业文化中,以便提高中国企业的运作管理水平?在中国商业文化和现代信息技术条件下,如何构建基于 MA 的分销链企业的计划订货运作模型?

从中国商业文化的特点中可以看出,在信息化快速发展的今天,构建高效的新型分销链运作管理模式非常必要。这里对该分销链作如下设定:①分销链具有典型的中国式管理的特点。分销链管理一般具有严格的内部管理制度和等级观念,分销中心拥有对下层企业管理人员的任免和奖惩等权利,分销中心统一制定产品的零售价格等。②分销链企业具备信息化管理的条件,分销链企业的信息基本被上层管理者占用,下层企业仅能获知部分与自己相关的信息。③分销链各层企业能够协商运作,完成分销链 FPS 运作管理的功能。基于这些设定,通过对中国商业文化下的分销链企业进行的分析发现分销链企业实施的是以人为本和以德治企的主观管理模式。所以,可以借鉴我国企业改革中的政企分开原则,运用 MA 理论对传统分销链企业的计划订货模式进行重构。

4.2.2.2 传统计划订货模型

中国传统的分销链一般具有多企业、多地点、多层次和多库存组织的复杂分销网络。除最底层企业外,其余企业都拥有管辖下层企业的权力,具有行政任命和激励奖惩等权力,并接受主管企业的管辖。这种具有逐层递推模式的分销链企业,其运作管理相当复杂,如果其中一个环节发生锁死现象,难免会对其他相关企业造成不必要的影响。图 4-17 给出了分销链企业传统运作管理模式。

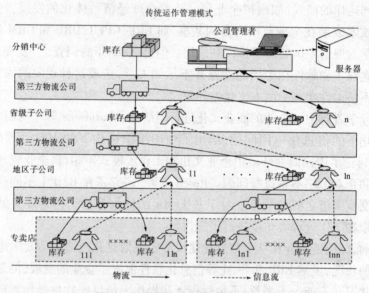

图 4-17 传统计划运作管理模式

图 4-17 中的分销链企业的运作管理是传统的行政管理模式,分销中心是最高管理机构,负责整个分销链的一切事务,直接管辖子企业 1,…,n。子企业管辖下层子企业。如子企业 1 管辖子企业 11,…,1n。同理,子企业 11 管辖专卖店 111,…,11n。这种管理模式有利于高层决策者掌握更多的权力,通过个人的影响力推动整个分销链的业绩不断地上升,如灵活的激励措施、合理的人员任命和行政命令的快速贯彻等。但是该分销链管理模式也存在一些不足,如运

作管理中各层管理者的审批过于繁琐和效率低下等。其工作流程为:首先是专卖店执行计划订货运作,通过地区子企业管理者和省级子企业管理者,一直到分销中心管理者的逐层审批才能最终完成整个计划订货流程。当上下层企业存在利益冲突时,计划订货运作的信息不可避免地被扭曲,导致了牛鞭效应的出现。这种现象带来的不利影响也是人们关心的问题,我们认为需要借鉴政企分开的原则,把与分销链企业计划订货效率无关的管理操作或不能通过行政手段增值的部分工作进行分离。根据这种管理理念,我们重构了基于 MA 的分销链计划订货运作模型。

分销链企业传统订货的流程由专卖店、地区子企业、省级子企业和分销中心组成,并以各层企业的管理者为中心、以主观判断库存量和自身利益最大化的方式确定本企业的计划订货量。该框图的计划订货过程一般认为首先是根据预测计算的预测软订货量,专卖店运用一定的订货策略生成订货单、发送订货单给地区子企业。其次经过地区子企业审核通过后,根据自身库存状况和利润需要再次生成订货单、发送订货单发送给省级子企业。再次经过省级子企业的审核通过后,再根据自身库存状况和利润需要再次生成订货单、发送订货单发送给分销中心。最后经过分销中心审核通过后,接受下层企业的订货单,执行出库和发货等操作。发货过程则相反,一般是省级子企业接受订货产品、验货和入库等操作,然后再发货给地区子企业。依次类推,一直到专卖店。

4.2.2.3 无中间库存计划订货模型

(1)模型的构建

分销链传统计划订货的模式增加了管理者行政权力的同时,却给分销链管理带来了一些弊端,如订货时间的延迟、企业之间的利益冲突和繁琐的操作等。因此,需要借鉴 MA 理论和工作流技术对分销链企业传统计划订货模式进行重构。

图 4-18 给出了基于 MA 的计划订货模型,该模型包括"人治式"管理模块、物流运输模块和基于 MA 的订货运作模块三部分。"人治式"管理模块的功能是分销链企业的管理者根据自身的情况和分销中心的政策等约束条件进行相应的战略规划和战术运作等活动,执行相关的工作。各层管理者仅需通过"人治式"管理模块从现代管理的角度采取激励员工和促销策略等加强内部管理,提高分销链的整体管理效率。物流运输模块的功能是通过第三方物流企业把专卖店的订货产品及时地配送,并发送到相应的专卖店。基于 MA 的订货运作模块由订货 Agent、协商 Agent、管理 Agent、预测 Agent 和调度 Agent 组成,是分销链企业执行计划订货的核心部分。从图 4-18 可以看出,所有的 Agent 均设置在分销中心和专卖店中,通过专卖店的管理 Agent 和订货 Agent 直接把专卖店的需求发送给分销中心。

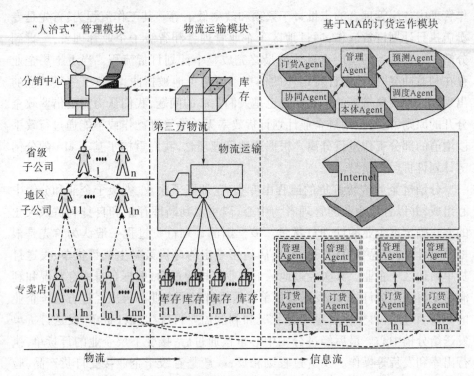

图4-18 基于MA的计划订货模型

专卖店进行计划订货运作时,根据市场需求预测 Agent 和企业自身利益最优的原则进行计算,然后将订货量上报分销中心。该模型不再采用层层计划订货的方式,避免了中间企业的博弈所产生的牛鞭效应现象和繁琐的审批环节,从而有利于分销中心及时掌控整个分销链的需求、销售和库存等信息。基于MA 的分销链计划订货运作模式把分销链的计划订货过程转换成二层企业之间的计划订货过程,大大简化了分销链企业的操作流程。这种设计方案类似于Verrijdt 等[256]给出的无中间库存管理模型,与 VMI 也有类似之处。

(2)基于工作流的计划 Agent

这里主要对计划 Agent 进行了构建与分析,把以往依靠操作人员完成的任务交给计划 Agent 完成。根据工作流原则,构建了基于工作流的计划 Agent,如图 4-19 所示。该计划 Agent 的工作流由状态—规则—事件和动作活动组合而成。其状态包括工作流知识库(Workflow Knowledge Database,WKD)、数据库和库存等。一般包括:库存数据、单位成本、销售数据、企业供货量和以往的经验(案例推理)等;规则一般是由数学模型或其他方法构成的运作过程;事件则通过基于规则[经济订货批量模型、(s,S)]的计算得到相关的结论:是否需要维持、增加和减少计划订货量等。由这些状态、规则和事件触发了企业一系列的订货动作,包括生成订货单、发送订货单、支付货款、检货和入库等。例如,发送订货单这个动作需要通过专卖店和分销中心的管理 Agent 通信交互,分销中心的调度 Agent 感应到专卖店的发送订货单后开始实施审核动作。如果满足条件则通过发货动作传输给专卖店,否则通过管理 Agent 发送给协商 Agent 进行协商。

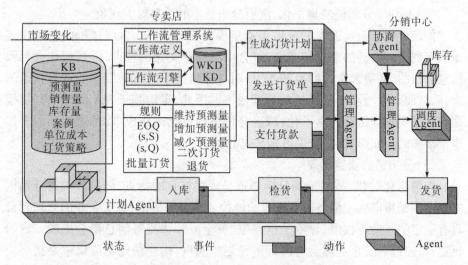

图 4 – 19 基于工作流的计划 Agent

从计划 Agent 的组成来看,它由通信模块、感应模块、知识决策模块和执行模块组成,其目标是要求计划订货的成本最小和计划订货的时间最短。计划 Agent离不开知识的支持,这些由 WKD 和 KD 提供服务。知识决策模块对应于计划 Agent 中的状态和事,执行模块对应于计划订货的动作活动,模拟分销链的实际计划订货过程,使分销链的计划订货过程具有自适应决策的能力。

由于分销链的计划订货过程属于典型的工作流问题,从软件工程的角度出发,按照知识、规则和事件的模式设计了基于工作流的分销链计划 Agent,把分销链计划 Agent 的内部执行过程转化为基于工作流的执行过程。

4.2.2.4 定性分析

基于 MA 的计划订货模型与传统分销链计划订货过程相比较,具有如下几个方面的特点:

(1)给出了分销链政企分开的运作管理模式,有利于提高分销链的计划订货效率

商业管理模式离不开中国的商业文化环境,"人治式"的主观管理依然是主要的管理思路。在这样的背景下,完全采用西方国家规范化的流程运作模式不太适。因此,把分销链中的行政激励管理和业务流管理进行分离有利于提高

分销链运作管理的效率。这主要是因为计划订货在分销链管理中是一种操作活动，一旦订货规则确定，订货动作就是逐层上报、逐层审批的过程。在传统模式下，计划订货过程花费了企业大量的人力和财力，同时也带来了订货信息的逐层放大。本节重构的基于 MA 的计划订货模型把不带来经济效益的操作交给 Agent 来完成。

（2）有利于分销链的扁平化，削弱分销链中的信息放大现象

传统分销链企业庞大的分销渠道呈现金字塔模式。多层递推的管理模式虽然有利于分销链的监控和激励，符合中国商业文化的特点，但是往往会导致信息的扭曲，耗费大量的财力和人力，而且分销链中的每一层企业都有自己的库存，从而大大增加了分销链的运营成本。因此，重构基于 MA 的计划订货模型有利于实现分销链的扁平化，减轻分销链的订货运作成本，也避免了因多层审批带来的负面影响，符合渠道扁平化的需求。

（3）分销链的快速反应

在信息化时代，虽然市场分销渠道呈现多样化的特点，但是传统的分销模式在中国销售市场上依然占有重要的地位。在分销链中，每层企业的管理者都具有一定的审批等权限，导致了信息流、资金流和物流等信息都会出现一定的延迟，每经过一层企业都会有时间的延迟。所以，构建快速响应渠道是提高应对市场变化的最好方式，基于 MA 的计划订货模型具有直接把市场信息反馈给分销中心和主管企业的功能，有助于提高分销链的快速反应速度。

小结

本章在传统计划订货研究的基础上，从基于 MA 的运作管理角度出发，探讨了分销链企业计划订货的问题。在基于 MA 的计划订货模型中充分考虑了传统运筹理论的应用，并分析了定性和定量因素影响下的多目标函数、库存管理、物流管理模型；为化解分销链企业之间的冲突，给出了把企业之间的订货转化为基于 MA 的协同订货问题。从 MEDM 模型的角度出发，运用模糊控制和 bayesian 理论优化了基于 MA 的协同计划模型，然后在 Matlab/Simulink 平台上设计了由模糊控制器和 S 函数组成的协同计划仿真。仿真发现在分销链企业双方做出适当让步的情况下，能够达到协同订货的目的；根据计划订货流程和 MA 理论，结合中国商业文化和智能化管理的特点，讨论了分销链行政管理业务与订货运作业务相分离的扁平化运作模式，重构了基于 MA 和工作流的无中间库存的计划订货新模式。

5 分销链智能调度分配模型

如前所述,信息化技术的发展推动了企业管理的信息化,在这种背景下,如何高效配置资源、分配任务成为关键问题。而我们在这里探讨的分销链计划调度实际上也可以看成资源配置问题,任务可以看成资源,能够高效完成任务的Agent 可以对应为能够高效利用资源的企业组成单元。如果分销链等组织的企业单元都具有智能管理功能,则将这种系统组成 MAS,采用合适的调度方法解决资源配置和任务分配问题。长期以来,学者们从传统运筹学的角度对库存和计划订货问题的研究投入了大量精力,为库存订货理论的发展做出了贡献。对于复杂分销链来说,由于随机变化的市场需求、消费者服务水平的提高和竞争压力的增大,集中式的计划订货模型越来越不能适应分销链企业的运作需要。因此,在分销链中采用分布式的、基于 MA 的协同计划订货模型具有一定的优越性,该模型可以充分利用各层 Agent 的私有资源,分散计算压力,符合复杂问题简单化的分析思路。本章首先讨论了一般条件下基于 MA 的分销链计划订货优化的问题;然后,探讨了冲突条件下基于 MA 的分销链协同计划问题;最后,根据分销链运作管理扁平化的需求,重构了基于 MA 的分销链计划订货的新模式。

5.1 正常条件下的智能调度模型

目前,有关调度的研究主要集中在车间生产调度上,但是分销链/供应链的调度问题也已经成为调度研究的新方向,当分销链企业之间存在订货冲突无法消解时,那么该冲突则转移到调度模型中进行处理。调度是为实现某一目的而对共同使用的资源进行分配的问题。调度中的许多问题具有随机性、约束复杂、规模大和多目标冲突等特点,一般属于 NP 完全问题。计划和调度相互关联,一般企业需要根据计划订货量进行产品的调度分配。为了保证计划调度研究内容的完整性,这一节将探讨正常条件下的计划调度问题。为了简化计划调度运作管理的复杂性,在分销链运作过程中按时间周期(月)为单位进行分销链的计划调度执行。在每个周期内,分销链企业根据智能监控 Agent 获取该企业的实时运行状况,并进行调度、补货和再调度活动。图5-1给出了分销链计划调度的动态调度补货周期分布。

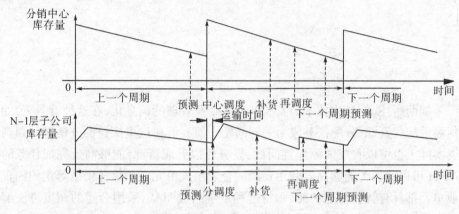

图5-1 动态调度补货周期

在每个周期开始时,调度中心需要触发调度 Agent 进行调度,在随后的过程中分销中心的管理 Agent 会根据预测软订货量和分销链下层企业获取的实时数据进行补货和再调度。同理,在同一个周期内,分销链中的其他企业也依次需要进行调度、补货和再调度操作,甚至补货和再调度操作会出现多次的现象。在讨论过的模型中,下层企业的调度和再调度会滞后于上层企业的调度和再调度,而补货过程则相反,下层企业的操作会比上层企业早。

5.1.1 基于 MA 的计划调度模型

当分销中心接受到下层企业存在冲突的基于 MA 的预测计划和基于 MA 的计划订货量后,需要对整个分销链进行调度和监控,以便减少各层企业的产品滞留量和产品缺货量,提高消费者服务水平,优化整个分销链的产品分配。在这里,该计划调度模型采用集中式服务器管理数据的模式,分销中心不仅有权获取下层子企业的数据,而且有权实时监控它们的销售状况、库存数据和财务回款等实时信息。图5-2给出了基于 MA 的分销链计划调度模型。

该模型设置了管理 Agent、调度中心 Agent、分调度中心 Agent、智能调度 Agent 和智能监控 Agent。在每一个分销链企业中也相应地设置一个调度中心 Agent 或分调度中心 Agent 负责管理该企业的调度任务。在管理 Agent 的作用下,调度中心 Agent 实时从监控 Agent 中获取相应的监控数据,并经过管理Agent 传输给调度中心 Agent。调度中心 Agent 根据内部规则和设置决定是否需要触发智能调度 Agent。以1层企业为例,1层所有的分调度中心 Agent 不仅接受2

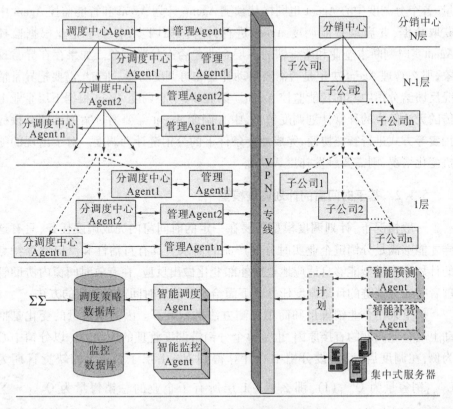

图 5－2　基于 MA 的计划调度模型

层主管企业分调度中心 Agent 的管辖,而且也间接地服从调度中心 Agent 的管理。智能调度 Agent 根据预测 Agent 和计划 Agent 上传的订货量进行分销链的调度活动。

在分销链计划调度中,除 1 层企业外,其余各层企业也具有调度功能,负责其管辖企业的产品分配。在动态调度中,分销链企业除了受到上游制造商和下游销售市场的影响外,也受到链条内部动态调度模型优化的影响。在这种情况下,仅仅采用静态调度策略已经无法达到优化调度的目的,所以有必要在静态调度的基础上引入监控功能,实现分销链企业实时获取运作数据的信息,进而调整调度规则,使分销链企业有效地进行调度活动

计划调度流程的步骤如下:第一步,在下一个销售周期(Next Sale Period,NSP)的初始时刻 t0,分销中心的管理 Agent 首先从 ERP 软件中读取计划数据传输给调度中心 Agent,调度中心 Agent 运用智能调度 Agent 进行计算,获取整体优化下的企业分配量。第二步,智能监控 Agent 实时判断当前时刻分销中心和下层企业是否有异常现象。如果存在这种现象,那么企业的管理 Agent 则决定是否启动补货和再调度功能。第三步,下层子企业依次接受上层企业的调度

量,各个分调度中心 Agent 也同样从预测 Agent、计划 Agent 和智能监控 Agent 中获取数据,并启动智能调度 Agent 进行计算。第四步,各个子企业根据监控 Agent 实时判断本企业和所管辖的下层企业是否有异常现象。如果存在异常现象,那么管理 Agent 决定是否需要启动补货和再调度功能。同时,需要把异常情况反馈给分销中心的智能监控 Agent。第五步,中心调度 Agent 根据下层企业上传的无法解决的异常计划调度信息,中心调度 Agent 需要通过案例推理和投标拍卖等方式进行智能协商,完成冲突条件下的分销链计划调度。对于出现的随机变化情况,则需要触发补货 Agent。

5.1.2 基于时间窗的计划调度模型

一般情况下,计划调度模型需要在一定的时间窗内完成调度任务,只有这样才能够满足分销链企业实时分配产品的需求。具有自治性和反应性等特点的计划调度模型能够自适应地根据外部变化做出反应,在有效时间窗内协助管理者完成分销链的计划调度任务。下面给出了确定时间窗有效期的方法:

这里采用企业销售量和简单预测方法进行计算。因为销售量的变化是推动上层企业调度的直接原因,也是整个分销链调度管理的原动力。以分销中心为例,在调度启动时,设分销中心计算得到 $N-1$ 层子企业 i 的缺货日期为 L_{N-1}^i,销售量为 $Q_{N-1}^i(l)$,那么 $N-1$ 层所有子企业的总销售量为 $Q_{N-1}=\sum_{i=1}^n Q_{N-1(l)}^i$。设当前 $N-1$ 层子企业 i 的可售库存量为 S_{N-1}^i,根据 Q_{N-1}^i 和移动平均法计算出 $N-1$ 层子企业 i 未来几天的销售情况为 $Q_{N-1}^i(f)$。当计算到第 $g(g \in f)$ 天的销售量 $Q_{N-1}^i(g)$ 与 S_{N-1}^i 的差小于 0 时,那么该 g 日期即为 $N-1$ 层子企业 i 的缺货日期 $L_{N-1}^i(g)$。再根据分销中心和 $N-1$ 层企业 i 之间的运输时间 Y_{N-1}^i,确定企业 i 的调度有效期为 $E_{N-1}(i)=L_{N-1(i)}^g-Y_{N-1}^i$。其中,n 表示分销中心所管辖的 $N-1$ 层子企业的数量,l 表示 $N-1$ 层子企业以往的销售日期,f 表示未来的销售日期。同理,其余各层企业的计划调度有效期也采用同样的方法进行计算。

通过 MAS 和 MEDM 可以把分销链集中式的计划调度管理问题分解为基于 MA 的两层企业之间的计划调度问题。图 5-3 给出了多层递推的计划调度模型。由于分销链各层企业之间的调度具有主从关系,并且形成了多层递推的决策过程,所以多层递推适合于地位不等的分销链企业之间的调度决策。在该模型中,分销链中的每个企业不仅需要有自己的局部目标,同时还需要满足主管企业的分配量,该分配量约束着下层企业的调度决策。

调度中心既要负责监控整个分销链的库存和缺货状况,又要合理地进行产品分配。在分销过程中如何合理地安排产品的分配顺序及分配数量显得十分

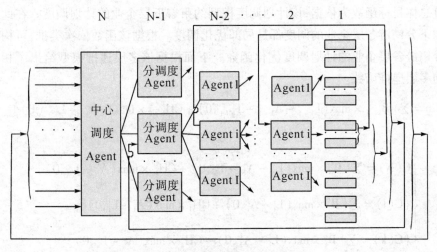

图 5 – 3   多层递推的计划调度模型

重要,这也是库存调度中经常遇见的问题,这类问题被称为经济批量调度。

在以往供应链计划调度的研究中,一般是构建整体优化下的目标函数,如但斌等[257]给出了以最小化供应链的物流和交付总成本为目标,以交货期窗口约束下的供应商与制造商协同决策的批量调度模型。这种模型与实际的分销链管理还有距离,因为分销链是具有多层次和多库存组织的系统,一个调度中心很难有效地对分销链各层企业的订货量进行合理的调度和分配。

根据多层递推的计划调度模型,构建了基于 MA 的计划调度模型的目标函数。

下面给出了计划调度模型目标函数的设定描述:①存在 N 层具有不同订货量的分销链企业,各个企业具有不同的库存状况、不同的成本函数和运输时间;②调度时间的花费与运输时间有关,不考虑调度本身花费的时间;③调度中心可以同时调度所有直接管辖的企业,仅考虑批量调度问题,在 NSP 初始时刻开始执行调度功能,设定分配的产品数量不受运输能力的限制;④监控获取的异常(冲突和随机等)信息在调度过程中动态地分配到相应的分调度中心和调度中心。

分销链企业的计划调度描述如下:下层企业的冲突订货量 $F = \{F1, F2, \cdots, Fm\}$ 中有 m 个冲突任务在队列中等待分配,$1 < m < n$。其中,每个任务的运输时间 T_{k-1}^i 和运输费用 Y_{k-1}^i 不尽相同,各个企业的交货时间 L_{k-1}^i 也不尽相同,任务 F_{k-1}^i 按 L_{k-1}^i 的非减序排列。为了保证产品按期交货,每个任务拖期分配单位产品的惩罚为 CH_{k-1}^i,单位保管成本为 B_{k-1}^i,产品实际到达时间和调度量分别为 A_{k-1}^i 和 S_{k-1}^i。若在调度有效期 L_{k-1}^i 之前到达,那么需要支付保管成本;若在调度有效期 L_{k-1}^i 之后到达,则需要支付惩罚成本。分销中心的调度 Agent 以分销

链总体目标函数为依据,该计划调度模型约束着下层企业的计划调度。在此限制下分销链各层企业的调度都是局部优化调度。根据该函数依次类推,可构建分销链各层企业的计划调度优化函数。下面根据该多层递推模型给出了相应的多层递推函数。

$$Min = \sum_{i=1}^{m} \left[B_{k-1}^i \times max(L_{k-1}^i - A_{k-1}^i - T_{k-1}^i, 0) + CH_{k-1}^i \times max(A_{k-1}^i - L_{k-1}^i, 0) \right]$$

$$(5-1)$$

$$\begin{cases} C(N) = \sum_{i=1}^{m} \left[B_N^i \times max(L_N^i - A_N^i - T_N^i, 0) + CH_N^i \times max(A_N^i - L_N^i, 0) \right] \\ \{C(1) = \sum_{i=1}^{m} \left[B_1^i \times max(L_1^i - A_1^i, 0) + CH_1^i \times max(A_1^i - L_1^i, 0) \right] \\ \{C(k) = \sum_{i=1}^{m} \left[B_k^i \times max(L_k^i - A_k^i, 0) + CH_k^i \times max(A_k^i - L_k^i, 0) \right] \end{cases}$$

$$(5-2)$$

在 Matlab 中运用 GA 工具箱编程的过程为:①编写优化目标文件,通过该文件自动实现目标函数值的读取和惩罚函数的设置,实现该模型的仿真以及结果输出等功能。②利用 GA 工具箱调用上述目标文件,设置 20 个个体作为初始种群。GA 工具箱根据每个个体的初始变量值,通过目标文件对计划调度模型进行仿真,根据上述多层递推函数计算每个个体的适应度。成本期望值越小,该个体的适应度函数越大。③根据每个个体的适应度,对个体进行选择、交叉和变异操作,生成下一代个体。再根据每个新个体的变量值计算每个个体的适应度。其中交叉概率为 0.8,变异概率取 0.2,选择方式采用"轮赌"规则,最大遗传迭代数为 200。④如果目标函数满足误差收敛条件,即认为获得了最优的个体,停止计算;否则,重复第②③步,直到计算到最大的遗传迭代数。

5.2　智能调度补货模型

从前面的论述可知,在基于 MA 的预测计划和计划订货过程中,分销链企业之间存在着没有解决的冲突问题,在管理 Agent 的作用下已经转移到调度中。在分销链 FPS 运作管理过程中,由于每个资源、能力和信息有限的 Agent 有着独立的结构、知识库和问题求解策略,因此预测 Agent、计划 Agent 和调度 Agent 之间只有通过一定的协调才能完成对整个系统的冲突消解。对这些冲突的分析如下:①由于分销链资源分为共享资源和非共享资源,各个企业占有资源的有限性导致了企业之间在运作管理过程中的认知冲突。②分销链企业的预测、计划等目标不同造成的冲突。③由于在预测计划和计划订货中考虑问题的角度和个体知识的不同,使得运作过程中 Agent 的目标与计算结果之间存在着差异和冲突。④分销链中的预测方案、计划方案或库存设计等环节的规划不合理,导致了库存产品在时间或信息传递上的冲突。如在分销链企业的预测过程中,不合理的预测方案使得后续的计划和调度结果产生更大的差异,导致了分销中心无法准确地订购产品和制定分销策略。这些冲突可归纳为企业之间的信息不对称造成的冲突、各个企业的利益不一致造成的冲突、上下层企业对同一目标的认识偏差与管理者经验的差异造成的冲突和运作管理策略不一致造成的冲突等。

分销链企业的调度与车间生产调度思路基本一样,也要求调度任务准时且按期交货。如何根据分销链企业的库存状况,合理设计各个企业的分配量是优化资源配置的重要问题。在给定交货期窗口和成本约束的条件下,以最小化整个分销链的总成本为目标进行了预调度模型的构建,获取了冲突条件下分销链企业的产品分配量,对于不能满足下层企业的分配需求,构建了基于 MA 的CBR 调度模型进行解决。

5.2.1 预调度优化模型

对于正常条件下的计划调度问题已经在前面进行了探讨,下面对分销链的预调度做如下设定:①在冲突条件下,仅考虑存在冲突的下层企业的调度问题;②在调度过程中,上层企业的调度优先完成,然后下层企业的调度才开始执行,即上层企业的交货期早于下层企业的交货期;③采用分销中心集中调度的模式处理冲突条件下的分销链订货问题,如果任务在交货期窗口内完工则没有惩罚,对任务在交货前完成的设定为库存保管惩罚成本,对任务在交货期后完成的设定为拖期交货惩罚成本;④在调度中仅仅考虑单个周期的预调度问题。

预调度模型的记号设定为:冲突条件下可以分配给 $k-1$ 层企业的产品数为 $CD_k^i(f)$,冲突条件下企业的订货量为 $Q_k^i(f)$,主管企业的最大库存量,基于 MA 的预测、计划或预调度后分销中心和企业的配货量和订货量分别为 Q_k^i 和 q_{k-1}^i,单位调度成本为 $S_k^i(f)$,单位保管成本和运输成本分别为 $B_k^i(f)$ 和 $Y_k^i(f)$,产品实际到货时间为 $A_k^i(f)$,$Max_k(f)$ 表示主管企业的最大可分配量,$\partial(f)$ 表示 k 层 i 企业管辖的 $k-1$ 层企业。由于冲突条件下企业的调度周期一般不尽相同,这里设为 $L_k^i(f)=[e_k^i(f),l_k^i(f)]$,$e_k^i(f)$ 和 $l_k^i(f)$ 分别表示任务的最早交货期和最晚交货期。只有主管企业的调度完成后,才启动 $k-1$ 层企业的调度,直到整个分销链的调度完成为止。

根据分销链成本优化的要求,给出如下的目标函数:

$$C(f) = \sum_{i=1}^{I} \sum_{k=1}^{N} \{(S_k^i(f) + Y_k^i(f)) \times CD_k^i(f) + B_k^i(f) \times \max[e_k^i(f) - A_k^i(f) - T_k^i, 0] + CH_k^i \times \max[A_k^i(f) - l_k^i(f), 0]\} \quad (k=N)$$

$$(5-3)$$

$$C(f) = \sum_{i=1}^{I} \sum_{k=1}^{N} \{[[S_k^i(f) + Y_k^i(f)] \times CD_k^i(f) + B_k^i(f) \times \max[e_k^i(f) - A_k^i(f), 0] + CH_k^i \times \max[A_k^i(f) - l_k^i(f), 0]\} \quad (k \neq N)$$

s. t

$$CD_{k-1}^i(f) \le Max_k(f) \qquad \forall k$$

$$A_k(f) \ge \partial(A_{k-1}^i(f)) \qquad \forall k,i$$

$$Q_k^i \le CD_{k-1}^i(f) \le q_{k-1}^i \qquad \forall k,i \qquad (5-4)$$

整个分销链的总成本包括调度成本、运输成本、库存成本、提前和延期交货的惩罚成本。具体的计算方法还是采用 GA,这里就不再举例分析。

5.2.2 基于 CBR 的调度

对于前文仍然不能解决的分销链企业预测计划运作管理过程中的冲突问题,需要什么样的智能调度才能有效地化解? 通过比较分析,发现基于案例推理(Case - based Reasoning,CBR)的方法比较适合解决非连续性的分销链调度问题。

一般来说,CBR 比较适合解决下面的新问题,即这些新问题所需要的领域知识不完全或者不准确,难以进行定量的数学描述,并且解决这些新问题需要丰富的历史经验。其基本思想是利用以往成功的调度案例建立案例库,搜索最相似的案例提供给现在的调度使用。如果该案例获得的调度效果较好,则将其作为新案例存入案例库。随着储存案例的不断增加,系统的性能也越来越好。由于 CBR 是利用先前已经解决的调度案例解决问题,通常不需要全面、准确的大量专业知识数据便可以快速地解决新的调度问题,所需时间较少,适合于快速解决问题。

构建基于 CBR 的调度模型有助于解决冲突条件下的调度问题。其基本思想是:调度 Agent 通过管理 Agent 根据以往类似问题的经验和知识进行推理,结合分销链企业当前的状况,对以往预调度和冲突消解下的调度案例做出相应地调整,以便解决当前调度中的新问题,并形成新案例。案例库是用来存储以往案例的存储空间,每一种案例都以一定的储存方式存放在案例库中。在 Agent 中通过软件编程可以较好地解决分销链中的案例类比、归纳、学习和存储等过程。

5.2.2.1 模型描述

采用基于 CBR 的调度方法的优点在于解决数学模型不太容易解决的冲突调度问题。基于 CBR 的调度不要求有精确的知识及详尽的数学对应关系做支撑,只要把以往的案例、相关的调度影响因素转化为案例形式,进行相似案例搜索即可实现分销链的智能调度。

(1)调度描述

定义 1 基于 CBR 的调度

为了使调度 Agent 识别和获取 CBR,结合 Agent 调度的实际,将案例形式转化为具有若干特征项的表示并简化为向量表的形式:$SC_k = \{C, O_k, t_k, F_k, S_k, T_k\}$。式中,C 表示在案例库中已经存在的冲突企业,$O_k$ 表示冲突企业第 k 条案例的编码与名称,$k = 1, \cdots, m$,m 为案例数量,t_k 为调度案例产生的时间,$F_k = (f_1, f_2,$

…，f_i）为与调度案例描述相关的特征，f_1 为冲突企业的定性评价权重，f_2 为冲突企业的订货量，f_3 为主管企业的配货量，f_4 为当时冲突企业的库存量，S_k 为案例 SC_k 的调度量，T_k 表示该案例已经被调度的次数。

针对上述调度的特点，将基于 MA 的 CBR 调度模型定义如下：

定义 2　基于 MA 的 CBR 调度模型（Multi – Agent based Scheduling Models of CBR，CBRMASM）

CBRMASM 定义为 CBRMASM ＝ $\{(C_c，Q_c)，(SC_k，A_i，R_i，C_o)，A_{ct}\}$。式中，$(C_c，Q_c)$ 表示当前调度获得的冲突企业和冲突订货量，这是管理 Agent 触发该系统运作的数据来源；$(SC_k，A_i，R_i，C_o)$ 表示该系统的知识库内容，包括案例库、查询算法、案例推理规则、MAS 通信机制和协商问题；A_{ct} 表示该模型按照一定的规则完成具体调度任务，并把调度结果输出给冲突企业。该模型可以通过通信和协商提供调度服务，其本质是一个知识管理系统，内部存在着知识的获取、组织、共享和应用等过程。

（2）CBRMASM 的构建

图 5 – 4 给出了 CBRMASM 模型。在预调度优化模型计算后，分销中心与冲突企业之间的冲突还没有得到解决时，启动 CBRMASM。

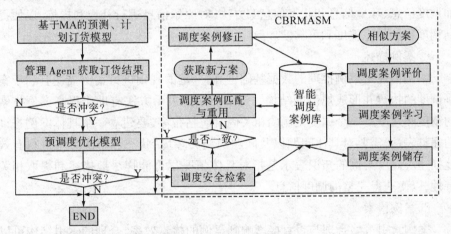

图 5 – 4　CBRMASM 模型

CBRMASM 中的调度案例表示是 CBR 求解调度问题的首要任务。根据当前调度问题的特点，调度 Agent 对该问题进行特性抽取并存储在案例库中，历史案例需要通过可以识别的方式进行描述，以便调度 Agent 能够检索和重用。案例检索通过一定的方法和手段对历史案例进行搜索，获取与新问题相符的最佳匹配案例，根据所解决问题的不同，采用不同的相似度指标作为匹配判断标准，将符合条件的匹配案例检索出来。调度案例库的建立、CBR 问题的表示和检索都是为了调度重用。所谓调度重用是将检索出来的历史案例信息应用于新问题并解决新问题。为了重用历史案例信息,需要建立合理的调度推理规则。一般情况下,调度新问题与历史调度案例不完全相符,在新问题中的数据被采用并集成到案例库之前,必须对历史调度案例的实际数据进行修正、评价和案例学习,并把获取的评价案例保留到调度案例库中。

5.2.2.2 CBRMASM 的方法和步骤

(1)CBRMASM 方法

一个典型的 CBR 问题求解过程一般分为表示、检索、重用、修正、评价和保留六个部分。CBR 作为实现冲突条件下调度的最关键部分,CBR 的表示、检索、重用、修正、评价和保留至关重要。

CBRMASM 方法是指调度 Agent 通过调度案例库中的精确特征项获取与冲突企业订货运作相关的案例,采用一定的方法计算与冲突企业的订货量最相似的案例,并存入到调度案例库中。其具体方法为:

①案例收集、提取和建立

调度需要是以案例为支撑,案例主要来源于服务过程中的历史记录,通过对历史记录进行收集、整理和知识提取,获取典型的分销链调度案例。在调度 Agent 收集、整理历史记录的过程中,针对调度案例信息的分散和缺失,通过增加调度信息、环境信息和状态信息等方法,对原始信息进行补充和提炼,以便提高调度案例的完整度和可靠度。

②案例描述

案例描述是案例推理的数据基础,遵循一定的规则进行案例描述有利于案例调度的执行并形成规范的结构。合理的案例表示方法有助于提高案例检索的精度和速度。一个调度案例的相关因素包括很多,要建立一个具体案例查询的完整表达,需要对具体问题以及问题的相关环境、状态和解决方案进行有效地描述。调度案例的知识表示是指对具体情况尽可能详尽地描述和提取相关特性,以便获得完整的调度信息。

③案例检索

案例索引策略合理与否直接影响到案例的检索效率,合理的索引结构可以缩小搜索范围,提高检索效率。根据分销链企业运作管理亟待解决问题的基本信息特点和调度案例,给出了调度的检索顺序。这里先从该企业的历史信息中检索是否有相似案例,然后再扩展到同层分销链中其他企业进行检索,最后才是其他各层子企业。

案例检索是基于案例推理系统的中心环节,是调度中关系到整个系统质量的关键部分。实现 CBR 的检索一般采用三种算法[258,259,260]:归纳推理法(Inductive Indexing Method,IIM)、最近邻近法(Nearest Neighbor Algorithm,NNA)和知识引导法。

以数值型为例,下面给出了运用最广泛的 NNA。其属性距离为:

$$D(da,db) = |da - db|/\max(da,db) \qquad (5-5)$$

相似距离为:

$$Sim(da,db) = [1 - D(da,db)]/[1 + D(da,db)] \text{ Or } Sim(da,db) = (1 - |da - db|)/\max(da,db) \qquad (5-6)$$

以矩阵的形式表示为:

$$Sim(Da,Db) = g_k * Sim(da,db)$$

$$= \begin{bmatrix} d_1(da_1,db_1) & d_1(da_1,db_2) & \cdots & d_1(da_1,db_n) \\ d_2(da_2,db_1) & d_2(da_2,db_2) & \cdots & d_2(da_2,db_n) \\ \cdots\cdots\cdots\cdots \\ d_m(da_m,db_1) & d_m(da_m,db_2) & \cdots & d_m(da_m,db_n) \end{bmatrix}$$

这里 $d_k(da_k,db_k) = g_k * Sim(da_k,db_k)$,对于矩阵形式中的属性权重 g_k 采用知识库中的专家系统确定,并把评价后的数值预储在数据库中。应用 NNA 策略进行检索的过程一般分为两个步骤:①通过调度 Agent 按照上述的选项对新问题和库中案例对应项的相似度进行评价;②计算新问题和库中案例的实体相似度,并给出计算值。其具体的案例检索算法的步骤如下:

第一步,依据调度知识的需求,确定其产生订货冲突的企业和冲突订货量案例。

第二步,确定冲突案例的相关因素权重为 $g_1, g_2, \cdots$ 和 g_n。

第三步,选取必须满足的几个因素条件,采用由自身历史案例到其他企业历史案例的检索方向,即运用问题案例中权重较大的几个因素检索案例库中与冲突问题案例相类似的所有案例,获取满足相似案例的集合。

第四步,采用 NNA,将当前冲突案例和相似案例进行相似度匹配计算。

第五步,求解当前冲突案例和相似案例中每个案例的相似度。

第六步,比较相似度的大小,求出相似度最大的案例作为最佳匹配案例。

上述算法中最关键的步骤是对案例进行相似度匹配,考虑到与冲突企业订货量相关的因素很多,只能对与冲突企业订货量相关性较大的属性进行分析。这种信息不完全的特性适合采用 NNA 方法计算相似度。

由于分销链中各个企业所处的市场环境和内、外部管理环境不尽相同,CBRMASM 的背景也存在一定差异,如何更好地设计检索冲突企业相似案例的顺序至关重要。这里采用逆向推理法和由内到外法检索冲突企业的订货量。逆向推理法是指根据冲突企业的订货量,由阀值的约定值选定大于其值的相似案例,并把这些相似案例作为调度的重点案例。然后,根据这些案例反向推出各个企业中影响分销链调度的订货量因素。如果这些因素与引起冲突企业订货量的因素相似度最近,那么则接受该案例中的调度值。由内到外法是指先搜索自身企业大于阀值的相似案例,然后根据逆向推理法分析是否存在类似的案例,若存在就选择最大的相似案例,然后再依次检索。

④案例存储

调度案例的存储采用关系数据库,关系数据库具有强大的数据管理功能,能够实现案例检索、案例添加、编辑和删除等操作。

上述调度方法是调度的一般性描述,这种描述实现了 CBRMASM 的有效运用。

(2)CBRMASS 的步骤

CBRMASS 是以分销链基于 MA 的预测、基于 MA 的计划和预调度的相关数据为前提,通过搜索以往的调度案例,评价这些调度案例的相似性,并利用这些案例解决当前冲突企业的运作管理问题。其工作过程遵循如下步骤:

第一步,根据冲突条件下基于 MA 的 CBR 调度需求,以规范的数据库语言形式描述冲突条件下的调度案例,采用数据库存储方式建立调度案例库。

第二步,应用数据挖掘、本体理论或模糊理论等方法从历史案例库中检索并选择与当前冲突企业的调度问题描述相似的案例,并通过 NNA 等方法确定最相似的案例。然后使用该案例作为冲突调度问题的解决方案。

第三步,若该调度案例与当前冲突调度企业的问题完全匹配,则直接从案例库中输出该案例的数据而不需要进行任何修改;否则,需要检索、改写调度案例库。如果可以找到符合案例特征的修改方案,那么调度 Agent 需要在该修改方案的基础上再进行一定的调整和修改,以便建立新的调度案例。

第四步,把调整后和新生成的调度案例修改方案进行评估,决定是否存入调度案例库中。

5.2.3 协同智能补货优化

5.2.3.1 问题的提出与记号设定

目前,有关分销链/供应链补货模型很少涉及基于 MA 的协同补货问题,一般是采用传统的数学方法建立线性模型和非线性模型进行求解。Axsater 等[261]研究了中心仓库应用批配货策略,零售商采用联合补充策略进行联合补货的模型。Khouja 等[262]给出了连续性单位成本增加或减少条件下的补货问题。Banerjee 等[263]从集成的角度给出了成本最小化模型,协商供应链的采购、生产和销售库存的补货决策。上面研究仅仅从集中式的角度构建了分销链/供应链成本的优化补货模型,没有从各层企业补货的动态性、交互性和智能化的角度思考并构建基于 MA 的分销链/供应链补货模型。仅有部分学者采用 MA 理论讨论了分销链/供应链的订货问题,而不是协同补货的问题。Karageorgos 等[264]给出了 Agent 和契约网协议优化物流和生产计划,并没有对订货协商过程进行计算。

本节与以往分销链/供应链补货模型研究的不同点在于在借鉴前人库存成本优化理论的基础上,根据影响企业补货的相关因素,从分布式的角度构建了基于 MA 的动态协商的补货模型,计算出影响补货量的权重,再把该权重引用到补货期望成本优化的计算模型中,根据外部环境的变化动态地进行补货。

主要记号如下:F^i_{k-1}:订货提前期(Order Lead Time,OLT)内的订货量;D^i_{k-1}:NSP 内的随机需求扰动值;C^i_{k-1}:NSP 内的补货总成本;$q^i_{k-1}(1)$:在 NSP 内,需求波动导致的 $k-1$ 层企业 i 向主管企业的局部补货量;P^i_{k-1}:在 NSP 内,需求波动和价格折扣导致的 $k-1$ 层企业 i 向主管企业的局部补货量;LQ^i_{k-1}:在 NSP 内,LRA 的局部补货量;GQ^{*i}_{k-1}:在 NSP 内,主管企业对 $k-1$ 层企业 i 的全局最优配货量;ε^i_{k-1}:主管企业对 $k-1$ 层企业进行定性评价获得的补货权重;Q^{*i}_{k-1}:基于权重 ε^i_{k-1} 下的协同补货量;A^i_{k-1}:单位产品的补货成本;C:单位产品的单价;B^i_{k-1}:单位产品的保管费用;Y^i_{k-1}:表示单位里程、单位产品的运输费用;CH^i_{k-1}:单位产品的缺货费用。

基于传统规划的动态补货主要设定如下:①分销链企业的动态补货模型由 $N,\cdots,2,1$ 层企业组成,各个企业的单位费用信息透明,并且只讨论单周期、一种产品的问题。②经过分销链 FPS 运作优化计算后,该产品的订货量 F^{*i}_{k-1} 已经确定。在 NSP 内,由于市场信息和内部激励或惩罚措施的变化,触发了基于传统规划的动态补货和基于权重 ε^i_{k-1} 的 CRA。③分销链各层企业作为独立的经济体,具有局部利益最大化的需求,并且拥有共享信息和私人信息(双方拥有不对称的信息量)。④设定 $k-1$ 层企业 i 的需求波动共享,服从密度函数 $f(x_i)$,分布函数 $F(x_i)$,且满足 F 可微、严格增加且 $F(0)=0$。⑤设定分销链企业遵循 Stackelberg 博弈,即分销中心是奖惩政策的制定者,一般会根据市场变化和库存情况,发布惩罚或激励措施;然后,各层企业依据该政策做出本企业是否需要进行补货的决策。

在构建 MACR 模型时,知识库中的专家系统等数据信息为 LRA 和基于权重 ε^i_{k-1} 的 GRA 的构建提供了智能推理和判断的基础。下面以随机需求条件下分销链企业的预测更新和价格折扣为例,构建分销链企业的 LRA 和基于权重 ε^i_{k-1} 的 CRA。

5.2.3.2 基于 MA 的协同补货模型

MA 理论作为研究复杂问题的一种方法,它采用分布式、自主性和智能化的管理理念,体现了各个相互作用的局部个体间的利益特性,从而有利于解决一些数学模型无法体现的复杂性问题。MEDM 模型把分销链分解为相互作用的主体 Agent,并把与分销链补货过程相关的操作设定为管理 Agent、全局配货 Agent、局部补货 Agent 和协同补货 Agent 等。这里设定各企业均在分销中心的管理下,统一在 NSP 到来之前的一段时间(以周计算)进行上报订货量,这一段时间称为订货提前期。在 NSP 内,由于市场随机需求的波动和分销中心采取的惩罚或激励措施,下层企业为了满足自己利益最大化的目的,一般会调整自己以往的软订货量,再次进行补货操作。

现实中的分销链补货过程一般是 k−1 层企业向其主管企业上报补货量、并通过 Internet 和电话等现代通信方式进行交互协商,最后达成补货协议,要么接受 k−1 层企业的补货量,要么修正 k−1 层企业的补货量。在本节中给出了新的思路,构建了基于 MA 的协同补货(Multi − Agent based Collaborative Replenishment,MACR)模型,如图 5 −5 所示。

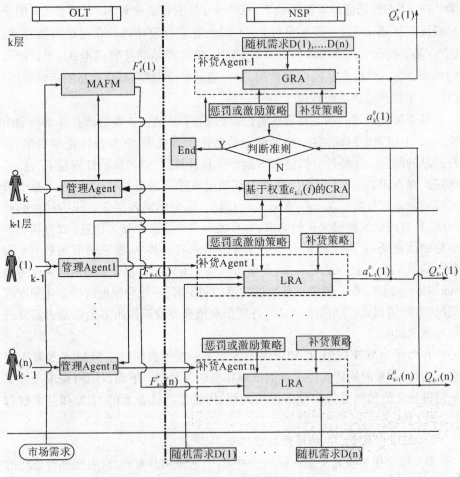

图 5 − 5　MACR 模型

现实中的补货过程通过 MACR 模型能够完成分销链企业的补货运作管理,MACR 模型的执行步骤具体如下:

第一步,在 OLT 内,当分销中心的管理 Agent 接受到所有下层企业的订货量后,从 ERP 软件中读取相关的数据,通过 MAFM 等计算确定整体优化条件下各个企业的订货量。这样方便于优化分销链的整体成本、减少牛鞭效应现象和分销中心向外部供应商集中订货。

第二步,在 NSP 内,由于受到市场随机需求的波动和分销中心采取的惩罚或激励措施的影响,k－1 层企业会从自身利益最大化的角度出发,运用补货策略调整其补货量,即定义为局部补货 Agent（Local Replenishment Agent,LRA）。

第三步,当主管企业的管理 Agent 感应到所管辖的 k－1 层企业的管理 Agent1 到 Agent n 上报的补货量后则进行判断。当主管企业的当前可用库存量大于 k－1 层企业总的补货量时,设定主管企业把当前可用库存量作为配货量进行配货;当主管企业的当前可用库存量小于 k－1 层企业总的补货量时,则需要进行全局配货的优化计算,即全局配货 Agent（Global Replenishment Agent,GRA）,并运用 GRA 计算全局期望优化下的数值作为配货量。

第四步,主管企业和 k－1 层企业需要判断是否要触发基于权重 ε_{k-1}^i 的协同补货 Agent（Collaborative Replenishment Agent,CRA）,以便协调配货量和补货量之间的冲突问题。当 $\sum GQ_{k-1}^{*i}$ 大于 $\sum LQ_{k-1}^{*i}$ 或 k－1 层企业对于主管企业的配货量不满意时需要触发基于权重 ε_{k-1}^i 的 CRA。当 k－1 层企业感知到基于权重 ε_{k-1}^i 的 CRA 计算的配货量后,经过自身评价,如果对该配货量不满意则需重新通过 LRA 计算局部补货量,再次上传给主管企业,并通过自己的管理 Agent 触发基于权重 ε_{k-1}^i 的 CRA,以便进行协商谈判,获得双方都能接受的补货量。

第五步,假设经过基于权重 ε_{k-1}^i 的 CRA 反复协商后,还不能获得双方满意的补货量,那么动态协同补货过程结束,并触发 CBRMASM。

图 5－5 把分销链的 MACR 模型运作过程分解为两两相互作用的 Agent,在管理 Agent 的协调下,分销链企业可以不需要管理者干预,动态自治地完成分销链企业的补货过程,减少了不必要的人为因素的干扰。下面把 MACR 模型的过程分解为基于传统规划的动态补货和基于权重 ε_{k-1}^i 的 CRA 两部分进行计算分析。

5.2.3.3 基于传统规划的动态补货

（1）LRA 的构建

在 NSP 开始时刻,k－1 层企业 i 的订货总成本为 $[A_{k-1}^i + C + Y_{k-1}^i] \times F_{k-1}^i$。在 NSP 内的 t1 时刻,当 k－1 层企业 i 的需求发生波动时,根据文献[265,266,267]的期望成本函数,k－1 层企业 i 的局部补货期望总成本由补货成本、运输成本、保管成本和缺货成本组成。其函数为:

$$E[C_{k-1}^i(t1)] = (A_{k-1}^i + C + Y_{k-1}^i) \times q_{k-1}^i(1)$$
$$+ B_{k-1}^i \times \int_0^{q_{k-1}^i(1)} [q_{k-1}^i(1) - D_{k-1}^i] \times f_{k-1}(x) dx \qquad (5-7)$$
$$+ CH_{k-1}^i \times \int_{q_{k-1}^i(1)}^{+\infty} [D_{k-1}^i - q_{k-1}^i(1)] \times f_{k-1}(x) dx \qquad (k > 2)$$

设 $\dfrac{\partial E[C_{k-1}^{i}(t1)]}{\partial q_{k-1}^{i}(1)} = 0$，若 $\dfrac{\partial^{2} E[C_{k-1}^{i}(t1)]}{\partial q_{k-1}^{i}(1)^{2}} > 0$，那么 $k-1$ 层企业 i 的局部期望补货总成本 $E[C_{k-1}^{i}(t1)]$ 在区间 $[0, +\infty]$ 上存在补货量 $q_{k-1}^{i}(1)$ 的最小值。

令 $\dfrac{\partial E[C_{k-1}(t1)]}{\partial q_{k-1}^{i}(t1)} = 0$，由式（5-7）求得：

$$q_{k-1}^{*i}(1) = F^{-1}\left[-\frac{A_{k-1}^{i} + C + Y_{k-1}^{i} - CH_{k-1}}{B_{k-1}^{i} + CH_{k-1}^{i}} \right] \tag{5-8}$$

在 NSP 内的 t2 时刻（t1 < t2），$k-1$ 层企业 i 接受分销中心的价格折扣时，企业 i 不知道该折扣是否会在下一个销售周期取消。所以，为了享受到该折扣优惠，一般情况下企业 i 会依据本企业的成本最小化原则增加其补货量。设折扣准则为：$p = \theta C (0 < \theta < 1)$。这时企业 i 的局部期望成本优化补货量为：

$$P_{k-1}^{*i} = F^{-1}\left[-\frac{A_{k-1}^{i} + p + Y_{k-1}^{i} - CH_{k-1}^{i}}{B_{k-1}^{i} + CH_{k-1}^{i}} \right] \tag{5-9}$$

从上述计算可以看出：①在 NSP 内，给出了随机条件下可能出现的两种情况：如果仅仅出现了 $k-1$ 层企业 i 的需求波动为 $D_{k-1}(i)$ 时，那么 $k-1$ 层企业 i 的 LRA 补货量为 $LQ_{k-1}^{*i} = q_{k-1}^{i}(1)$；如果既出现了 $k-1$ 层企业 i 的需求波动为 D_{k-1}^{i}，分销中心又采取了价格折扣 p 时，那么 $k-1$ 层企业 i 的 LRA 补货量为 $LQ_{k-1}^{*i} = P_{k-1}^{*i}$。②在给定分布函数的条件下，为保证 $k-1$ 层企业 i 补货量有意义，在式（5-8）和式（5-9）中需要分别保证 $A_{k-1}^{i} + Y_{k-1}^{i} + C < CH_{k-1}^{i}$ 和 $A_{k-1}^{i} + Y_{k-1}^{i} + p < CH_{k-1}^{i}$ 均为正值。

（2）GRA 的构建

$k-1$ 层企业 i 把通过 LRA 计算后的局部期望成本优化补货量 LQ_{k-1}^{*i} 上传给主管企业。同样，在某些条件下，主管企业也可能需要通过 GRA 计算全局最优配货量 GQ_{k-1}^{*i}，以便主管企业与 $k-1$ 层企业 i 进行谈判协调。主管企业的全局优化配货量的成本函数为：$C_{k}^{*} = \sum\limits_{j=1}^{k}\sum\limits_{i=1} C_{j}^{i}$。然后，主管企业的管理 Agent 对 $\sum GQ_{k-1}^{*i}$ 和 $\sum LQ_{k-1}^{*i}$ 值进行比较。当主管企业的管理 Agent 收到所有 $k-1$ 层企业的补货量 LQ_{k-1}^{*i} 后，把 $\sum LQ_{k-1}^{*i}$ 和主管企业的全局最优配货量 $\sum GQ_{k-1}^{*i}$ 相比较。若 $\sum GQ_{k-1}^{*i}$ 大于 $\sum LQ_{k-1}^{*i}$，那么接受 $k-1$ 层企业的补货量 LQ_{k-1}^{*i}；若不满足，那么 $k-1$ 层企业 i 的管理 Agent 把 LQ_{k-1}^{*i} 上传给基于权重 ε_{k-1}^{i} 的 CRA。同样，主管企业的管理 Agent 也把 GQ_{k-1}^{*i} 上传给基于权重 ε_{k-1}^{i} 的 CRA，以便进行协商。

5.2.3.4 基于权重 ε_{k-1}^{i} 的 CRA

对于基于 MA 的动态协同，陈志祥给出了基于战略性、紧密性与松散性三种合作关系和三种分布式协调机制：黑板（Black Board，BB）机制、合同网（Contact Net，CN）机制、拍卖与投标（Auction and Bidding，AB）机制。对于 BB 机制，由于协商双方需要平等的地位才能共享信息,不符合分销链分层递推的管理模式,也不利于主管企业对所管辖企业的配货量信息进行屏蔽。屏蔽所管辖企业i 的信息有利于防止其他补货企业根据博弈理论权衡自己企业的补货情况后再重新确定补货量的情况发生。CN 机制下的合作关系为紧密合作关系,有利于分销链补货过程逐层分解和资源分配,如企业与紧密协作生产的供应商之间的供应计划与生产计划协调都属于这类问题。这是一种逐层分解和层层协调的分解模式,该模式是求解分销链企业协商机制的有效方法。对于 AB 机制,由于 AB 的最终结果是淘汰部分补货企业,AB 机制不符合分销链配货的需求,因为需要补货的每一个企业都必须被分配一定数量的产品满足分销链企业的销售需求。所以,AB 机制也不适合基于权重 ε_{k-1}^i 的 CRA。下面采用 CN 机制和 AB 机制相结合的方式构建了分销链企业的协同补货协商过程。基于 MA 的协同模式主要有两类:一对一协商和一对多协商。本节的协同补货属于一对多协商问题,即主管企业与管辖的多个需要补货的企业进行协商。因此,在吸取 CN 机制的逐层分解、资源分配功能和 AB 机制的一对多协商功能的基础上,给出了分销链企业逐层分解的一对多协商模式。

一般情况下,在分销中心的管理过程中,下层企业需要服从主管企业的管理。以 $k-1$ 层企业为例,在 MACR 模型中,主管企业通过管理 Agent 和人机交互界面,根据专家系统等信息系统中的评价指标和数据,对 $k-1$ 层企业 i 进行定性评价,获得 $k-1$ 层企业 i 的补货权重。在协商过程中,通过主管企业的反复评价,可以获得一系列权重 $\varepsilon_{k-1}^{i,1}$、$\varepsilon_{k-1}^{i,2}$、$\cdots$ 和 $\varepsilon_{k-1}^{i,n}$。

对于补货权重的获取,本节采用前面的模糊控制原理进行了设计。该权重通过管理 Agent 归一化处理后,传输到基于权重 ε_{k-1}^i 的 CRA 中,并触发它计算 $k-1$ 层所有企业的期望成本优化下的补货量 Q_{k-1}^{*i}。在基于权重 ε_{k-1}^i 的 CRA 中,主管企业按照 $C_k^* = \sum_{j=1}^{k} \sum_{i=1}^{n} \varepsilon_j^i C_j^i$ 原则确定 $k-1$ 层企业 i 的补货量 Q_{k-1}^{*i}。其期望总成本函数为:

$$
E(C_j^{*i}) = \sum_{i=1}^{n} \left\{ \varepsilon_1^i \times \left\{ \begin{array}{l} (A_1^i + p + Y_1^i) \times Q_1^{*i} \\ + B_1^i \times \int_0^{Q_1^{*i}} (Q_1^{*i} - D^i) \times f(x_i) dx \\ + CH_1^i \times \int_{Q_1^{*i}}^{+\infty} [-(Q_1^{*i} - D^i)] f(x_i) dx] \end{array} \right\} \right.
$$

$$
\left. + \sum_{j=2i=1}^{k-1} \sum_{i=1}^{n} \left\{ \varepsilon_j^i \times \left\{ \begin{array}{l} [A_j^i + p + Y_j^i] \times Q_j^{*i} + \\ B_j^i \times \max[(Q_j^{*i} - Q_{j-1}^{*i}), 0] \\ + CH_j^i \times \max[-(Q_j^{*i} - Q_{j-1}^{*i}), 0] \end{array} \right\} \right\} \right.
$$

$$Q_j^{*i} \geqslant \sum_{i=1}^{n} Q_{j-1}^{*i} \quad j > 1$$

$$Q_j^{*i} \geqslant \sum_{i=1}^{n} D^i \quad j = 1$$

$$\sum_{j=1}^{k-1} \sum_{i=1}^{n} GQ_j^{*i} \geqslant \sum_{j=1}^{k-1} \sum_{i=1}^{n} Q_j^{*i}$$

$$Q_j^{*i} > 0, GQ_j^{*i} > 0 \tag{5-10}$$

运用 GA 对式(5-10)计算,求得所有 k-1 层 i 企业整体优化下的补货量 Q_{k-1}^{*i}。

基于权重 ε_{k-1}^i 的 CRA 需要主管企业反复地与 k-1 层企业进行交互协商,动态地对 k-1 层各个企业进行定性评价,通过模糊控制器计算权重。最后,把该权重代入式(5-10)中进行计算。同理,k-1 层企业 i 则根据主管企业反馈的相应配货量 Q_{k-1}^i,确定是否需要继续协商;如果需要,那么通过放松成本函数的系数、惩罚或激励措施等,通过上式重新计算补货量 LQ_{k-1}^{*i},并上传给主管企业。下面给出了协同补货的过程过程,如图 5-6 所示。

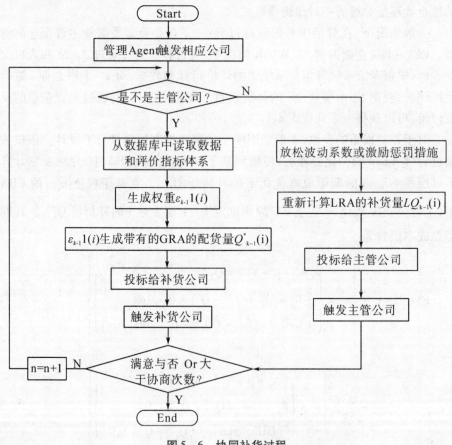

图 5-6 协同补货过程

这里把基于权重 ε_{k-1}^i 的 CRA 与 MA 理论相结合实现了分销链的补货过程，把传统的基于 Internet 和电话的分销链协商模式转化为基于传统规划的动态补货过程与基于权重 ε_{k-1}^i 的 CRA 优化问题的交互协商模式，实现了分销链企业一对多的管理需求。

为了验证基于 MA 的协同补货的有效性，给出了 MACR 模型的计算过程。

（1）GA 求解

选用 Sheffield 大学的 GA 工具箱，首先需要在 Matlab 平台上安装并设置工具箱路径。其具体计算步骤如下：

第一步，初始化过程。设定群体规模为 Nsize，最大进化代数为 Mmax，如 Nsize = 20，Mmax = 200，令 $g = 1$。

第二步，运用 $k-1$ 层企业 i 的补货量作为染色体 Chrom 的编码，以整数表示 $C = \{r(1), r(2), \cdots, r(n)\}$。然后，随机产生包含 N 个染色体的种群，设置 Nsize 为初始种群。每一个染色体中的数值在 $[0, Imax]$ 之间随机生成，Imax 表示主管企业的最大库存量。

第三步，计算评价函数值 ObjV 和适应度值 FitnV。在计算评价函数时，GA 工具箱的设置要求计算评价函数的最小值，如果是成本（利润）最大化的问题则需要转化为其倒数进行计算。其计算的补货期望成本优化符合最小化要求，在计算 $k-1$ 层企业 i 的局部期望成本最小化时，以式（5 - 7）作为评价函数，在计算主管企业的全局期望成本优化时采用函数 $C_k^* = \sum_{j=1}^{k} \sum_{i=1}^{n} C_j^i$，在计算基于权重 ε_{k-1}^i 的 CRA 的期望成本最优化时把式（5 - 10）作为评价函数。对于适应度值的计算，工具箱中提供了 ranking 和 scaling 等函数，我们选用 ranking(ObjV')。

第四步，选择、交叉和变异。根据适应度的大小，为了确保适应度较大的一些个体能够被保留到下一代种群，选用传统的"转盘赌"进行选择，适应度大的染色体被选择的概率较大。工具箱中的选择类别有 reins, rws, select 和 sus 等函数，这里选用了 select('rws', Chrom, FitnV, GGAP)。对于交叉，如采用两两随机分组交叉方式，各对染色体产生交叉的概率 Pc 设为一个固定值，如 Pc = 0.70。工具箱中的交叉类别有 recdis, recint, reclin, ecmut, recombin, 和 xovdp 等函数，这里选用了 recombin('xovsp', SelCH, 0.7)。为了保证种群的稳定性，选择变异发生概率设定为 Pm = 0.2，采用循环方式过滤种群中的每个染色体。工具箱中的变异类别有 mut, mutate 和 mutbga 等函数，这里选用 mutate ('mutbga', SelCH, FieldDR)。

第五步，如果 $g > $ Max 则结束计算，给出分销链企业的补货量和最优期望成本，否则进行 $g = g + 1$，返回到第三步。

上述编程求解过程与前文给出的求解过程基本一致，其不同点在于染色体编码、评价函数和约束函数的计算。

（2）结果分析

这里设定主管企业全局期望优化后的可利用配货量为80，$k-1$层的两个企业的市场需求波动均服从正态分布函数，其分布均值 μ 分别为60和50，补货单位成本分别为4和3，运输单位成本分别为2和5，保管单位成本分别为1和2，缺货单位成本分别为10和12，$k=2$。TQ 和 TQ′ 分别为初始价格和折扣价格下的两个企业的补货总量，TC 和 TC′ 分别为初始价格和折扣价格下的两个企业的补货总期望成本，CQ 和 CQ′ 分别为初始价格和折扣价格下的主管企业与 $k-1$ 企业协商补货量。

通过 GA 计算的动态补货结果如表5-1所示。这里仅仅给出了 $k-1$ 层两个企业在方差为 $\sigma=5$、10、15、20、25 和 30 时的补货量。从表5-1可以看出，随着正态分布方差 σ 的增大，$k-1$ 层两个企业的补货量随之减少，这与周永务[268]的计算相符合。可以看出在补货期望成本最优化的条件下，随机需求的不确定性越小时，$k-1$ 层两个企业的补货量越接近其波动需求的均值 μ，而且最优补货期望成本也较小；反之，其补货量减少，期望成本则增加。该优化计算说明分销链企业的管理者在预测随机需求变化时，需要尽可能地获得较小方差的随机需求，有利于各个企业获得尽可能接近实际需求的补货量，又能够降低各个企业的补货期望成本，符合分销链企业的利益需求。

表5-1   动态补货的计算值

σ	$c=3$							$c'=3$						
	Q_{k-1}^1	$B(C_{k-1}^1)$	Q_{k-1}^2	$B(C_{k-1}^2)$	TQ	TC	CO	Q_{k-1}^1	$B(C_{k-1}^1)$	Q_{k-1}^2	$B(C_{k-1}^2)$	TQ′	TC′	CO′
5	55	494.99	43	559.54	98	1.0545e+003	Y	57	439.07	45	515.79	102	954.859	Y
10	50	509.88	35	569.99	85	1.0791e+003	Y	53	458.13	39	531.59	92	989.719	Y
15	45	524.95	28	578.43	73	1.1034e+003	Y	50	477.18	34	547.16	84	1.0243e+003	Y
20	41	539.20	22	585.78	63	1.1250e+003	Y	47	495.42	29	560.10	76	1.0555e+003	N
25	36	550.58	17	589.86	53	1.1404e+003	N	44	510.25	26	568.18	70	1.0784e+003	N
30	34	558.05	15	591.85	49	1.1499e+003	N	42	520.19	23	572.43	65	1.0926e+003	N

从表5-1中可以看出，在 C=3 时，当 $\sigma=5$ 和 $\sigma=10$ 时需要触发基于权重 ε_{k-1}^i 的 CRA。当 $k-1$ 层两个企业获得价格折扣信息 C′=2 后，$k-1$ 层两个企业的补货量也有了一定的增加，总的补货期望成本有一定程度的降低，这时 $\sigma=5$、$\sigma=10$ 和 $\sigma=15$ 时的 $k-1$ 层两个企业的补货量也需要触发基于权重 ε_{k-1}^i 的 CRA。

通过 GA，运用式（5-10）计算了分销链 $k-1$ 层两个企业的补货量和期望总成本，计算结果如表5-2所示。表5-2中给出了不同方差 σ 和权重下的 $k-1$ 层两个企业的补货量和补货期望总成本。当 $\sigma=5$ 时，随着权重的不断增大,其补货量也在增加,整体优化下的总期望成本在减少;当 $\sigma=15$ 时,随着权重的不断增大,其补货量也在增加,但是增幅已经明显减少,总期望成本也有一定的减少。可以看出 $\sigma=5$ 时的协同补货量在不同权重下的变化较明显,主要是因为当 $\sigma=5$ 时,在补货期望成本优化和主管企业配货总量有限的条件下,k、$k-1$ 层企业之间的配货量(补货量)冲突较明显。当 $\sigma=30$ 时,随着权重的不断增大,其补货量没有发生变化,总期望成本也没有发生变化,原因可以从表 $5-2$ 中看出。当 $\sigma=30$ 时,$k-1$ 层两个企业的补货量在配货总量的范围内,主管企业与 $k-1$ 层企业之间不存在冲突。所以,从表 $4-8$ 的计算结果中可以看出,经过主管企业与 $k-1$ 层企业触发的基于权重的 CRA 计算后,$k-1$ 层两个企业的补货量和补货期望总成本没有变化是合理的,这与表 $5-1$ 中的计算值相符合。

表 $5-2$ 　　　　　　　　基于权重 ε_{k-1}^i 的 CRA 计算值

$c'=2$

σ	ε_1^1	ε_1^2	Q_1^{*1}	$E(C_1^{*1})$	Q_1^{*2}	$E(C_1^{*2})$	$E(C)$
	0.1	0.9	35	494.1283	45	515.7960	1.0099E+003
5	0.4	0.6	36	491.3251	44	516.0285	1.0074E+003
	0.8	0.2	54	442.0203	25	549.1253	991.1457
	0.1	0.9	46	479.0438	34	547.1576	1.0262E+003
15	0.4	0.6	47	478.3945	33	547.2117	1.0256E+003
	0.8	0.2	49	477.3685	31	547.8630	1.0252E+003
	0.1	0.9	42	520.1930	24	572.4237	1.0926E+003
30	0.4	0.6	42	520.1849	24	572.4414	1.0926E+003
	0.8	0.2	42	520.1861	24	572.4414	1.0926E+003

　　表 $5-3$ 给出了传统规划法和 MACR 计算的结果。当 $\sigma=5$ 和 $\sigma=15$ 时,CO = Y 说明需要启动 MACR,MACR 的计算结果表明无论 $k-1$ 层两个企业的权重增大还是减小,MACR 计算的期望成本 $E(C)$ 均优于传统规划法计算的结果。当 $\sigma=30$ 时 CO = N 说明不需要启动 CRA。可以发现 MACR 与传统规划法计算的结果相同。计算结果说明 MACR 模型的计算是合理的。

表 5 - 3　　　　　　　　　传统规划法与 MACR 比较

σ	传统规划法		CO	MACR		
	E(C)			ε_1	ε_2	E(C)
5	1.0545e + 003		Y	0.1	0.9	1.0099E + 003
				0.4	0.6	1.0074E + 003
				0.8	0.2	991.1457
15	1.1034e + 003		Y	0.1	0.9	1.0262E + 003
				0.4	0.6	1.0256E + 003
				0.8	0.2	1.0252E + 003
30	1.0926E + 003		N	0.1	0.9	1.0926E + 003
				0.4	0.6	1.0926E + 003
				0.8	0.2	1.0926E + 003

计算结果发现 MACR 的计算优于传统规划法，MACR 中的 LRA、GRA 和基于权重 ε_{k-1}^i 的 CRA 设计的合理性和把 GA 运用在 MACR 模型求解的有效性。

5.3　可靠性智能分配模型

可靠性分配是按照一定方法将系统可靠性指标分配给特定子系统或零部件的过程。工作流本体将订单任务分解为若干个成员企业可以投标的子任务。如果每一个子任务只有一个投标企业，分销链的结构随之确定，但是在大多数情况下，会有多个投标企业对多个子任务进行竞标，由于各个投标企业的可靠度与成本各不相同，就需要从系统可靠性角度出发，将子任务分配给合适的企业来完成，实现分销链可靠性最优设计。

5.3.1　可靠性分配模型

5.3.1.1　分配模型

许多系统在完成某些任务时，可以把任务分为连续的多个阶段，不同阶段的任务由不同的功能单元组合完成，这种系统称为多阶段任务系统。多阶段任务系统(Phased - Mission System, PMS)，由一系列具有时间连续且不相互覆盖的基本任务阶段组成，且每个基本任务阶段有不同的任务生产要求，是一种典型的复杂任务系统。

分销链的订单子任务分配作为一类多阶段任务系统，每个阶段由不同中标

企业完成相应的子任务。为便于分析,做出如下假设:

假设1:同一个子任务的所有投标企业生产能力一样,投标企业只存在正常与失效两个状态,不存在第三种状态。正常生产情况下,均能独立完成子任务的生产。

假设2:各个子任务的生产相互独立。

假设3:各成员企业的故障相互独立。一个成员企业故障不会影响另一个成员企业故障发生的概率。

假设4:每个子任务至少有一个投标企业。

无论分销链系统在具体结构上如何千差万别,从逻辑上进行分析,都可以分解归纳为串联结构、并联结构和冗余结构三类子系统。分销链系统可靠性是这三类子系统可靠性的逻辑组合。在对这三类子系统可靠度计算的基础上,可以得到分销链的系统可靠度。

为了便于描述,给出如下符号定义:

$T = \{1, 2, \cdots, t\}$ 为子任务(子系统)的集合,i 为子任务(子系统)的代码,$B_i = \{B_{i1}, B_{i2}, \cdots, B_{ij}, \cdots, B_{m_i}\}$ 为可完成子任务 i 的投标企业集合,对于子任务 i 有 m_i 个投标企业可供选择,即 m_i 为可以完成子任务 i 的候选企业数量,至少需要在 B_i 中选择一个中标企业。R_i 为子系统 i 的可靠度;C_i 为子系统 i 的成本;E_i 为串联子系统 i 中的企业数目;F_i 为并联系统 i 中的企业数目;G_i 为冗余子系统 i 中的企业数目;r_{ij} 为子任务 i 的第 j 个投标企业的可靠度,$j \in B_i$;c_{ij} 为子任务 i 的第 j 个投标企业的成本。

现将分销链系统中的三类子系统分别说明如下:

①串联子系统

串联子系统中,一个企业的输出作为其后一个企业的输入。相邻企业单元之间紧密连接,每个企业单元执行一个独立的生产服务,企业之间不能相互替代。只有当子系统中所有企业单元都正常生产时,子系统才能实现正常工作。其结构可靠性框图如图5-7所示。

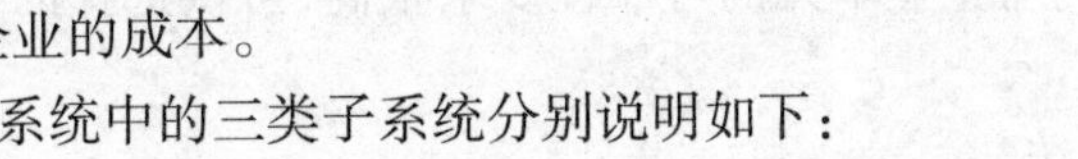

图5-7　串联结构可靠性框图

根据概率论的乘积法则,串联结构子系统的结构可靠性与成本函数分别为:

$$R_i = r_{i1} \times r_{i2} \times \cdots \times r_{iE_i} = \prod_{j=1}^{E_i} r_{ij}, \quad C_i = \sum_{j=1}^{E_i} c_{ij}, \quad j = 1, 2, \cdots, E_i。 \tag{5-11}$$

显然,为了提高串联结构子系统的可靠度,可以通过以下两种方法:一是尽可能采用可靠度较高的企业单元;二是简化系统设计,尽可能用数量较少的企业单元来组成分销链系统,即减少分销链系统的层次。

②并联子系统

并联子系统是指在并行的执行环境中,多个企业同时完成不同类型的子任务,企业间不能相互替代。只有当所有企业都正常运行时,该子系统状态才是正常的,其结构可靠性框图如图 5-8 所示。

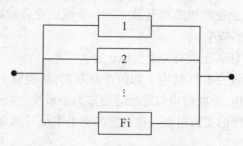

图 5-8　并联结构可靠性框图

并联子系统的结构可靠性与成本函数分别为:

$$R_i = \prod_{j=1}^{F_i} r_{ij}, \quad C_i = \sum_{j=1}^{F_i} c_{ij}, j = 1,2,\cdots,F_i \qquad (5-12)$$

并联结构子系统具有系统组成简单,系统的组成单元数量少,各企业易于协调,可控制程度比较高,能够最大化利用每个企业单元的能力,成本费用节约等优点。但是,只要其中任意一个企业出现问题,整个子系统就会陷入瘫痪状态,因此这种结构对企业单元的可靠性要求很高,可供选择的企业资源范围受到极大限制。

③冗余子系统

冗余子系统与并联子系统的结构类似,纵向上同样包含多个企业。两者的不同之处在于:只要存在一个正常运行的企业,该子系统状态就是可靠的。对于采用冗余结构的分销链子系统,可以按照某种机制将同一个生产任务分配给多个企业单元共同完成。由于每个企业单元执行的任务是相同的,因此各个企业单元能够相互代替任务完成。其结构可靠性框图如图 5-9 所示。

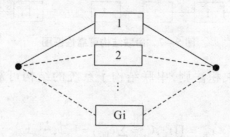

图 5-9　冗余结构可靠性框图

冗余子系统的结构可靠度与成本函数分别为:

$$R_i = 1 - \prod_{j=1}^{G_i}(1 - r_{ij}), C_i = \sum_{j=1}^{G_i} c_{ij}, j = 1, 2, \cdots, G_i \qquad (5-13)$$

冗余结构与串并联结构的特点刚好相反。这种结构的子系统能够用可靠性较低、生产能力有限的多个企业单元，组成系统可靠性较大、具有较大生产供应能力的子系统。大大降低了对单个企业单元的可靠性要求，扩展了可供选择的企业范围，具有更大的灵活性。但是，这种结构是利用生产能力冗余，来换取可靠性与服务水平的提高。因此，使得企业资源的利用率降低，生产成本相应提高。

如前所述，任何一个分销链系统总可以分解成若干个以上三类子系统，如果这些子系统之间通过串行方式结合起来，形成完整的分销链系统，此时，分销链系统的固有可靠度与成本函数分别为：

$$R_S = \prod_{i=1}^{t} R_i, C_S = \sum_{i=1}^{t} C_i, i = 1, 2, \cdots, t \qquad (5-14)$$

在决定系统可靠性水平时，需要考虑系统可靠性增长量与单位经济成本之间的平衡。片面强调节省成本，将会导致成员企业可靠性水平降低，分销链可靠性改进速度减慢等一系列问题，对系统的可靠运作带来隐患；片面追求高可靠性，又会造成成本过高，资源浪费，降低分销链运营效率。因此，要将系统可靠性提高与效率提高有机结合起来，使得在总成本一定的条件下，系统可靠性最高；或在系统可靠性水平一定的条件下，系统的投入成本最省。

在以往的系统可靠性最优化研究中，主要集中在成本约束条件下，追求系统可靠性的最大；或者在可靠性约束下，追求总成本最小。如果希望在给定可靠度与成本约束条件下，既要使可靠度达到最大，又要使总成本达到最小，这就属于多目标优化问题。

本节的分销链可靠性设计问题可以归结为下列优化问题：

选择一组中标企业集合，以可靠性和成本为评价准则，所确定优化目标函数和约束条件分别为：

$$\max \quad R_S = f(R_i(x_i)) = f(R_1(x_1), R_2(x_2), \cdots, R_t(x_t)),$$
$$\qquad (5-15)$$
$$\min \quad C_S = \sum_{i=1}^{t} C_i(x_i)$$

$$\text{s. t.} \quad C_S \leq C_0, R_S \geq R_0 \qquad (5-16)$$

式中，R_S 为分销链系统实际结构可靠度，R_0 为分销链系统的目标可靠度，C_S 为分销链系统的实际成本，C_0 为分销链系统的限制成本，$R_i(x_i)$ 为子系统 i 的可靠度，$C_i(x_i)$ 为子系统 i 的成本，x_i 为 $x_{i,1}, x_{i,2}, \cdots, x_{i,m_i}$，$x_{ij}$ 为配置在子系统 i 中的第 j 个成员企业的数目。

如果分销链系统是由串、并联、冗余组成的混联系统，首先需要将其分解为若干个串联、并联或者冗余子系统，再根据各子系统之间的串联和并联关系，即可得到式(5-15)中f(R_i(x_i))的具体函数形式。此外,当对分销链系统可靠性要求比较高时,为保证分销链系统正常运行,除了尽可能选取可靠度高的投标企业,还可以通过配置冗余增加系统可靠性。然而,冗余企业数量也不能随意增加,虽然数量越多对系统可靠性越有保障,但是成本也会随之增加。

5.3.1.2 求解算法

分销链系统包含几个相互连接的组成部分(成员企业),这些组成部分既不是单纯的串联关系,也不是单纯的并联关系。为了寻找满足总成本约束条件下的分销链可靠性最优化方案,可以通过穷举所有可能的成员企业组合方案,从中选取出系统可靠性最大的方案。但是,通过对所有可能方案寻找满足约束的解进行枚举,将会造成难以忍受的计算资源开销。本质上,分销链系统可靠性优化设计问题是一类NP-难问题。通常情况下,该问题带有大量的局部极值,可视为一种不可微、不连续、多维的、带有约束条件的高度非线性NP-难问题。

分销链可靠性智能分配函数的求解属于一类特殊的多目标优化问题,其计算过程就是求取其非劣最优解的过程。应用智能优化算法求解多目标优化问题,作为智能算法领域的一个热点。目前,较为常用的智能优化算法有模拟退火优化算法、多目标粒子群优化算法以及多目标遗传算法等。

模拟退火算法是通过赋予搜索过程一种时变且最终趋于零的概率突跳性,从而可有效避免陷入局部极小并最终趋于全局最优的串行结构的优化算法。但是不能够利用非劣最优解进行评估,不仅会导致求解速度较慢,并且无法保证所得解的多样性[269]。多目标粒子群优化算法的研究历史相对较短,在理论基础研究与应用推广两方面,还存在一些亟待解决的问题。例如,目前还不能从理论上推导出粒子群算法的收敛性;由于其局部搜索能力较差,在处理实际的复杂问题时,容易陷入局部优化解[270]。相比较而言,多目标遗传算法具备种群多样性和全局搜索等特性,在有效保证群体多样性的前提下,所求出的优化解为全局最优解[271]。因此,作为解决多目标优化问题的一种非常有效的方法,多目标遗传算法在多目标优化领域的应用已经较为广泛。

综上所述,本章采用多目标遗传算法对式(5-15)进行求解,在所获得的局部优化目标的Pareto最优解的基础上得到最终解。对于多目标优化问题而言,通常情况下的Pareto最优解数量并不唯一,而是存在若干个最优解,由这些解构成Pareto最优解集。解集中任何一个解均有成为全局最优解的可能性。在得到各个投标企业可靠度的基础上,从Pareto最优解中寻找出满足分销链目标可靠性和总成本要求的最优解。具体步骤如下:

(1)个体编码

常用的个体编码方式有十进制与二进制这两种编码方案。本章采用二进制编码方案,通过将各个变量用二进制字符串表示的定长编码来表示,接着对不同字符串进行组合构成搜索空间上不同的搜索点。向量长度取决于区间长度和精度要求,根据求解问题的具体要求,本问题的求解精度设定为小数点后三位。

(2)群体初始化

为了实现对遗传算法群体进行操作,必须为下一步操作准备由若干初始解组成的初始群体。在群体规模确定后,通常可以采用随机方法实现种群进化初始化。

(3)适应度函数

评价演化个体优劣的常用方法有以下三种:权重和法、Pareto 排序法以及效用函数法[272]。综合实际问题的求解效率,这里采用权重和法,通过式(5-15)对目标函数进行变换:

$$Z(X) = w_1 R_S + w_2 C_S$$

由于需要考虑权值,这里采用随机权重法[273]。随机权重的大小通过下式进行确定:

$$w_i = \frac{r_i}{\sum\limits_{j=1}^{n} r_j}$$

式中,$i = 1,2,3,\cdots,n$,n 为非负随机数。

(4)选择策略

选择的目的是从当前的群体中选出相对优良个体,使其成为父代的机会更大,为下一代繁殖子孙。判断个体优良与否的唯一依据是根据各自的适应度值,本章采用"轮盘赌"选择法计算适应度值。

(5)交叉、变异

交叉操作采用常用的两点交叉,变异操作采用均匀变异。根据适应度值动态地确定调节遗传操作的交叉概率 p_c 和变异概率 p_m。其交叉概率与变异概率的计算公式如下:

$$p_c = \begin{cases} k_1 \dfrac{z_{max} - z_{big}}{z_{max} - z_{avg}}, & z_{big} \geqslant z_{avg} \\ k_2, & z_{big} < z_{avg} \end{cases} \qquad p_m = \begin{cases} k_3 \dfrac{z_{max} - z}{z_{max} - z_{avg}}, & z \geqslant z_{avg} \\ k_4, & z < z_{avg} \end{cases}$$

式中,z_{max} 为群体最大适应度值,z_{avg} 为群体平均适应度值,z_{big} 为两个交叉个体中较大的适应度值,z 为变异个体的适应度值,k_1、k_2、k_3、$k_4 \in [0,1]$。

此外,考虑其他启发式算法,进行计算效果与求解精度比较,以进一步验证本算法在求解此类问题最优解方面的有效性,也是有待继续深入研究的重要问题之一。

5.3.2 可靠性智能评估机制

如果存在多个投标企业对同一子任务进行竞标,首先需要对这些投标企业进行可靠性评估。文献[274]借鉴 SCOR 模型第一层绩效性能指标分类的思想,建立了成员企业可靠性评价指标体系。根据这些指标来衡量各个环节成员企业可靠度,进而选择合适的企业。考虑到成员企业可靠性的评价指标具有"灰色"特征,运用常规的数学评价方法对其进行衡量和评价是不全面的,很难做出准确、合理的判断,所以,文献[275]将灰色理论应用于成员企业可靠性综合评价。

针对成员企业可靠性评价过程和结果模糊性的特点,可以根据 UDDI 中成员企业间的历史交易记录,获取投标企业的相关数据,通过模糊逻辑计算出投标企业可靠度。

5.3.2.1 模糊逻辑

模糊逻辑作为经典二值逻辑的推广,它是基于模糊集和模糊关系所建立的模糊命题和模糊推理的逻辑体系[276]。在对模糊命题进行模糊推理时,模糊逻辑应用模糊关系表示模糊条件句,可以将推理判断过程转化为隶属度合成及演算过程。

设 X、Y 是两个各自具有基础变量 x、y 的论域,模糊集 $A \in X$、$B \in Y$ 的隶属函数分别为 $\mu_A(x)$ 和 $\mu_B(y)$,又设 $R_{A \to B}$ 是 X×Y 论域上描述模糊条件语言"若 A 则 B"的模糊关系。其隶属函数为:

$$\mu_{A \to B}(x, y) = [\mu_A(x) \wedge \mu_B(y)] \vee [1 - \mu_A(x)]$$

常用的 Zedeh 推理。逻辑推理过程如下:

大前提: $A \to B$

小前提: $\underset{\sim}{A_1}$

结　论: $\underset{\sim}{B_1} = \underset{\sim}{A_1} \circ R_{A \to B}$

其中,$\underset{\sim}{B_1} = \underset{\sim}{A_1} \circ R_{A \to B}$ 表示推理合成规则,算符"∘"代表合成运算。模糊推理中的模糊蕴涵运算还可以采用 Mamdani 最小运算规则,或者 Larsen 积运算规则[277]。

5.3.2.2 模糊逻辑变量描述

根据国内外对成员企业可靠性的研究成果,将成员企业可靠性视为交货时间、交货数量、产品质量的函数。成员企业可靠度以变量 r 表示,定义为 r = f(x, y, z),问题论域 r = [0, 1.00],在该论域上定义的模糊集有:优秀(D_1)、良好(D_2)、及格(D_3)、有限(D_4)、未评等(D_5)。其隶属函数分别为:

$$\mu_{D_1}(r) = \begin{cases} 0, & r \in [0, 0.75) \\ e^{-(r-1)^2}, & r \in [0.75, 1.00] \end{cases}$$

$$\mu_{\underset{\sim}{D_2}}(r) = \begin{cases} 0, & r \in [0, 0.50) \\ e^{-(r-0.75)^2}, & r \in [0.50, 1.00] \end{cases}$$

$$\mu_{\underset{\sim}{D_3}}(r) = \begin{cases} 0, & r \in [0, 0.25) \\ e^{-(r-0.5)^2}, & r \in [0.25, 0.75] \\ 0, & r \in (0.75, 1.00] \end{cases}$$

$$\mu_{\underset{\sim}{D_4}}(r) = \begin{cases} e^{-(r-0.25)^2}, & r \in [0, 0.50] \\ 0, & r \in (0.50, 1.00] \end{cases}$$

$$\mu_{\underset{\sim}{D_5}}(r) = \begin{cases} e^{-r^2}, & r \in [0, 0.25] \\ 0, & r \in (0.25, 1.00] \end{cases}$$

交货时间以变量 x 表示,定义为实际交货期和合同交货期的差值,问题论域为 x = [0, 7.0]。在该论域上定义的模糊集有:准时(A_1)、迟到(A_2)。其隶属函数分别为:

$$\mu_{\underset{\sim}{A_1}}(x) = e^{-x^2/10}, x \in [0, 7]$$

$$\mu_{\underset{\sim}{A_2}}(x) = e^{-(x-7)^2/10}, x \in [0, 7]$$

交货数量以变量 y 表示,定义为实际交货数量占合同数量的百分比,问题论域为 y = [0, 1.0],在该论域上定义的模糊集有:不足(B_1)、足量(B_2)。其隶属函数分别为:

$$\mu_{\underset{\sim}{B_1}}(y) = e^{-10(y-1)^2}, y \in [0, 1.0]$$

$$\mu_{\underset{\sim}{B_2}}(y) = e^{-6y^2}, y \in [0, 1.0]$$

产品质量以变量 z 表示,定义为产品质量评分,问题论域为 z = [0, 10.0],在该论域上定义的模糊集有:差(C_1)、一般(C_2)、好(C_3)。其隶属函数分别为:

$$\mu_{\underset{\sim}{C_1}}(z) = \begin{cases} e^{-z^2/4}, & z \in [0, 5] \\ 0, & z \in (5, 10.0] \end{cases}$$

$$\mu_{\underset{\sim}{C_2}}(z) = e^{-(z-5)^2}, \quad z \in [0, 10]$$

$$\mu_{\underset{\sim}{C_3}}(z) = \begin{cases} 0, & z \in [0, 5); \\ e^{-(z-10)^2}, & z \in [5, 10.0] \end{cases}$$

5.3.2.3 模糊逻辑推理过程及规则

这里选用多规则多变量 Mamdani 最小最大推理原则对成员可靠性进行推理计算。成员可靠性推理的一般过程可以表述如下,其中 A_i、B_i、C_i、D_i 分别为定义于 X、Y、Z、W 上的模糊集。

输入:x is A' and y is B' and z is C'

模糊规则为:

S1:if x is A1 and y is B1 and z is C1 then r is D1

S2:if x is A2 and y is B2 and z is C2 then r is D2

…

Sn:if x is An and y is Bn and z is Cn then r is Dn

结论:r is D'

通过总结专家经验,形成 12 条模糊推理规则,如表 5 - 4 所示。通过推理原则,计算得到各投标企业可靠度分布于 $[0,1]$ 区间内。当 UDDI 中存在多次历史交易评价记录时,设有 n 次交易,交货时间以 $x_1,x_2,\cdots,x_n$ 表示,交货数量以 $y_1,y_2,\cdots,y_n$ 表示,产品质量以 $z_1,z_2,\cdots,z_n$ 表示。记 $\bar{x}=(x_1+x_2+\cdots+x_n)/n$,$\bar{y}=(y_1+y_2+\cdots+y_n)/n$,$\bar{z}=(z_1+z_2+\cdots+z_n)/n$。按一次交易可靠性评价方法,推理计算投标企业可靠度。

表 5 - 4　　　　　　　　　　模糊推理规则

序号	交货时间	交货数量	产品质量	成员企业可靠度
1	准时	足量	好	优秀
2	准时	不足	好	良好
3	准时	足量	一般	良好
4	准时	不足	一般	中等
5	准时	足量	差	中等
6	准时	不足	差	及格
7	迟到	足量	好	良好
8	迟到	不足	好	中等
9	迟到	足量	一般	中等
10	迟到	不足	一般	及格
11	迟到	足量	差	及格
12	迟到	不足	差	未评

小结

结合分销链 MAOMFPS 的特点,设计了由管理 Agent、调度中心 Agent、分调度中心 Agent、智能调度 Agent 和智能监控 Agent 组成的分销链计划调度模型和协作流程。在时间窗内把集中式计划调度模型分解为多层递推的计划调度模型;对于冲突条件下的智能调度问题,通过设计分销链的预调度优化模型,然后给出了运用 CBR 方法解决冲突条件下的智能调度问题。其中定义了 CBRMASS 及相关概念,讨论了 CBRMASS 的步骤和方法;为提高协同补货的高效性和智能性,给出了基于 MA 的分销链协同补货模型。给出了基于传统规划理论的动态补货 Agent 和基于不同权重的协同补货 Agent。

结合成员企业可靠性评估过程和结果的模糊性特点,设计了一种基于模糊逻辑的成员企业可靠性评估模型。为每个可靠性影响因素建立论域以及论域上的模糊集,以历史交易数据作为输入,通过隶属函数得到各影响因素的模糊评估,在此基础上分别进行一次或多次成员企业可靠性评估,从而得到客观的成员企业可靠度。同时,在串联、并联以及冗余子系统可靠性与成本函数的基础上,得到分销链系统的固有可靠度与成本函数。为了快速、有效地找出同时满足可靠性和总限制成本的最优中标企业,通过多目标遗传算法,对基于可靠性的分销链多目标任务分配问题进行求解。最后,通过应用实例对系统进行了验证。仿真结果表明,基于本体和 Agent 技术的分销链可靠性设计模型具有动态性、交互性和智能性的特性,是有效可行的。

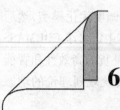

6 分销链智能运作可靠性

随着科学技术的发展,系统的复杂程度越来越高,导致可靠性设计工作不可能一次性完成。这就需要在系统可靠性分析的基础上,对已完成设计的系统进行可靠性改进。对于由若干个企业所组成的分销链系统,我们会在系统的可靠性设计、运行、分析和改进等方面提出很多问题,如对于任意结构的分销链,系统的运作可靠度如何计算?企业可靠度的改变,对系统可靠度会有什么影响?分销链为什么会中断,哪些节点企业的中断会引起系统中断?当有多个备选企业时,如何通过企业选取,使得系统可靠性最高?在总成本的限制条件下,如何最佳地改善系统可靠性?这些问题的关键是如何利用有限的资源,更好地改进系统的总可靠性,这在系统可靠性分析中是非常重要的一个环节。由实际经验可知,系统中各个部件并非同等重要。对某些部件进行可靠性提升,将它们提高相同增量的可靠度,所引起的系统可靠度的变化是不相同的,这说明同一个系统中不同部件的重要程度和关键程度是不相同的。当分销链系统较复杂时,如果不能判断出哪些是影响系统可靠性变化较大的重要企业和关键企业,就会导致对系统可靠性改善所做的工作可能是盲目的。为此,必须通过科学的方法寻求分销链可靠性改善的最优方案和途径。

本章的研究目的就是通过对典型结构的分销链可靠性进行分析、比较与归纳,寻找出一个具有普适性的分销链可靠性建模、计算和分析方法。研究如何计算复杂结构的分销链系统的运作可靠性,如何找出系统可靠性的薄弱环节,以及如何通过冗余设计提高分销链整体可靠性,这些都具有十分重要的理论与现实意义。

6.1 基本理论

6.1.1 网络分析法

在实际的工程应用中,会遇到大量非串联、非并联系统、多级多重表决系统以及贮备系统,形成广义网络。在这种情况下,要建立其可靠性数学模型是很困难的,但是由于无论是串联、并联系统还是其他复杂系统,都可以用网络表示。因此,通过研究网络可靠性分析方法,可以解决复杂系统可靠性的计算问题。

网络分析法是利用网络图来表示复杂系统的逻辑关系,从成功角度分析节点与系统成功之间的关系,从中寻找所有最小路集,进而计算系统可靠度[278]。网络分析法对系统可靠性定量分析方法的主要贡献,是提供了一套寻找最小路集的方法,它利用邻接矩阵法求出系统的全部最小路集,进而使用容斥定理对最小路进行不交化,计算系统可靠度。

6.1.1.1 网络图

(1)可靠性框图

可靠性框图是用框图的形式将同一个系统的各个组成部分,以及故障之间的逻辑关系表示出来。系统可靠性不仅依赖于每部分的可靠性,而且还依赖于各部分之间的组合方式。因此,研究系统可靠性,一方面要计算各个部分的可靠度;另一方面要研究各组成部分与系统的可靠性逻辑关系。常用的逻辑关系有串联连接、并联连接、混合连接、桥形连接等。可靠性框图就是表示这些逻辑关系的工具,根据可靠性框图得到各组成部分可靠性与系统可靠性之间的关系,进而计算出相应的系统可靠性指标。

(2)生产依赖关系

作为一种新型的网络组织形式,分销链是由诸多供需关系明显的企业形成的网络集合体。它已经从单纯的上游供应商到下游用户的单一链状结构,演变成为一种从上游多重供应商到下游多重用户的复杂网络结构。

在这种复杂的网络结构中,分销链中企业间的关系,已从单纯的两个企业之间的关系(如供应商—零售商关系),演变为既有纵向、又有横向的网络依存关系。不仅包括同一个分销链上企业的相互协作,而且包括不同分销链上企业的跨链间协调与合作。

虽然位于分销链特定环节上的每个企业都是一个独立实体,但是由于生产原料在前后环节间流动,企业间的生产依赖关系也随之产生。

假设分销链上两个直接相连的企业分别为 x、y,生产过程分别为 a、b,输出产品分别为 φ、ϕ,则 x 与 y 之间存在以下三种生产依赖:强依赖、弱依赖和无依赖。

①表达式 NEC(x,y,a,φ),称为 x 强依赖 y。它表示企业 x 生产 φ,但是不能独立完成,生产过程 a 中的部分工作,必须依赖企业 y 来完成。

②表达式 WEAK(x,y,a,φ),称为 x 弱依赖 y。它表示企业 x 能够独立地生产 φ,但是生产过程 a 中的部分工作,如果由企业 y 替代实现,生产效率会更高。

③表达式 NULL(x,y,a,φ),称为 x 不依赖 y。它表示企业 x 能够独立地生产 φ,并且生产过程 a 中的全部工作与 y 无关。

根据分销链中产品生产的不同情况,可以将两个企业的生产依赖关系分为以下六类,见表 6-1。

表 6-1　　　　　　　　　　　两个企业生产依赖关系

类型	生产依赖关系表达式	说明	标记
1	$RSNN = NEC(x,y,a,\varphi) \wedge NEC(y,x,b,\varphi)$	x 和 y 相互强依赖	y⇔x
2	$RSNW = NEC(x,y,a,\varphi) \wedge WEAK(y,x,b,\varphi)$	x 强依赖 y,y 弱依赖 x	y⇒x
3	$RSNU = NEC(x,y,a,\varphi) \wedge NULL(y,x,b,\varphi)$	x 强依赖 y,y 不依赖 x	y→x
4	$RSWW = WEAK(x,y,a,\varphi) \wedge WEAK(y,x,b,\varphi)$	x 和 y 相互弱依赖	y↔x
5	$RSWU = WEAK(x,y,a,\varphi) \wedge NULL(y,x,b,\varphi)$	x 弱依赖 y,y 不依赖 x	yax
6	$RSUU = NULL(x,y,a,\varphi) \wedge NULL(y,x,b,\varphi)$	x 和 y 相互不依赖	y∅x

在以上六类生产依赖关系中,所对应的依赖程度依次减少。将通过直接相连方式而发生的前五类生产依赖关系,称为直接依赖,否则称为间接依赖。

分销链中的所有生产依赖关系,可以采用示意图的形式表现出来。为描述方便,在后续的图表和公式中采用以下缩写符号:供应商的供应商(SS)、供应商(DS)、制造商(MF)、分销商(WS)、零售商(RS)。图 6-1 为某分销链的生产依赖关系图,图中实线表示强依赖,虚线表示弱依赖,无依赖不予反映。箭头起点为被依赖方,箭头终点为依赖方。

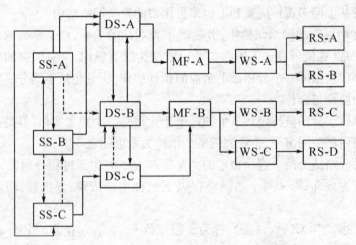

图 6-1　某分销链的生产依赖关系图

（3）生产相关度

企业 y 的停工，可能会影响到企业 x 的正常生产。这种企业 y 与企业 x 的生产相关程度，称为生产相关度 $D[y \cdot x]$，取值为 $\{0,1,2,3,4,5,6\}$。具体地，$D[y\varnothing x]=0$，$D[yax]=1$，$D[y\leftrightarrow x]=2$，$D[y\rightarrow x]=3$，$D[y\Rightarrow x]=4$，$D[y\Leftrightarrow x]=5$。另外，定义 $D[x \cdot x]$ 为企业 x 自身生产相关度，且 $D[x \cdot x]=6$。

生产相关度由生产依赖关系所决定，如果两个企业存在多种生产依赖关系，取生产相关度的最大值，这样可以保证可靠性计算的完善性、有效性和准确性。当某企业生产能力不稳定时，与其生产相关度越小的企业，即与其依赖程度越低的企业，生产能力波动就越小。

对六种生产依赖关系下，分销链中企业间生产波动的相互影响，统一说明如下：

①当企业 x 与企业 y 的生产依赖关系属于类型 1 时，即企业 x、企业 y 相互强依赖，若其中一个企业停工，则另一个企业一定停工。

②当企业 x 与企业 y 的生产依赖关系属于类型 2、类型 3 时，即企业 x 强依赖企业 y，企业 y 弱（不）依赖 x。若企业 y 停工，企业 x 一定停工；若企业 x 停工，企业 y 不会停工。

③当企业 x 与企业 y 的生产依赖关系属于类型 4、类型 5 和类型 6 时，即企业 x、企业 y 相互弱（不）依赖，若其中一个企业停工时，另一个企业不会停工。

6.1.1.2　最小路集

关于网络系统可靠度的计算，大体上可以分为真值表法、全概率分解法、最小路集法等[279]。真值表法也叫状态枚举法，是一种穷举法。这是一个最原始的计算系统可靠度的方法，只能适用于小型网络。全概率分解法的基本思想是：将一个复杂的网络系统分解为若干个相当简单的子系统，先求出各子系统的可靠度，再利用全概率公式计算系统总的可靠度。但是当网络规模较大时，这种方法也难以实用。

对于大型复杂网络系统，采用最小路集法进行系统可靠度计算十分有效，且适用在计算机实现运算，故目前应用最广[280]。

用集合论的记号，由 n 个元件组成的系统可表达为 $S=\{x_1,x_2,\cdots,x_n\}$。式中，x_i 表示元件 i 的状态变量。

$$x_i=\begin{cases}0, & \text{表示元件失效}\\1, & \text{表示元件完好}\end{cases}$$

同样，可以引入系统 S 的状态变量 y，并定义：

$$y=\begin{cases}0, & \text{表示系统失效}\\1, & \text{表示系统完好}\end{cases}$$

系统共有 n 个元件，2^n 种状态，记为：$Y=\{x_1,x_2,\cdots,x_n,x_i=0$ 或 $1\}=\{S_k|k$

$=1,2,\cdots,2^n\}$。式中,S_k 表示样本点。

设 N 为一指标集,$N=\{1,2,\cdots,n\}$。若 S 的子集 $A=\{x_i|i\in I\subset N\}$ 满足:

$$\left.\begin{array}{l} x_i=1,i\in I \\ x_i=0,i\notin I \end{array}\right\}$$ 使得 $y=1$

则称 A 是 S 的路集。如果不存在 A' 使得 $A'\subset A$,则称 A 为最小路集。

如果系统中的一组元件都成功带来系统成功,则称这组元件为系统的一个路集;如果从一个路集中任意去掉一个元件后就不再是一个路集,则称这个路集是最小路集。一个最小路集成功是指其中所有的元件均成功。显然,只要有一个最小路集成功,就能保证系统成功。

用最小路集法分析系统可靠性的主要思想是:找出系统中可能存在的所有最小路集 $L_1,L_2,\cdots,L_m$,系统正常工作表示至少有一条路集畅通,即系统正常 $S=\bigcup_{i=1}^{m}L_i$。系统可靠度为:

$$R_S=P(S)=P\left(\bigcup_{i=1}^{m}L_i\right) \tag{6-1}$$

从上述分析中可知,计算复杂系统的可靠度,首先要从系统网络中求出输入节点到输出节点之间的所有最小路,所以求系统最小路是网络分析法的关键。

6.1.1.3 邻接矩阵法

当系统比较简单时,用直观的方法或状态枚举法能够较快地找到系统的全部最小路集。但是当系统复杂时,用直观方法就很难保证能获得所有的最小路集。若用状态枚举法,当系统的部件数 n 增加时,系统的微观状态数也随之以 2 的 n 次方的形式增长。枚举的工作量将急剧上升,从而使得状态枚举法变得不太现实。

目前,在网络系统最小路集的计算方法中,较为成熟的方法有:布尔行列式法[281]、节点搜索法[282]和邻接矩阵法[283]。布尔行列式法的优点是编程的前提工作容易做,但是当网络图总节点较多时,展开矩阵为布尔积的和的计算比较繁琐。节点搜索法的优点是条理清晰,但是编程过程中判断次数较多,如果考虑不周,容易出错。

Kim Y H 等提出了利用邻接矩阵法求取系统最小路集的方法,从而开辟了一个新领域。邻接矩阵法思路简单,矩阵"乘法"易于通过循环在计算机上进行实现。该法成了现在网络分析的主要方法。

设给定一个有 n 个节点的网络(有向、无向或混合型)。

定义:相应的 n 阶矩阵 $C=[c_{ij}],1\leqslant i\leqslant n,1\leqslant j\leqslant n$,其中:

$$c_{ij}=\begin{cases} 0, & \text{若节点 } i,j \text{ 之间无弧直接相连} \\ x, & \text{若节点 } i,j \text{ 之间有弧直接相连} \end{cases}$$

且当 $i=j$ 时，$c_{ij}=0$，称 C 为网络 G 的关联矩阵。

定义：乘法运算 $C^2=\left[c_{ij}^{(2)}\right]$，其中：

$$c_{ij}^{(2)}=\sum_{k=1}^{n}c_{ik}\cdot c_{kj} \tag{6-2}$$

式中：" $\cdot$ "表示集合乘法；"$\sum$"表示集合的加法；$c_{ij}^{(2)}$ 表示从点 i 到点 j 的长度为 2 的最小路的全体。若 $c_{ij}^{(2)}$ 小于 2（即只有一条弧），这时，应将 $c_{ij}^{(2)}$ 改为零。

同理，可定义：$C^r=\left[c_{ij}^{(r)}\right]$，$r=2,\cdots,n-1$，其中：

$$c_{ij}^{(r)}=\sum_{k=1}^{n}c_{ik}\cdot c_{kj}^{(r-1)} \tag{6-3}$$

式中，$c_{ij}^{(r)}$ 表示从点 i 到点 j 的长度为 r 的最小路的全体。

在一个有 n 个节点的网络 G 中，任意两节点之间最小路的最大长度一律 $\leqslant n-1$。所以，对关联矩阵 C 而言，若 $r\geqslant n$，必有 $C^r=0$。因此，可以得到任意两节点 i、j 之间的最小路的全体为：

$$L_S=\bigcup_{r=1}^{n-1}c_{ij}^{(r)},\ (c_{ij}^{(1)}=c_{ij}) \tag{6-4}$$

这样，只要通过多次乘法就可以求得最小路集的全体。在运用邻接矩阵法求解最小路集的过程中，还应注意如下问题：

①在按上式进行矩阵乘法计算 $c_{ij}^{(r)}$ 时，若某项中有的弧出现不止一次，说明该项不是从节点 i 到 j 的长度为 r 的一条最小路，故该项应取为零[284]。

②在按上式计算的表达式 $c_{ij}^{(r)}$ 中，若包含前面已经求出的最小路，则该项亦应取为零[285]。

③由于在可靠性工程中，只需求出网络图 G 中输入节点（通常节点编号为1）到输出节点（通常节点编号为 n）的所有最小路集[286]。因此，若在关联矩阵 C 中将输入节点排在前，输出节点排在后，从输入节点到输出节点的最小路集的全体可以写成：

$$L_S=\bigcup_{r=1}^{n-1}c_{1j}^{(r)},\ (c_{1j}^{(1)}=c_{1j}) \tag{6-5}$$

当网络中节点数 n 很大时，关联矩阵往往很大且为稀疏矩阵，此时用邻接矩阵法求最小路，需要大量的空间存储及计算，文献[287]提出了更为有效的最小路计算机算法。

6.1.1.4 分销链运作可靠度

在分销链这一复杂的网络上，随着时间的推移，不仅网络上的节点（企业）不断地发生替换，而且网络节点间的连线（企业间生产依赖关系）也在不断地进行调整[288]。因此，分销链的运作可靠度是一个复杂的时变函数。基于生产依赖关系和生产相关度，可以通过网络分析法实现对分销链运作可靠度计算。具体步骤如下：

步骤 1,确定生产依赖关系图;

步骤 2,应用邻接矩阵法,确定最小路集;

步骤 3,计算最小路集可靠度;

步骤 4,计算分销链网络可靠度。

假设分销链系统中所有最小路集为:$L = \{L_1, L_2, \cdots, L_m\} = \{L_i \mid i = 1, 2, \cdots, m\}$。由前面的分析可知,要保证分销链的正常运行,系统中至少存在一条最小通路 L_i。设系统正常这一事件为 S,则有:

$$S = \bigcup_{i=1}^{m} L_i \tag{6-6}$$

由概率容斥定理,建立分销链系统的可靠性数学模型为:

$$R_s = P(S) = P\{\bigcup_{i=1}^{m} L_i\} = \sum_{i=1}^{m} P(L_i) - \sum_{i<j\leqslant m} P(L_i \cap L_j) + \sum_{i<j<k\leqslant m} P(L_i \cap L_j \cap L_k)$$
$$+ \cdots (^-1) m - 1 P(L_1 \cap L_2 \cdots \cap L_m) \tag{6-7}$$

由上式可知,计算可靠性的关键是计算诸 $L_j L_k \cdots L_i$ 乘积的概率。

对于广义网络而言,网络最小路之间是相交的,因此必须对最小路进行不交化后,才能代入上式,求得网络系统的可靠度。常用的不交化算法有容斥定理不交化算法、布尔不交化算法和代数拓扑不交化算法三类[279]。

利用式(6-7)分析系统可靠性时,存在计算量随网络规模指数增长而无限增大的问题。一方面,可以采取对最小通路进行不交化处理,达到简化计算量的目的;另一方面,在设计算法时可以使用最优算法。

对于小型网络可以使用精确算法,但是当计算大型网络的可靠性时,精确算法一般就不能在规定的时间内给出结果。研究证明:网络可靠性的求解问题是 NP - 完全问题。目前对于大型网络可靠性的求解,主要集中在一些近似算法和人工智能算法上,比如蚁群算法、模拟退火算法、遗传算法、神经网络算法等。由于这些算法的运行时间是多项式的,很多大型网络可靠性计算可以通过计算机编程实现。

6.1.2 成员重要度分析

由实际经验知道,系统中的部件并非同等重要。有的部件可能一旦失效,系统就失效,有的则不然。因此,对于一个复杂系统中每个部件的重要程度,应给予定量的描述,这对系统的设计与失效分析都是很有价值的。

部件的重要程度不仅取决于系统的结构,也取决于当前每个元件自身的可靠度。在进行系统可靠性分析时,可以根据子系统的重要度,找出影响系统可靠性的关键子系统,然后根据部件重要度分析找出关键部件,从而为系统可靠性设计、可靠性分配、故障诊断以及制定维修检测措施提供方向和途径。即按系统→子系统→部件的层次逐一进行。

6.1.2.1 成员重要度的定义

为确定单元的重要程度所需要进行的定量描述，称为单元重要度。单元重要度衡量的是单元可靠度的变化对整个系统可靠度的影响。为了以最少的人力、物力和财力投入使系统可靠度得到最大限度的提高，获得最佳的经济效益，在进行优化系统可靠性时，只需提高某些重要度比较高的单元可靠度，就可以最大限度地提高整个系统可靠度，从而使系统成本显著下降。

进行重要度分析的目的是寻找系统中的薄弱环节，把有限的资源用于关键部件与关键子系统，为系统可靠性改善与部件维护等提供方向和途径。重要度分析在可靠性工程中是一个非常重要的概念，它不仅用于各类系统的可靠性设计、优化和可靠性分配，还可以指导系统运行、维修以及故障诊断等方面。

6.1.2.2 成员重要度的类型

通过对系统故障概率的表达式求偏导，可以计算以上这几类重要度指标。由于复杂系统组成元件多，结构较为复杂，不确定性因素也很多。因此，要得到系统可靠性指标、元件参数间的解析表达式以及对表达式求偏导都十分困难，这就限制了重要度概念在复杂系统可靠性评估中的应用。如果不能对表达式求偏导，可以采用灵敏度分析法，通过改变元件参数计算几组系统可靠性指标，然后分析系统指标随元件参数在一定范围内的变化情况，识别出系统薄弱环节。但是，灵敏度方法的每次计算只能分析局部参数变化引起可靠性指标的变化，不能深刻揭示元件对系统整体可靠性的影响程度。因此，在分析不同参数变化时，需要进行大量的重复计算。

文献[289]应用最小路集法和最小割集法计算配电系统的元件重要度，通过记录每个设备对配电系统中负荷点可靠性指标的贡献，来分析设备对负荷点可靠性的影响。但是，在求解最小路或最小割集以及进行不交化处理过程中，需要较大的计算量和节点存储开销。此外，模型也难以表示各种不确定性因素间的条件依赖关系，不能灵活地进行信息传播和各类假设分析。

6.1.2.3 两类常用的成员重要度

在分销链系统可靠性研究中，企业重要度取决于以下两个因素：企业在分销链中的位置和企业自身可靠度。选择概率重要度和关键重要度两种方法，来测评分销链上企业的成员重要度。

（1）概率重要度

概率重要度的定义：概率重要度是指第 i 个企业单元可靠性的变化，所引起系统可靠性变化的程度[290]。其数学表达式为：

$$I^B(i|t) = h[1_i, R_{sys}(t)] - h[0_i, R_{sys}(t)] = \partial R_{sys}(t)/\partial R_i(t), i = 1, 2, \cdots, n$$

$$(6-8)$$

式（6-8）中，$h[1_i, R_{sys}(t)]$ 和 $h[0_i, R_{sys}(t)]$，分别为当企业 i 正常运作

(1i)和停产(0i)时的分销链具体可靠度，$R_{sys}(t)$为分销链运作可靠度函数，$R_i(t)$为企业 i 的可靠度函数。由式(6-8)可知，概率重要度表示特定企业停产对分销链整体可靠性的影响程度。因此，概率重要度可以用来发现系统中的薄弱环节，指导和优化系统设计。

(2)关键重要度

关键重要度的定义：关键重要度是指第 i 个企业单元故障率变化，所引起的系统故障率的变化率[291,292]。其数学表达式为：

$$I^{CR}(i|t) = \frac{P\{C[1_i, R_i(t)] \cap [R_i(t) = 0]\}}{P\{R_{sys}(t) = 0\}}$$

$$= I^B(i|t) \cdot [1 - R_i(t)]/[1 - R_{sys}(t)], i = 1, 2, \cdots, n$$

(6-9)

式(6-9)中，$C[1_i, R_i(t)]$表示在 t 时刻，分销链中企业 i 为关键成员的事件，$P\{*\}$表示某类事件出现的概率。关键重要度表示：因为关键企业停工，导致分销链整体停工的概率，且关键企业恢复正常生产，分销链将重新恢复正常运行。因此，关键重要度可用于指导分销链的故障检测，以及对生产运营维护计划进行优化。

(3)概率重要度和关键重要度的关系

概率重要度反映的是系统单元对系统可靠性的影响程度。由式(6-8)可得，设系统可靠度的增量为 ΔR_{sys}，则有 $\Delta R_{sys} = I^B(i|t)\Delta R_i(t)$。当系统中其他单元可靠性不变时，单元 i 可靠性增加 $\Delta R_i(t)$，系统可靠性增加 $I^B(i|t)\Delta R_i(t)$。因此，提高概率重要度大的单元的可靠性，对系统的可靠性影响较大。

关键重要度是一个变化率的比值，因为它把改善一个较可靠的部件比改善一个尚不太可靠的部件难这一性质考虑进去了。因为概率重要度没有考虑以下两个因素：各部件原有可靠度的不同，以及各部件提高相同可靠度的难易程度的不同。所以，关键重要度比概率重要度更加合理。

关键重要度反映了系统中单元引发系统故障的概率大小。系统中关键重要度越大的单元，它在系统中就处于薄弱环节，因此，对系统进行检修时或在系统发生故障时，应当首先检查关键重要度大的单元。此外，关键重要度还反映了对该单元改善的难易程度。$I_i^{CR}(t)$越大，改善 i 单元就越容易；反之，改善 1 单元就越困难。这是因为改善一个不太可靠的单元比改善一个已经比较可靠的单元更容易。

总之，在对系统可靠性进行改善时，要综合考虑单元的概率重要度与关键重要度。当概率重要度大小区别不大时，应首先考虑对关键重要度较大的单元进行改善。这样可以以最小的投入获得最佳的经济效果。

6.1.3　分销链冗余设计

文献[293]提出了提高系统可靠性的 6 种方法：①简化设计。保证系统既结构简单又符合性能的要求。不必要的部件以及多余的复杂结构,只会增加系统失效的概率。②增加系统里各部件的可靠度。③对不太可靠的部件,使用并联冗余。④使用等待冗余。当部件发生失效时,立刻切换到备用部件上。⑤使用维修。替换失效部件,但不是像④那样自动进行切换。⑥使用预防性维修。在固定的时间间隔内,不管被替换的部件是否发生失效,一律用一些新的部件进行替换。

提高元件可靠性与采用冗余元件比较而言,根本途径是通过适当的改进措施制造出更可靠的元件。以电子元器件为例,由于提高元件可靠性涉及原材料物理、制造工艺和元件本身的设计水平等一系列问题,不是一朝一夕所能奏效的,也不是想提高多少就能提高多少的,往往耗费巨大而收获不大。许多复杂系统对可靠性要求极高,单靠元件可靠性改进往往是不现实的。

分销链可靠性改进是分销链可靠性管理的重要内容,可以从系统和成员两个层面进行分销链可靠性改进设计。系统层面:在不改变企业可靠性的前提下,优化企业间各种生产依赖关系,或者增加最小路集数;成员层面:在各种生产依赖关系和最小路集数都不发生变化的前提下提高企业可靠性。

虽然通过企业可靠性提高,可以达到提高分销链的整体可靠性的目的。但是,由于现实中各种约束关系的存在,不太可能迅速提高企业可靠性。此时,就需要通过计算分销链运作可靠性,对分销链可靠性水平进行深入分析。通过成员重要度分析找出系统可靠性薄弱环节。再针对这些薄弱环节进行冗余设计提高分销链整体可靠性。

6.1.3.1　相关理论

所谓冗余设计,是指当一个功能单元的可靠性不能满足系统可靠性的要求时,采用两个或两个以上的单元并行工作,只要其中有一个单元能够正常工作,整个系统就不至于失效。只有当所有单元都发生故障整个系统才会失效。冗余系统可靠性优化是指在元件数量、价格、体积、重量及功耗等限制条件下,通过配置冗余元件使系统可靠性达到极大;或在要求达到的可靠性指标条件下使投入资源最少。

由于是通过增加多余的资源的方式以换取可靠性,因而被称为冗余技术。应该指出,这里所谓冗余是指完成应当完成的基本功能所增加的重复部分,并不是多而无用的意思。

这种利用低可靠元件构成高可靠系统的思想,早在 1952 年 Neumann J V 就进行了理论上的探讨[294],他首先提出了"用不甚可靠的元件组成高可靠系统"的著名命题和复合冗余方法。1956 年,钱学森在他所著的《工程控制论》中专门写了一章来讨论这个问题,并高度评价说:"这个思想和概念是很有教益的,并证明按照复合冗余方法构成的系统的出错概率确实受到了控制。"Moore 和

Shannon 讨论了冗余设计思想在工程上的应用,他们利用多个继电器接点的并联和串联来提高接点的可靠性。在电子设备及电路的设计中,进一步发展冗余设计思想,并获得广泛的应用。20 世纪 60 年代以后,随着数字逻辑电路以及计算技术的发展,由于对大型电子设备可靠性的要求日益提高,因而这项技术发展迅速。沿着这一方向的发展,并与计算机技术相结合。近几十年中,冗余设计理论已在先进的计算机等系统中得到应用,为提高系统可靠性开辟了新途径。

冗余设计一般可分为以下三种类型:①静态冗余。只利用冗余的资源把故障的后果屏蔽掉,而不对原来的系统结构进行重新改变。此方法多用于部件或子系统。②动态冗余。在发现故障后,对发生故障的部件或分系统进行切换,或者对系统进行重构或恢复。此方法多用于系统。③混合冗余。此方法是上述两种冗余方法的组合。

冗余度的基本原则:①冗余度的选择问题。这里所指冗余度就是冗余部件所用硬件数与非冗余部件的硬件数的比值。从理论上来说,似乎冗余度越高则可靠性越高,但是应注意到,所花费的成本价格也相应增加,因而就会有一个性价比问题。②冗余级别的选择问题。复杂系统可以分成系统、分系统、元件等不同等级。应该在哪一个级别上进行冗余,才能获得较高的可靠性增益也是值得研究的问题。③备份切换的选择问题。备份切换是动态冗余的一种最简单的形式。在备份切换前,只有一个系统处于工作状态,当它发生故障时,立即切换到其他备份系统继续进行工作。

对于冗余度优化的求解,可用许多方法来获得系统冗余最优化问题的解,而各种启发式算法用在求解冗余分配问题已经引起学术界的关注。冗余最优化在数学上属于非线性整数规划问题,求其严格最优整数解相当困难,已有不少学者对这些数学方法进行了较详细的讨论。Sharma 建立了一种在于系统之间分配冗余度的直观方法。该方法是每次迭代都在可靠度最低的一级增加一个冗余数。该算法被用来求解具有多个非线性约束条件的多级系统问题,算法里的约束条件并不是主动的。Misra 导出了一个用于求解具有多个线性约束的最优冗余问题的算法。在求解的过程中,所具有的 r 个约束问题被分解成 r 个问题,每个问题将有一个约束条件。同时引入"满意"因子,即用系统可靠性增加的百分数与相应的费用增加的百分数的比,来确定欲增加冗余数的级。Aggarwal通过引入可靠性的相对增量和松弛变量的衰减量,而不用资源的均衡作为选择增加哪一级冗余数的准则,从而改进了 Sharma 用于求解具有多个非线性约束的串联系统问题的算法。Aggarwal 又把这一算法推广到复杂系统问题。近年来,Nakagawa 提出了求解另外一种类型的串联系统的一种新算法。在该算法中,在目标函数和约束条件之间考虑到松弛,用于求解复杂系统问题[295]。

6.1.3.2 分销链冗余设计的类型

将可靠性工程中的冗余设计思想,应用在分销链可靠性改进设计。当一个企业的可靠性不能满足整个分销链系统任务的要求时,采用两个或两个以上的企业并行工作,只要其中有一个企业能够正常工作,分销链系统就不至于中断。只有当完成同一生产功能的所有企业都发生故障,分销链系统才会发生中断。分销链冗余设计可分为以下三种类型:企业实体冗余、单条分销链冗余和生产过程中的交叉备用。

6.1.3.3 算例分析

假设初始分销链中仅存在一条最小路集(SS - DS - MF - WS - RS),各环节上都只存在一个企业,前后企业以强依赖直接相连。

(1)进行冗余设计

设计了 6 种典型的带冗余的分销链结构,如图 6 - 2 所示。其中,结构甲、乙为企业实体冗余,结构丙至结构己为单条分销链冗余,结构丁、结构己为生产过程中的交叉备用,图 6 - 2 中的单向箭头表示强依赖,双头箭头表示企业间的交叉备用。

在图 6 - 2 中,结构甲具有冗余的供应商和分销商,结构乙具有冗余的供应商和制造商。结构丙类似于常规分销链,采用两条彼此独立、相互平行的单条分销链表示。结构丁在结构丙的基础上,增加了制造商的互相替代功能,可以实现生产过程中交叉备用。采用正常运作的制造商替代处于同一环节上的停工企业,接收停工企业的上游供应商的原料输入,并将替代生产的产品输出到停工企业的下游分销商。结构戊是结构甲、结构乙、结构丙的结合体。结构己在结构戊的基础上,同样增加了制造商的互相替代功能。

(2)可靠度计算

为了利用邻接矩阵法,需要对分销链结构图进行节点编号。以图 6 - 2 中的结构甲为例,其节点编号如图 6 - 3 所示。

图 6 - 3 中有 10 个节点,其邻接矩阵如式(6 - 10)所示。由于邻接矩阵为对称矩阵,故只需列出矩阵上三角。

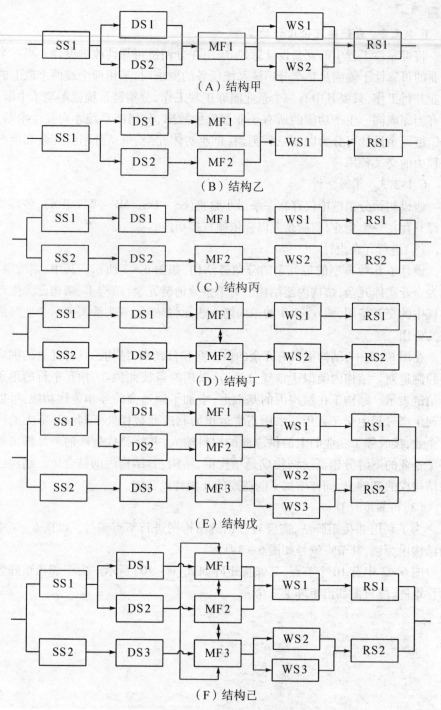

图6-2　6类冗余设计结构图

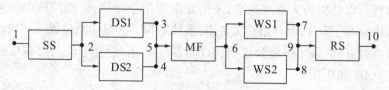

图 6-3 结构甲的节点编号图

$$C = \begin{bmatrix} 0 & SS & 0 & 0 & 0 & 0 & 0 & 0 & 0 & 0 \\ & 0 & DS1 & DS2 & 0 & 0 & 0 & 0 & 0 & 0 \\ & & 0 & 0 & 1 & 0 & 0 & 0 & 0 & 0 \\ & & & 0 & 1 & 0 & 0 & 0 & 0 & 0 \\ & & & & 0 & MF & 0 & 0 & 0 & 0 \\ & & & & & 0 & WS1 & WS2 & 0 & 0 \\ & & & & & & 0 & 0 & 1 & 0 \\ & & & & & & & 0 & 1 & 0 \\ & & & & & & & & 0 & RS \\ & & & & & & & & & 0 \end{bmatrix} \qquad (6-10)$$

令 $m=1, n=10$,利用式(6-3)的方法,可以找到结构甲的最小路集,如式(6-11)所示。

$$\begin{cases} P_1 = \{SS, DS1, MF, WS1, RS\} \\ P_2 = \{SS, DS1, MF, WS2, RS\} \\ P_3 = \{SS, DS2, MF, WS1, RS\} \\ P_4 = \{SS, DS2, MF, WS2, RS\} \end{cases} \qquad (6-11)$$

假设同一环节上的企业具有相同的可靠度,将 SS、DS、MF、WS 和 RS 的可靠度,分别记作 R_{SS}、R_{DS}、R_{MF}、R_{WS}、R_{RS}。由式(6-11)和式(6-7)可得到结构甲的可靠度函数:

$$\begin{aligned} R_{sys}^{(1)} = {} & 4R_{SS}R_{DS}R_{MF}R_{WS}R_{RS} - 2R_{SS}R_{DS}R_{MF}R_{WS}^2R_{RS} - 2R_{SS}R_{DS}^2R_{MF}R_{WS}R_{RS} \\ & + R_{SS}R_{DS}^2R_{MF}R_{WS}^2R_{RS} \end{aligned}$$

$$(6-12)$$

企业可靠度 $R_i(t)$ 是一个随时间变化的函数。为使问题求解方便,设 $R_{SS} = 0.76, R_{DS} = 0.82, R_{MF} = 0.9, R_{WS} = 0.85, R_{RS} = 0.91$,即可求出结构甲的可靠度。同理,可得到结构乙至结构己的可靠度,如表 6-2 所示。

从表 6-2 可以看出,结构甲、结构乙的可靠性远低于结构丙至结构己,这是因为结构甲、结构乙中只存在非冗余的企业实体,如零售商等。由结构丙至结构己可知,与生产过程中引入"交叉备用"相比,单条分销链冗余更能提高系统可靠性。以结构丙为考察基准,采用冗余的单条分销链,使结构戊的可靠度比结构丙提高了0.1;而利用交叉备用,虽然结构丁的最小路集数比结构丙增加了2条,结构己的最小路集数比结构戊增加了8条,但是它们的可靠度分别只提高了0.05和0.03。

表6-2 结构甲至结构己的可靠度

结构	最小路集数	结构可靠度
初始	1	0.4338
甲	4	0.5887
乙	2	0.5475
丙	2	0.6795
丁	4	0.7267
戊	4	0.7733
己	12	0.8075

(3)成员重要度分析

利用式(6-8)和式(6-9),对6种分销链结构上的企业,分别进行概率重要度与关键重要度计算,结果如表6-3所示。

表6-3 结构甲至结构己的成员重要度

	重要度	SS	DS	MF	WS	RS	重要度排序
结构甲	概率重要度	0.775	0.219	0.654	0.181	0.647	SS > MF > RS > DS > WS
	关键重要度	0.452	0.096	0.159	0.066	0.142	SS > MF > RS > DS > WS
结构乙	概率重要度	0.720	0.277	0.253	0.644	0.602	SS > WS > RS > DS > MF
	关键重要度	0.382	0.110	0.056	0.214	0.120	SS > WS > RS > DS > MF
结构丙	概率重要度	0.646	0.599	0.546	0.578	0.540	SS > DS > WS > MF > RS
	关键重要度	0.484	0.336	0.170	0.270	0.152	SS > DS > WS > MF > RS
结构丁	概率重要度	0.657	0.609	0.101	0.587	0.548	SS > DS > WS > RS > MF
	关键重要度	0.577	0.401	0.037	0.322	0.181	SS > DS > WS > RS > MF
结构戊	概率重要度	0.658	0.414	0.377	0.392	0.550	SS > RS > DS > WS > MF
	关键重要度	0.697	0.329	0.166	0.259	0.218	SS > DS > WS > RS > MF
结构己	概率重要度	0.648	0.386	0.010	0.372	0.541	SS > RS > DS > WS > MF
	关键重要度	0.808	0.361	0.005	0.290	0.253	SS > DS > WS > RS > MF

通过计算,可以得知:

①在结构甲、结构乙中,采用企业实体冗余后,冗余实体就不再是系统中的

重要成员。例如,结构甲中的 DS 和 WS,结构乙中的 DS 和 MF。

②在结构丙、结构戊中,采用冗余分销链后,MF 不再是系统中的关键企业。这说明通过设计合理的分销链结构后,特定企业可以不再是系统的可靠性瓶颈。

③对比结构丙与结构丁、对比结构戊与结构己,可以看到采用"交叉备用"后,MF 的重要度下降显著。

④概率重要度和关键重要度可能会得出不同的重要度顺序。在结构戊中,MF 和 WS 的概率重要度几乎相等,但是 DS 的关键重要度远大于 WS。这说明从提高系统可靠性的角度出发,DS 和 WS 几乎同等重要,然而从系统维护的角度出发,DS 相对于 WS,应当具有更高的优先级。

由此可见,两种成员重要度适合不同目的与场合。根据理论分析与实际计算,提出分销链的成员重要度分析方法的两条选择原则:

①如果是为找出分销链系统中的薄弱环节,或者是为优化分销链系统设计以提高系统可靠性,并且提升各企业可靠性的代价相等,则采用概率重要度。

②如果是为指导和优化分销链系统维护,或者是只提升可靠性较低的企业,则应采用关键重要度。例如,某企业可靠性已经较高,进一步提高其可靠性的可能性已经不大或代价太高。

6.2 基于风险防范的企业优选

当有多个备选企业时,通过将任务分配给风险应对能力强的企业来完成,可以提高分销链的整体可靠性。首先需要对分销链中的各类风险概率进行评估,再结合企业的风险应对能力,通过推理选取最佳中标企业。

6.2.1 分销链风险概率模糊评估

风险评估就是综合相关因素,计算出各类风险可能发生的概率。考虑到分销链中的各类风险因素具有很大的不确定性,无法根据历史数据或资料对风险做出准确估计,只能依靠专家或决策人员根据自身经验和知识对风险做出主观估计。而这种主观估计(即专家意见)具有未确知性,是未确知信息。基于此原因,文献[296]采用未确知模糊综合评判法来评估分销链中的各类风险,解决了风险评估中"未确知性"和"模糊性"带来的不确定性问题。

目前,风险指标已经被广泛接受并且应用于风险评估,与传统指标相比取得了更好的效果[297]。然而,由任务招标书所得的风险指标只是一个相对静止的指标,还必须对同一子任务的所有投标书进行分析,得到能够反映风险趋势的风险指标变化率。

可以通过若干个模糊逻辑模块对各类风险进行评估,一个模糊逻辑模块只针对特定类型风险进行评估。模糊逻辑的核心是一个基于模糊关系合成原理的模糊推理。模糊规则库由评估规则构成,这些知识均按给出的知识模型进行描述。推理机的输入信息由招/投标书以及内部的数据库给出。模糊推理运算的功能是利用规则和输入信息进行模糊关系合成运算,产生与输出变量相对应的推理结果,该结果以模糊集合表示,再通过反模糊化转换为精确量。

(1)模糊化。模糊化在处理不确定信息方面有着重要的作用。当存在 n 类风险时,先将各类风险指标与风险指标变化率模糊化,通过尺度变换,使其变换到相应的论域范围。设各类风险指标 K_i 和风险指标变化率 ΔK_i 的变化范围分别为 $[K_{i\,min}, K_{i\,max}]$、$[\Delta K_{i\,min}, \Delta K_{i\,max}]$($i = 1, 2, \cdots, n$),相应的论域均为 $[K_{i\,fmin}, K_{i\,fmax}]$,取值为 $[0, 1]$。$[K_{i\,min}, K_{i\,max}]$ 和 $[\Delta K_{i\,min}, \Delta K_{i\,max}]$ 通过风险曲线确定,则 K_i 和 ΔK_i 模糊化后对应的值 $K_{i\,f}$ 和 $\Delta K_{i\,f}$ 分别为:

$$K_{i\,f} = \left[(K_{i\,fmin} + K_{i\,fmax})/2\right] + \left(\frac{K_{i\,fmax} - K_{i\,fmin}}{K_{i\,max} - K_{i\,min}}\right)\left(K_i - \frac{K_{i\,max} + K_{i\,min}}{2}\right)$$

$$\Delta K_{i\,f} = \left[(K_{i\,fmin} + K_{i\,fmax})/2\right] + \left(\frac{K_{i\,fmax} - K_{i\,fmin}}{\Delta K_{i\,max} - \Delta K_{i\,min}}\right)\left(\Delta K_i - \frac{\Delta K_{i\,max} + \Delta K_{i\,min}}{2}\right)$$

(2)输入输出空间的模糊分割。风险指标和风险指标变化率构成了模糊输入空间,风险概率构成了模糊输出空间。模糊分割的个数决定了模糊推理的精细化程度。将风险指标、风险指标变化率以及风险概率划分为很小、小、中、大、很大 5 个层次,其隶属度函数为高斯型。

(3)规则库。模糊规则具有模糊条件句的形式,通过总结专家经验,形成 25 条模糊推理规则,如表 6-4 所示。

表 6-4　　　　　　　　　　　模糊推理规则

风险指标	风险指标变化率				
	很小	小	中	大	很大
很小	很小	很小	很小	小	小
小	很小	很小	小	小	小
中	小	小	中	中	大
大	中	中	大	大	很大
很大	大	大	大	很大	很大

(4)归一化结果。通过模糊推理得到的各类风险概率分布于 $[0, 1]$ 区间内,以归一化结果形式表示。

6.2.2　不确定条件下的企业优选

考虑到风险类型众多,并且企业应对各类风险的能力也各不相同。当有多个企业对同一任务竞标时,在已知任务风险概率的前提下,通过企业管理数据库,得到各个投标企业的风险应对能力信息,通过推理找出中标企业。

将"风险—企业"之间的对应关系定义为:

$P = (B, H, C, E, H_s)$

式中,$B = (b_1, b_2, \cdots, b_n)$表示所有投标企业的有限非空集合;$H = (h_1, h_2, \cdots, h_k)$表示各类风险的有限非空集合;$C = \{c_{11}, c_{12}, \cdots, c_{mk}\}$;$c_{ij}$表示企业$b_i$应对风险$h_j$的能力,由历史交易数据得到;$E \subseteq B \times H \times C$,$<b_i, h_j, c_{ij}> \in E$,其定义域为$T(E) = B$,而值域为$F(E) = H$。

给定B, H, C, E,可定义:

$\text{prevent}(b_i) = \{h_j | <b_i, h_j, c_{ij}> \in E, \forall b_i \in B\}$,表示投标企业$b_i$能应对的风险集合;

$\text{deal}(h_j) = \{b_i | <b_i, h_j, c_{ij}> \in E, \forall h_j \in H\}$,表示能够应对风险$h_j$的投标企业集合。

$H_S = (h_1, h_2, \cdots, h_k)$是$H$的一个子集,为已知风险集合,对于每一个$h_j \in H_S$,$\alpha(h_j) \in [0, 1]$是风险$h_j$的发生概率。

在核心企业内部的元知识库、规则库、数据库基础上,从已知风险概率出发,对能够应对风险的投标企业做试探性选取。然后在当前假设引导下,寻求进一步信息,从而推出新的结果。

引入以下符号的定义:

H_1:H_S的子集,表示目前风险集合;

B_1:$\text{deal}(H_1)$,表示能应对目前风险的投标供应商集合;

S:应对目前风险的投标企业试探解集合,为描述企业能应对的多种风险,用"×"表示笛卡尔积。初始状态为$H_1 = \varphi, B_1 = \varphi, S = B$,终止条件为$H_1 = H_S$,即找不出待分配的风险。推理过程如下:

①从已知风险集合H_S中得到一个风险h_j;

②往目前的风险集合H_1中加入新增风险($H_1 = H_1 \cup h_j$);

③往集合B_1中加入可应对新增风险h_j的招标供应商($B_1 = B_1 \cup \text{deal}(h_j)$);

④构造中标企业试探解集合$S(S' = S' - S, S' = S, \ S = S \cap \text{deal}(h_j))$;

⑤如果试探解集合S为空($S = \varphi$),则构造试探集合$S1$($S_1 = S' \cap \text{deal}(h_j)$)。如果$\text{prevent}(s') \cup \text{prevent}(\{b_i | b_i \in \text{deal}(h_j)\})$是$H_1$的最小覆盖,则构造试探集合$S2$($S_2 = \{b_i\} \times S'$);如果不是最小覆盖,则构造试探集合$S$($S_2 = \varphi$,$S = S_1 \cup S_2$)。

⑥如果目前风险集合与已知风险集合一致($H_1 = H_S$),则推理结束;否则,转到①。

根据问题假设,定义中标企业选取解的相对似然函数为:

$$L(B_I, H_S = L_1(B_I, H_S) \cdot L_2(B_I, H_S) \tag{6-13}$$

$$L_1(B_I, H_S) = \prod_{h_j \in H_S} \alpha(h_j) p(h_j | B_I) = \prod_{h_j \in H_S} \alpha(h_j)\left(1 - \prod_{b_i \in B_I}(1 - c_{ij})\right) \tag{6-14}$$

$$L_2(B_I, H_S) = \prod_{b_i \in B_I} \frac{p_i}{1 - p_i} \tag{6-15}$$

式(6-13)表示已知信息中包括的投标企业集合 B_I 的相对似然函数,作为 B_I 能够应对风险集 H_S 的程度;式(6-14)表示 B_I 有多大可能应对 H_S 中风险存在形成的加权;式(6-15)表示由 B_I 的先验概率组成的加权。相对似然函数用于在已知企业风险应对能力的前提情况下,度量企业被选取的相对似然度即相对可能程度。似然函数 L 体现出了风险概率及企业应对风险能力对企业被选取的正影响。

6.3 分销链可靠性改进模型

6.3.1 可靠性改进模型构建

本节利用 MAS 技术实现对分销链的分布式智能可靠性改进,提高其运作可靠性。由 MAS 理论可知,通过对已有的 Agent 进行封装、定制、继承,将原有的代码集成到新系统中,实现系统重构。Agent 可以拥有本地知识,并赋予一定的学习能力,从而可以逐步完善整个系统的性能。

可靠性改进模型的整体框图如图 6-4 所示。当分销链的目标可靠性提高,或者中标企业 Agent 感知其自身可靠性降低时,可以将消息发送至改进 Agent。改进 Agent 计算分销链可靠度,如果低于目标可靠度,启动分销链可靠性改进流程。

改进 Agent 在分销链可靠性改进模型之中处于重要的核心地位,通过将慎思型 Agent 和反应型 Agent 相互融合,同时引入基于目标 Agent 的思想,构成混合型可靠性改进 Agent。由于慎思型 Agent 的符号算法一般是按理想的、可证明的结果设计的,经常导致复杂度过高。但是,其规划优化对于非故障情况下的分销链可靠性改进有很大的优势。另外,考虑到动态环境下的系统可靠性改进,需要在一定准确度的前提下进行快速反应,这一点比规划优化更重要,因而反应型 Agent 更适合于进行紧急情况下的分销链可靠性改进。基于以上这几点考虑,采用将两者结合的混合型结构,更加适合进行分销链可靠性恢复与改进。

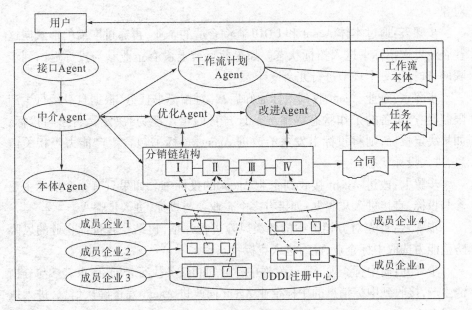

图 6－4　可靠性改进模型

改进 Agent 的内部功能模块。改进 Agent 中四个模块的具体功能分别如下：
①分销链可靠度计算模块：通过分销链运作可靠性中的网络分析法计算分销链运作可靠性计算；②成员重要度计算模块：通过成员重要度分析中的概率重要度与关键重要度计算方法进行成员重要度计算；③风险评估模块：通过分销链风险概率模糊评价中的方法，对分销链中各类风险的发生概率进行评估；④企业优选模块：结合风险评估结果与企业的各类风险应对能力，通过不确定条件下的成员企业优选中的方法选取最优冗余企业。

6.3.2　可靠性改进流程

分销链可靠性改进流程的具体步骤如下：

步骤一：分销链运作可靠性计算。当分销链的目标可靠性发生改变，或其中一个企业可靠性下降时，改进 Agent 被触动。改进 Agent 首先计算当前的分销链运作可靠度。如果大于目标可靠性结束流程；如果小于目标可靠性进入步骤二。

步骤二：根据具体情况以及成员重要度选择原则，选择确定是进行概率重要度计算，还是关键重要度计算？

步骤三：根据所确定的重要度类型，进行成员重要度计算。

步骤四：按照重要度大小进行排序，按排列顺序寻找相应环节上的备选企业。排在前面的是系统可靠性改进中的关键环节，作为冗余设计中的重点关注对象。

步骤五:通过本体 Agent 和 UDDI 查询合适的企业,再通过广播的形式向这些企业发送招标书进入招标状态。如果此环节上没有企业参与投标返回到步骤四,选择下一个环节进行冗余设计。

步骤六:企业 Agent 收到招标通知后,针对招标书任务,根据自身运行生产限制、生产设备的工作状态等情况估计自身的生产能力,决定是否参与投标。如果决定投标,则将投标书发送给改进 Agent,投标书包含生产能力等相关信息,进入投标状态。

步骤七:改进 Agent 接收到企业 Agent 的投标书。如果只有一个投标企业参与投标,直接进入步骤九;如果有多个企业参与投标,进入步骤八。

步骤八:首先对分销链中的各类风险进行评估,再结合各投标企业的风险防范能力选取中标企业,此时进入竞标状态。

步骤九:向中标企业 Agent 发送中标通知和任务执行合同,请求其参与分销链生产,接收到中标消息的中标企业 Agent 向改进 Agent 发送确认信息,进入执行状态。

步骤十:改进 Agent 在接收到中标消息后,进入步骤十一。如果在给定时间内,改进 Agent 没有接收到中标消息,则向下一个企业发生中标通知。

步骤十一:重新计算分销链运作可靠度。如果大于目标可靠度,则结束流程;否则,进入步骤二。

此外,如果某企业由于上游供应企业的生产故障等原因,而被迫停止生产。则该企业 Agent 将情况及时地通知给改进 Agent,由本体 Agent 从 UDDI 找到合适的上游供应企业,发送标书。如果所有的上游供应企业都处于停产状态,则该企业无法恢复生产,继续等待。如果有多个上游供应企业都正常运行,并且同意向该企业提供服务,此时同样需要进行优化选择,制定最佳的可靠性恢复策略。

6.3.3 应用算例

在 MAS 开发平台 JADE 上,对本章所提出的分销链可靠性改进模型进行软件实现。假设某分销链上共有 81 个企业,存在 5 个生产环节(A ~ E),每个环节上各有 9 个企业,分别是 A1 ~ A9、B1 ~ B9、C1 ~ C9、D1 ~ D9、E1 ~ E9。每项子任务均可交由若干个企业来完成。分别选择 A1、B1、C1、D1、E1,组成初始分销链的可靠性设计。在运行一段时间后,外界环境发生变化,此时分销链的目标可靠度从原先的 0.80 提升到 0.85。改进 Agent 被触动,启动分销链可靠性改进流程。

(1)分销链可靠性计算。通过最小路集对现有的分销链运作可靠性进行计算,得到运作可靠度为 0.784,小于目标可靠度。

（2）成员重要度分析。改进 Agent 根据知识库中的成员重要度分析方法选择原则，选择概率重要度进行计算，得到概率重要度的排序：$III > II > I > V > VI$。因此，本体 Agent 首先对重要度程度最高的环节 III 进行任务招标。

基于工作流本体 Agent，共搜索到有 8 个企业 Agent 满足条件，接着向这些企业 Agent 发送招标书，共有 7 个企业参与此次投标。

（3）风险评估。改进 Agent 中的风险概率评估模块，对任务生产中的 15 类风险（分别用 $h_{01} \sim h_{15}$ 代表）进行风险评估。得到 $H_s = (h_{04}, h_{13}, h_{14})$，概率分别为：$\alpha(h_{04}) = 0.82$、$\alpha(h_{13}) = 0.47$、$\alpha(h_{14}) = 0.32$，$B_I = 7$，$p_i = 1/7$。

（4）冗余企业选取。根据 UDDI 注册中心，得到投标企业 Agent 应对风险集合，如表 6 - 5 所示。再根据推理算法，求出各集合的关系变化，如表 6 - 6 所示。

表 6 - 5　　　　　　　　　　　投标企业应对风险集合

代号	投标企业	风险应对类型 prevent(b_i)			
b_{01}	企业 C2	h_{01}	h_{02}	h_{03}	h_{07}
b_{02}	企业 C3	h_{04}	h_{07}		
b_{03}	企业 C4	h_{04}	h_{07}	h_{08}	h_{13}
b_{04}	企业 C5	h_{01}	h_{07}	h_{09}	
b_{05}	企业 C6	h_{04}	h_{07}	h_{10}	h_{13}
b_{06}	企业 C7	h_{07}	h_{11}	h_{12}	
b_{07}	企业 C8	h_{07}	h_{13}	h_{14}	h_{15}

表 6 - 6　　　　　　　　　　　中标企业选取推理结果

风险集合	初始状态	h_{04}	h_{13}	h_{14}
H_1	φ	$\{h_{04}\}$	$\{h_{04}, h_{13}\}$	$\{h_{04}, h_{13}, h_{14}\}$
B_I	φ	$\{b_{02}, b_{03}, b_{05}\}$	$\{b_{02}, b_{03}, b_{05}, b_{07}\}$	$\{b_{02}, b_{03}, b_{05}, b_{07}\}$
S'	φ	B	$\{b_{02}, b_{03}, b_{05}\}$	$\{b_{03}, b_{05}\}$
S''	φ	φ	$\{b_{01}, b_{04}, b_{05}\}$	$\{b_{02}, b_{03}\}$
S	B	$\{b_{02}, b_{03}, b_{05}\}$	$\{b_{03}, b_{05}\}$	$b_{07} \times \{b_{03}, b_{05}\}$

根据表 6 - 6 中的推理结果，得出试探解集合：

$S = b_{07} \times \{b_{03}, b_{05}\} = (\{b_{03}, b_{07}\}, \{b_{05}, b_{07}\})$。

先根据式（6 - 13）至式（6 - 14）求出试探解的可能程度：

$L_1(\{b_{03}, b_{07}\}) = 0.072$

$$L_2(\{b_{03}, b_{07}\}) = 0.026$$

$$L_1(\{b_{05}, b_{07}\}) = 0.034$$

$$L_2(\{b_{05}, b_{07}\}) = 0.029$$

再根据式(6-15),得到:

$$\frac{L(\{b_{03}, b_{07}\})}{L(\{b_{03}, b_{07}\}) + L(\{b_{05}, b_{07}\})} = 0.655$$

$$\frac{L(\{b_{03}, b_{07}\})}{L(\{b_{03}, b_{07}\}) + L(\{b_{05}, b_{07}\})} = 0.345$$

当风险类型为 $H_s = (h_{04}, h_{13}, h_{14})$ 时,得出的最佳中标企业 Agent 集合为 $\{b_{03}, b_{07}\}$,$\{b_{05}, b_{07}\}$,根据最大似然值原则,得出两种解集的可能性分别为 65.5% 和 34.5%。因此,b_{03} 为风险防范下的最佳冗余企业,将生产任务分配给企业 C4。

此时,重新计算分销链可靠度,得到可靠性为 0.96,大于目标可靠度,结束分销链可靠性改进过程。

6.4 企业可靠性智能监管模型

本部分从节点层出发,尝试在企业数目固定的前提下,通过提高企业可靠度,达到提升分销链系统可靠性的目的。

分销链中企业监管的目的,就是激励各企业在保证正常生产运行的同时,促使其努力提升各自的企业生产效率,尽可能提供更为优质的产品或服务,提高分销链的资源配置效率,改善系统整体运行的各方面性能指标。文献[298]利用 Stackelberg 博弈方法,探讨了零售商如何针对供应商制定合适的激励以改进运输可靠性。文献[299]通过模糊质量功能展开方法(Quality Function Deployment, QFD),对分销链管理中的可靠性因素进行分析,使其在分销链管理过程中的计划阶段,传达用户需求与设计参数间的模糊关系,改进分销链可靠性。

目前,企业监管所采取的具体措施有:罚款、赢利上下限额、价格限额、投标限额、修改市场规则与参数、诉讼等办法[300,301]。通过总结国内外相关研究资料,以及对实际情况的调查研究,发现目前的企业监管存在以下几个方面的问题:

(1)重结果轻过程。现代绩效管理理论认为,应当从过程角度出发来衡量与管理业务过程绩效,才能实现绩效的改善和提升[302]。目前,监管主要针对企业所提供的最终服务进行评价,如交货合格率、服务准时率以及产品性价比等,不能对其整个业务过程进行全面评价。

②合作意识有待强化。核心企业仅仅依靠惩罚措施不但不能彻底解决问题,并且不利于供应商关系的改善。而是应当帮助其他企业提高服务水平,这样才能增强自身竞争力。

③信息不对称。由于经常存在信息不对称的情况,导致核心企业无法充分了解到其他企业的相关信息,因此不能实行具有针对性的激励性监管。

④理论性研究存在不足之处。目前的研究主要还是针对监管方法的理论性探讨,且大多还停留在价格监管的研究上,还没有在监管模型中加入服务可靠性控制。

通常情况下,各企业会给多个下游企业提供产品或服务。因此,在获取待监管企业的相关信息时,就需要全面地从这些下游企业获取待监管对象的相关信息。

6.4.1 标尺竞争理论

标尺竞争(Yardstick Competition,YC)理论,也被称为区域间比较竞争理论,由 Shleifer 于 20 世纪 80 年代中期提出[303]。它的中心思想是通过引入相同类型的企业,并以此作为参照对象,由类型相同企业的成本和资金投入决定。可以通过下式进行简单描述:

$$P_i = kC_i + (1 - k) \sum_{j=1, j \neq i}^{N} (f_j C_j) \tag{6-16}$$

式中:P_i 为特定监管企业 i 的产品价格;C_i 为特定监管企业 i 的自身成本;k 为特定监管企业 i 的自身成本所占比例;C_j 为观察组中企业 j 的单位产品成本;f_j 为观察组中企业 j 的权重系数;N 为观察组中所有企业数量。当 k = 0 时,表示特定监管企业 i 的价格完全取决于观察组中其他企业成本,而与自身成本无关,此时称为完全标尺竞争。

在标尺竞争监管的情况下,由于价格取决于同类企业的成本,监管企业要获得较多利润,就必须努力做到使自身成本低于同类企业的平均水平,这样就达到激励待监管企业提高效率、降低成本、改善服务的目的。最终,待监管企业选择同类企业的平均效率水平,从而达到纳什均衡状态。

通过正确地运用标尺竞争理论,监管机构可以不需要全面了解被监管企业的成本与投入等相关信息,这样不仅有效地减少了监管机构对被监管企业的信息依赖问题,而且解决了信息不对称情况下的监管问题[304]。

基于标尺竞争思想,Shleifer 进一步提出了一种全新的监管理论,即监管者可以利用从几个地区性标杆企业所获取的信息,针对不同地区上的待监管企业分别制定出激励性监管制度。这样就可以实现使特定地区企业与其他地区企业进行对比,以激励其提高自身内部经济效率的标尺竞争监管理论。标尺竞争使处在不同市场下企业实现直接竞争,而不再是不同地区企业间的间接竞争。

如果待监管企业的类型各不相同,首先需要将他们区分出不同类型,然后再分别构造出各类企业的"模范企业"。

自从 Shleifer 提出标尺竞争监管理论之后,该理论的研究已经涉及不同的应用领域,诸如电力监管、天然气产业监管、自来水供应产业监管、医疗费率监管及电信监管等不同行业。目前,这种标尺竞争模式在瑞典、巴西、智利等国家的配电市场中,已经得到了实际应用[305]。

通常情况下,标尺竞争监管可以分为以下三步:①监管部门从实际企业中选取"模范企业"作为标尺,该企业在所监管指标方面具有效率较高等特点;②以"模范企业"运营情况的各项数据为依据,计算各种评价指标与补贴标准办法;③将实际企业与"模范企业"进行比较,制定具体奖惩措施,并设定新的评价目标。

6.4.2 基于 MAS 的可靠性监管

6.4.2.1 可靠性监管模型的构建

本节在分销链中各企业分布自治的体系基础上,构建了基于多 Agent 协作的企业可靠性监管模型,如图 6-5 所示。

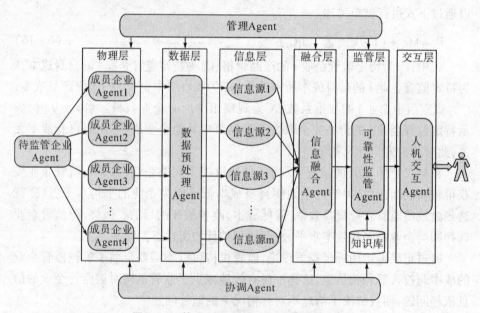

图 6-5 基于 MAS 的企业可靠性监管模型

可靠性监管模型由多个 Agent 交互协作实现,分别建立了企业 Agent、数据预处理 Agent、信息融合 Agent、可靠性监管 Agent、人机交互 Agent、协调 Agent 和管理 Agent。

该系统采用了分层体系结构,分别由物理层、数据层、信息层、融合层、监管层以及交互层构成。在这些层次中分布了不同数量的 Agent,这些 Agent 分别承担系统中的不同角色,通过完成不同的任务、实现各自不同的功能,从而保证了分销链智能可靠性监管系统稳定、有效地工作。

基于 MAS 的企业可靠性监管模型具有以下特点:

(1)便于维护

分布的企业 Agent,不仅有利于评估的并行处理、提高评估效率,而且避免了传统专家系统知识库庞大、不利于维护等缺点。

(2)多种评估方法相互融合

各企业 Agent 可以包含不同的算法,再通过信息融合手段,得到最后的数据。多 Agent 协作评估大大提高评估的能力和效率。例如,模糊推理算法可以实现不完整信息的模糊诊断,神经网络算法具有较强的抗干扰能力等。

(3)高可靠性

各企业 Agent 均具有独立评估能力,当部分企业 Agent 退出系统时,系统仅仅性能降低而不会完全瘫痪。而适当增加企业 Agent 的个数又可以提高系统性能。

(4)易扩展性

本监管模型还可以与其他系统构成更大规模的系统,从而可以较容易地实现系统功能与结构上的扩展。

6.4.2.2 可靠性监管流程

该智能可靠性监管系统主要工作流程,可以分为以下五个阶段:信息收集、信息处理、信息融合、可靠性监管以及结果输出。

(1)信息收集

通过分布在环境中的多个企业 Agent,对待监管企业的可靠性状态信息进行采集产生多个数据源。在正常情况下,系统首先确定监管对象,然后查找与监管企业有历史交易记录的企业。管理 Agent 通过通信机制以广播的形式向各企业 Agent 发送消息。通常情况下,企业 Agent 处于监听状态,在接收管理Agent的命令后查询历史数据库。如果与待监管企业有历史交易,则将相关数据发送给信息预处理 Agent。

(2)信息处理

考虑到原始数据中可能存在不完整、含噪声的、不一致的情况。因此,需要通过数据预处理 Agent 对各个企业 Agent 所提供的原始数据进行预处理。

(3)信息融合

由于单个企业 Agent 所提供的信息是局部的,为了能够全面地反映待监管企业的相关情况,需要利用信息融合技术对预处理后信息进行信息融合。

通过对由多个企业所获得的信息进行协调、组合、互补来克服单个企业的信息不确定和局限性,进而得出比单个企业来源测量值更为精确的结果,提高监管系统的有效性。再将经过融合的信息,提供给可靠性监管 Agent。

(4)可靠性监管

可靠性监管 Agent 在得到监管信息后,基于标尺竞争的结合价格监管与供应可靠性监管,对待监管企业进行激励性监管,以促进其提高自身的可靠性。

(5)结果输出

最后,将结果传送至人机交互 Agent。至此,一次监管过程结束。

6.4.3 基于标尺竞争的可靠性监管

6.4.3.1 基于 DEA 的标尺竞争模型

为了正确地应用标尺竞争理论,需要选取一组在特定方面具有可比性的企业组,并设计一套较为合理的评价指标;可以采用合适的数学方法对企业组进行指标排序;从中确定标杆企业;以标杆企业为参照物,激励其他的非标杆企业进行相应的改进。

数据包络分析方法(Data Envelopment Analysis,DEA)作为常用的并被证实是较为有效的数学方法之一,它是由 Charnes A 和 Cooper W W 这两位数学家于1978 年共同提出的[306],并将数学规划模型分别命名为 C^2R 和 C^2RS。在上述两个模型中,待评价企业(部门)称为决策单元(Decision Making Units,DMU),以 DMU 的"输入"和"输出"数据来作为 DEA 评价依据。

假设总共存在 n 个 DMU,每个待评价单元均有 m 种类型的"输入"、s 种类型的"输出",可通过表 6-7 给出。表 6-7 中:x_{ij} 表示第 j 个决策单元对第 i 种类型输入的投入量;y_{rj} 表示第 j 个决策单元对第 r 种类型输出的输出量;v_i 表示第 i 种类型输入的权系数;u_r 表示第 r 种类型输出的权系数。其中,$i = 1,2,\cdots,$ $m;r = 1,2,\cdots,s;j = 1,2,\cdots,n$。$x_{ij}$ 与 y_{rj} 为已知数据所存在(x_{ij}、$y_{rj} > 0$),它们均根据历史资料进行相应的统计得到;v_i 与 u_r 作为变量,分别对应于权系数 $v = (v_1,v_2,\cdots,v_m)^T$ 与 $u = (u_1,u_2,\cdots,u_s)^T$。

表 6-7 决策单元及其输入和输出

类别	权系数	1	2	…	j	…	n
输入	v_1	x_{11}	x_{12}	…	x_{1j}	…	x_{1n}
	v_2	x_{21}	x_{22}	…	x_{2j}	…	x_{2n}
	⋮		…			…	
	v_m	x_{m1}	x_{m2}	…	x_{mj}	…	x_{mn}

类别	权系数	1	2	⋯	j	⋯	n
输出	u_1	y_{11}	y_{12}	⋯	y_{1j}	⋯	y_{1n}
	u_2	y_{21}	y_{22}	⋯	y_{2j}	⋯	y_{2n}
	⋮			⋯			
	u_s	y_{s1}	y_{s2}	⋯	y_{sj}	⋯	y_{sn}

DMU 中的效率指数 θ_j 由下式进行定义：

$$\theta_j = \sum_{r=1}^{s} u_r y_{rj} \Big/ \sum_{i=1}^{m} v_i x_{ij}, j = 1,2,\cdots,n \qquad (6-17)$$

为了满足 $\theta_j \leq 1$ 这一必要条件，可以通过适当地选取权系数 v 及 u 进行满足。在对第 $e(1 \leq e \leq n)$ 个 DMU 进行效率评价时，可以权系数 v 和 u 为变量，并且以第 e 个 DMU 的效率指数 θ_e 为目标，以所有 DMU 的效率指数 $\theta_j \leq 1(j = 1,2,\cdots,n)$ 为约束条件，便能够构成最优化模型 $C^2R^{[306]}$：

$$\begin{cases} \max \sum_{r=1}^{s} u_r y_{re} \Big/ \sum_{i=1}^{m} v_i x_{ie} \\ \text{s. t.} \quad \left(\sum_{r=1}^{s} u_r y_{rj} \Big/ \sum_{i=1}^{m} v_i x_{ij} \right) \leq 1, j = 1,2,\cdots,n \\ v = (v_1, v_2, \cdots, v_m)^T \geq 0 \\ u = (u_1, u_2, \cdots, u_s)^T \geq 0 \end{cases} \qquad (6-18)$$

利用 C^2R 模型来判定决策单元是否有效时，是相对于所有的 DMU 而言的。进一步在使用 Charnes － Cooper 变换方法的基础之上，能够将此类分布规划问题转化为一个等价的线性规划问题。

为了描述问题方便，可以引用矩阵符号，令 $t = 1/v^T x_e$，$\omega = tv$，$\mu = tu$，则有：

$$\mu^T y_e = u^T y_e / v^T x_e$$

$$\frac{\mu^T y_j}{\omega^T x_j} = \frac{u^T y_j}{v^T x_j} \leq 1, j = 1,2,\cdots,n$$

$$\omega^T x_e = 1, \omega \geq 0, \mu \geq 0$$

因此，可以将上式的分布规划问题转变为：

$$\begin{cases} \max \mu^T y_e = \theta \\ \text{s. t.} \quad \omega^T x_j - \mu^T y_j \geq 0, j = 1,2,\cdots,n \\ \omega^T x_e = 1 \\ \omega \geq 0, \mu \geq 0 \end{cases} \qquad (6-19)$$

效率指数向量 θ 是由一系列小于或者等于 1 的具体数值所组成的。如果

存在某个元素的 $\theta_j = 1$,说明所对应的 DMU 相对于其他 DMU 更为有效。换句话说,表示有效的 DMU 在相同的投入下可以实现产出最大化,或者在相同的产出下可以实现投入最小化。

在通过 DEA 方法进行企业效率评估时,每一个待评估企业就是一个 DMU,合理选择企业的评价指标(DMU 的输入/输出)是关键所在。因此,需要慎重地考虑以下两点:①在选择输入变量和输出变量的时候,要选择那些更能够全面反映被监管对象运营情况的变量,这样可以尽可能达到准确评价目的;②对于输入(输出)集内部的指标,需要尽可能避免它们相互之间有较强线性关系。

6.4.3.2 监管指标选取

针对分销链中那些待监管企业,需要综合地结合价格监管和可靠性监管这两方面因素,输入和输出体系如表 6-8 所示。在条件合适的情况下,可以根据实际需要和现实条件,对输入和输出量进行适当地扩充,实现更全面的监管评价。

表 6-8　　　　　　　　企业监管输入和输出量

类别	指标
输入	产品价格(元)
	订货提前期(天)
	计划完成率(%)
	用户平均中断时间(天)
输出	收入(元)
	用户数量(个)
	库存供应时间(天)
	最大生产能力(个)
	产品合格率(%)

6.4.3.3 企业价格监管

考虑到价格监管方法较多,本章采用较常用的价格上限监管方法[307]。其计算公式为:

$$P_t = P_{t-1}(1 + R_{PI} - X) \pm Z \qquad (6-20)$$

式中:P_t 为下一个监管期内所设定的价格调整上限;P_{t-1} 为基础期内加权平均价格;R_{PI} 为监管期内产品(服务)价格指数;Z 为所有外生因素调整值;X 是待监管企业的效率提高因子,用以反映投入/产出的相对关系。

企业价格监管的关键核心在于如何确定 X 的值,就需要根据所统计的历史生产效率数据,在如何刺激企业降低成本的前提下综合可靠性等相关因素进行确定。

（1）确定可靠性标杆企业

对位于分销链同一环节上运营情况接近，并且提供相同产品（服务）的若干个企业，可以根据式（6-19）分别计算各自的输入/输出数据效率指数 θ_j，根据所得到具体计算值的大小对其进行排序，从中确定标杆企业（即 $\theta_j=1$ 的企业）。如果不存在 $\theta_j=1$ 的标杆企业，那么就需要选择 θ_j 值最接近于 1 的企业作为标杆企业。

（2）计算效率提高因子

对于那些非标杆企业，即 θ_j 小于 1 的企业，其效率提高因子通过下式进行计算[307]：

$$X_j = X_{min} + (1 - \theta_j) \frac{X_{max} - X_{min}}{\theta_{max} - \theta_{min}} \qquad (6-21)$$

式中：X_j 代表企业 j 的效率提高因子；θ_j 表示非标杆企业 j 相对于标杆企业的效率指数；X_{max}、X_{min} 分别表示核心企业所指定的效率提高最大值和最小值；θ_{max}、θ_{min} 是通过式（6-19）计算所得到的所有企业效率指数中的最大值和最小值。

综合式（6-20）与式（6-21），可知所有待监管企业要获得更多利润（P_t），就必须降低成本提高效率指数 θ_j，进而减小 X_j。而 θ_j 和 X_j 以标杆企业为基准，因而能够激励其向标杆企业靠拢，从而达到降低成本、更加合理利用生产效率、提高可靠性的目的。

6.4.3.4 企业可靠性监管

为了提高产品可靠性管理水平，美国军方在 20 世纪五六十年代就采取了一系列措施。首先是改进武器采购方法，在采购合同中规定可靠性要求和试验验记，促使承制部门重视产品的可靠性；其次是制定可靠性规范，在规范中给出定量的可靠性要求，并要求承制方进行有效的管理和验证；最后是重视可靠性奖惩合同制，利用奖惩合同作为提高武器系统可靠性的工具。

在进行传统的价格监管的同时，引入服务可靠性监管到标尺竞争之中。选取产品合格率和供应可靠度这两个指标，并通过供应可靠度计算用户生产平均中断时间。

（1）服务可靠性计算指标

用户生产平均中断时间（Average Interruption Hours of Customer）T^{AIHC} 为：

$$T^{AIHC} = \frac{\sum（每次供货中断持续时间 \times 每次中断影响客户数）}{总客户数} \qquad (6-22)$$

供应可靠度（Reliability on Service in total）ρ^{RS} 为：

$$\rho^{RS} = (1 - \frac{客户平均中断时间}{统计期间时间}) \times 100\%$$

$$= (1 - \frac{T^{AIHC}}{\text{统计期间时间}}) \times 100\% \qquad (6-23)$$

产品合格率(Product Eligibility Rate)ρ^{PER}为:

$$\rho^{PER} = \frac{\text{实际交货合格数}}{\text{合同规定交货数}} \times 100\% \qquad (6-24)$$

(2)基于服务可靠性的企业收益调整

由于企业所提供的服务可靠性不同,所相应进行的收益调整体现了服务可靠性监管的意义。针对产品可靠性这方面评价,核心企业对于提供良好服务可靠性的企业会给予相应的经济奖励,对于服务可靠性不合格的企业给予相应的经济惩罚。

具体的收益调整值的计算公式如下:

$$\pi_{j,t} = \pi_{j,t}^{AITE} + \pi_{j,t}^{PER} \qquad (6-25)$$

式中:在监管期 t 内,$\pi_{j,t}$表示企业 j 由于所提供的不同服务可靠性而造成的收益调整值;$\pi_{j,t}^{AIHC}$ 和 $\pi_{j,t}^{PER}$ 分别为对应指标的收益调整项。如果总收益结果为正,这就表明企业因为提供优质服务而获益;总收益为负,这就说明企业因为所提供的服务可靠性不合格而受到处罚。具体计算方法为:

$$\pi_{j,t}^{AITE} = \varphi^{AIHC} \cdot N_{j,t-1} (\gamma_{t-1}^{AIHC} \cdot T_{j,0}^{AIHC} - T_{j,t-1}^{AIHC})$$
$$\pi_{j,t}^{PER} = -\varphi^{PER} \cdot N_{j,t-1} (\gamma_{t-1}^{PER} \cdot \rho_{j,0}^{PER} - \rho_{j,t-1}^{PER}) \qquad (6-26)$$

式中:$N_{j,t-1}$为企业 j 在监管期 t-1 内供应用户总数;

φ^{AIHC}为由于供应中断对每个用户每个时间段内所造成的直接损失;

φ^{PER}为产品不合格给每个用户造成的直接损失;

γ_{t-1}^{AIHC}为标杆企业服务可靠度调整系数;

γ_{t-1}^{PER}为标杆企业产品合格率调整系数;

$T_{j,0}^{AIHC}$,$\rho_{j,0}^{PER}$为待监管企业 j 对应的该项初始值。其中,φ^{AIHC} 和 φ^{PER} 值根据用户等级而进行不同的设置。

在进行企业监管时,因为服务可靠性所引起的收益调整时,标杆企业调整费用合计为零,即 $\sum_{j}^{p} \pi_{j,t}^{AIHC} = 0$ 和 $\sum_{j}^{p} \pi_{j,t}^{PER} = 0$ (p 为标杆企业的个数),由此可得:

$$\gamma_{t-1}^{AIHC} = \sum_{j}^{p} N_{j,t-1} \cdot T_{j,t-1}^{AIHC} / \sum_{j}^{p} N_{j,t-1} \cdot T_{j,0}^{AIHC}$$
$$\gamma_{t-1}^{PER} = \sum_{j}^{p} N_{j,t-1} \cdot \rho_{j,t-1}^{PER} / \sum_{j}^{p} N_{j,t-1} \cdot \rho_{j,0}^{PER} \qquad (6-27)$$

上面两式中的 γ_{t-1}^{AIHC} 和 γ_{t-1}^{PER} 因子体现了促使被监管企业向标杆企业靠拢的思想。

6.4.3.5 应用算例

将某分销链上同一个环节上的 6 个分销企业作为待监管对象,由于它们都共同给 6 个下级零售企业供货,通过监管系统对这些零售企业进行数据采集,将6个待监管企业的经过融合后的所有监管数据列在表6-9中。表6-9中的平均中断时间指标一项,按式(6-23)进行整理计算,并以月为检测单位,将用户等待时间转换为分钟而得到。

表6-9 各供应企业运行数据

编号	产品价格(元)	订货提前期(天)	计划完成率(%)	收入(元)	用户数量(个)	库存供应时间(天)	最大生产能力(个)	产品合格率(%)	供应可靠性(%)	平均中断时间(天)
1	302.34	1.567	67.76	57 735	19	12.9	252	91.2	87.5	1.94
2	258.36	1.174	44.81	58 746	30	15.2	287	94.5	90.5	0.44
3	177.34	3.611	96.88	304 711	59	9.2	1923	92.3	89.6	0.86
4	305.89	2.944	81.48	227 749	47	20.7	1130	90.2	91.1	0.02
5	253.78	1.432	41.16	65 319	17	10.3	337	96.1	89.9	0.71
6	285.54	1.407	39.48	85 317	14	19.7	516	99.9	89.0	1.25

为了达到激励待监管企业提升各自可靠性的目的,分别取 $R_{PI} = X_{min} = 0.0112$,$X_{max} = 0.0264$。为了能够简要说明问题,在供应可靠控制这一方面,把所有用户都视为同一种类型,同时假设所有待监管企业的 $T_{j,0}^{AIHC}$、$\rho_{j,0}^{PER}$ 分别相等,取 $T_{j,0}^{AIHC} = 650\text{min}$,$\rho_{j,0}^{PER} = 99.81\%$,取 $\varphi^{AIHC} = 0.08$ 元/min、$\varphi^{PER} = 1124$ 元,计算结果见表6-10。

表6-10 各供应企业计算结果

编号	θ	X	πAIHC	πPER	π	Pi2
1	0.6880	0.0225	-45.0809	-4.7999	-49.8808	0.9845P11
2	1	0.0100	5.5815	10.9353	16.5168	P21
3	1	0.0100	-30.9206	-8.7440	-39.6646	P31
4	1	0.0100	41.8199	-21.2384	20.5815	P41
5	0.7363	0.0206	-4.5935	11.1167	6.5232	0.9869P51
6	1	0.0100	-16.4808	19.0615	2.5807	P61

进一步分析,需要对计算所得数据加以说明。将式(6-26)中的所需数据统一设定为:$\gamma_{t-1}^{AIHC} \cdot T_{j,0}^{AIHC} = 642.82\text{min}$,$\gamma_{t-1}^{PER} \cdot \rho_{j,0}^{PER} = 98.7237\%$。对比表6-10中各个企业的具体数据,可以得到以下结论:

(1)经营效率和供应可靠性分析

企业1的经营效率指数和收益调整值,在6个待监管企业中都是最低值。

由此可见,企业 1 的整体运营水平相对较差,需要着重提高生产经营效率和供应可靠性这两方面。

企业 2、企业 4 的经营效率水平排名均相对靠前,由此说明由服务可靠性所引起的收益调整值将会导致各企业收益增加。

企业 3 的经营效率指数较大,特别是中断生产时间这项指标较大,一定程度上会降低企业收益,加上企业 3 的用户数较多,造成损失会相应较大,最终收益值也会较大减少。

在下一监管期内,企业 5 虽然其产品合格率较高,在服务可靠性中能够为其带来收益增加,但是企业 5 需要加强效率提高工作。

由此可见,运营效率高的企业不一定其对应的供应可靠度也较好,因此有必要在监管模式中引入供应可靠性因素。

(2)价格监管的比较分析

通过式(6-20)对 6 个企业的价格监管结果(Z=0)进行计算,计算结果可见表 6-10 的最后一行。其中,P_{i1} 为待监管企业在上一个监管期内的产品价格,P_{i2} 为待监管企业在下一个监管期内的产品价格,$i = 1, 2, \cdots, 6$。从具体数据可以看出,对于运营效率较高的企业,其效率提高因子也相应较小,如企业 2、企业 3、企业 4 和企业 6。因此,需要在下一监管期内,将这些企业上一监管期的价格设定为各自的上限产品价格。

同时,企业效率指数较低会导致其效率提高因子较大,如企业 1 和企业 5。因此,在下一监管期内,可以将其产品价格上限分别设定为 $0.9875P_{11}$ 和 $0.9894P_{51}$。效率指数越低,效率提高因子也就相对越大,决定企业在下一监管期内价格上限相对越低,如企业 1。

由此可知,上述计算所得的监管结果与实际情况是相互符合的,对于效率较高的企业,其效率提升的空间相对有限,故 X 值较小,对应的下一监管期内的价格上限波动幅度较小;反之,效率较差的企业的 X 值较大,下一监管期内的价格上限相对于其他企业下降的幅度较大,这样就会正向激励待监管企业,促进其降低成本,实现生产效率的提升。

(3)服务可靠性中的 $\pi_{j,t}^{AIHC}$ 和 $\pi_{j,t}^{PER}$ 比较分析

企业 1 的这两项均为负值,说明该企业需要着重改善服务可靠性,以提高供应可靠度和产品合格率,特别是要重视改善供应可靠度。

企业 2 的这两项均为正值,表明该企业的服务可靠性较好,并因此获益。

企业 3 由于其供应可靠度较低,加之产品合格率也略低,两项综合导致企业整体收益减少,因此需要着重提高供应可靠度。

企业 4 尽管总调整值为正,但还是需要进一步提高产品合格率。

对于企业 5、企业 6,虽然它们的产品合格率都比较高,但是供应可靠度引

起的收益调整为负数,所以它们都需要重视改善供应可靠度。

通过以上分析可知,通过对计算所得到监管企业相对效率提高因子相互进行比较,以制定下一监管期内的最高限价,激励待监管企业改变生产策略,可以降低成本、提高效率和改善服务。

所提出的可靠性监管模型及计算方法,在实际应用时可以分为几个阶段依次进行。在可靠性监管初期,如果所有监管企业之间的差距较大,可以对不同类型企业设定不同的 X 因子,对各类企业限定不同的价格,逐步缩小各类企业 X 因子的差距,激励同一类型中的企业向标杆企业靠拢。可以设定一段时间为一个监管期,在监管期结束后,重新确立标杆企业,监管期内 X 因子保持不变,尽可能创造一个稳定的环境,激励企业提高效率以降低成本。由服务可靠性所带来的收益值调整,可视为监管机构对待监管企业的奖惩措施,促使企业提高各自的服务可靠性。在监管企业间的差距缩小以后,在下一个监管期可以采用统一的 X 因子,这样更加有利于公平竞争。在其他条件成熟时,如果希望将更多的信息纳入监管体系,可以根据实际需要对监管指标进行扩充。

小结

由于企业的多元性、功能上的集成性、地域上的分散性以及组织上的非永久性等特点,使得分销链中隐藏着许多内在的不可靠因素。此外,分销链系统运行在一个动态变化的不确定性现实环境中,企业在执行生产任务的过程中,不可避免地会遇到许多外界动态情况的影响。因此,如何针对已完成设计、处于运行状态中的分销链进行可靠性改进,就显得尤为重要。本章主要针对企业可靠度固定的前提下,如何通过增加合适的冗余企业,提升分销链整体可靠性进行了研究。首先,根据分销链中 6 类生产依赖关系,定义了生产相关度概念,进而提出了基于网络分析法的分销链运作可靠度计算方法。为了描述企业对系统可靠性的贡献程度,引入成员重要度概念。通过对 6 种典型的分销链冗余设计分别进行可靠度计算,以及概率重要度和关键重要度分析,得到了分销链中两条成员重要度选择原则。然后,针对多个企业对同一任务进行竞标的情况,根据风险指标和风险指标变化率,采用模糊推理方法计算风险发生概率。同时结合企业的风险应对能力,通过推理选取最优冗余企业。最后,融合反应式和慎思式 Agent 的典型结构,设计了一种基于混合结构的改进 Agent,以实现分销链运作可靠性改进。

针对目前分销链监管过程中所存在的问题,本章构建了基于 MAS 的企业可靠性监管模型。提出了一套兼顾服务可靠性的企业激励性监管模式及方法,这一模式以标尺竞争思想为基础,在监管信息融合的基础上,对价格监管采用价格上限管制方式,服务可靠性监管从供应可靠度和产品合格率两方面进行控制。采用 DEA 建立了相应的管制模型,能够激励成员企业在提高运营效率和保证服务可靠性之间实现最佳平衡点。

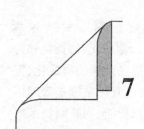

7 分销链智能运作管理系统

大多数企业在实施信息化过程中一般需要借助实施 SAP、Oracle、用友、金蝶和浪潮等 ERP 软件管理企业的采购、生产、财务、销售和库存等。这些知名软件虽然大都具有采购模块、生产模块、财务模块、资产模块、分销模块、知识管理和办公自动化等，但是这些管理软件的 FPS 等运作功能还有待于完善。虽然CPFR 在一些企业中得到推广和应用，如零售连锁店 Wal – Mart 及其供应商Warner – Lambert 等，但是还没有完全体现出联合计划、预测和补货运作的智能化特性。不完善的 FPS 运作功能在一定程度上影响了企业管理者的决策能力和管理效率。

因此，这一章构建了分销链的 MAOMS。在分销链运作管理理论和方法的研究基础上，将进一步探讨智能运作管理系统。从软件工程和开发的角度出发，讨论了 MAOMS 设计要求和结构组成，并对 MAOMS 的设计和构建进行了探讨。

7.1 问题的提出

分销链企业一般具有分布式和多层次的特点，不同部门、企业都有共享实时信息和协商运作的需求，然而传统的管理软件却不能满足智能运作管理的需要，如 ERP 软件不能协助企业的管理人员自治地完成 FPS 的运作管理等工作，也不能提供给企业管理人员有效的决策数据以便更好地加强管理和运作。随着智能技术的发展，当前的管理软件正朝着智能管理的方向发展，新一代智能管理软件将通过集成 AI、数据仓库、数据挖掘与联机分析处理（On – Line Analytical Processing, OLAP）和决策支持等增强企业的智能管理水平，把企业管理者从繁琐的工作中解脱出来。

7.1.1 智能管理系统的提出

1995 年涂序彦等[308] 给出了智能管理系统的概念。智能管理系统是在

MIS、DSS 和办公自动化系统的功能集成和技术集成的基础上,引用 AI、专家系统、知识工程、模式识别和 NN 等现代科学方法和技术,进行集成化、协调化和智能化,设计和实现的新一代计算机管理系统。可见,管理信息系统的集成化、智能化和网络化已经成为管理信息软件发展的必然趋势,智能管理系统是管理信息系统的新发展和新方向。随着智能制造、智能控制、计算智能、物联网技术等智能技术向管理领域的渗透,无疑将会推进 MIS、DSS 和办公自动化系统向智能化的方向发展,也为分销链智能运作管理系统的实现提供了良好的基础。

到此,我们可以给出企业智能管理的定义:企业智能管理是指通过综合运用现代信息技术与人工智能技术,以现有信息管理模块为基础,以智能制造、智能控制、计算智能为手段,以智能决策为依据,智能化地配置企业资源,建立并维持企业运营秩序,实现企业管理中各个要素(各类硬件和软件总称)之间的高效整合,并与企业中人的要素相结合,实现"人机协调"管理体系。

一般来说,从信息技术视角出发,分销链中的各层管理者通过实时获取库存数据、预测数据、订货数据和调度数据等,能够有效地提高基于 MA 的分销链企业 FPS 运作管理水平。分销链智能管理系统包括供应管理子系统、制造管理子系统、分销管理子系统、财务管理子系统、客户关系管理子系统和综合办公子系统等,可以形成智能管理信息系统、智能 ERP、智能客户关系管理和智能办公自动化系统等。对于分销管理子系统来说,在分销资源计划的基础上,我们给出了智能分销资源计划(Intelligent Distribution Resource Planning,IDRP)的概念,IDRP 属于 MAOMS 的一部分,在这一章里主要探讨了 IDRP 运作管理部分。

7.1.2　物联网概述

近年来,物联网作为现代信息技术发展到一定阶段后出现的信息技术产物,其将各种感知技术、现代网络技术、人工智能与自动化技术聚合与集成应用,创造出一个智慧型企业。物联网是利用包括 RFID、传感器技术、纳米技术、智能嵌入技术等,通过信息传感设备,按约定协议把任何物品与 Internet 相连接,在 Internet 基础上延伸的一种网络。其用户端扩展到了任何物品之间进行信息交换和通信,以实现智能化识别、定位、跟踪、监控和管理。物联网通过智能感应装置,把世界上所有的物体都连接到一个网络中形成物物相连的网络,再与现有 Internet 结合,实现企业管理与物理世界的整合,以更加精细和动态的方式管理生产,经过传输网络,到达指定的信息处理中心,最终实现物与物、人与物之间的自动化信息交互与处理的智能网络。它作为在互联网技术基础上延伸和扩展的一种网络技术,其用户端延伸和扩展到了任何物品和物品之间,进行信息交换和通信。可见,发展物联网不但是信息技术发展到一定阶段的升级需要,同时也是实现企业产业结构调整,推动企业信息化转型升级的一次重要契机。

射频识别（RFID）技术是一项易于操控、简单实用且特别适合用于自动化控制的应用技术，其具备独特的优越性。一个最基本的 RFID 系统一般包括三个部分：①标签。它由耦合元件及芯片组成，每个标签具有唯一的电子编码，附着在物体上标识目标对象。一般电子标签中保存有约定格式的电子数据，且含有内置天线．用于和射频天线间进行通信。②读写器。它是用来读取标签信息的设备，是 RFID 系统中比较重要的一个组成部分，它可无接触地读取并识别电子标签，读写器通过读写器的接口可以与电脑相连，或使用 WLAN 技术进行数据传送，所读取的标签信息被传送到电脑进行下一步处理。③天线。它是在标签和读写器之间传递射频信号。RFID 既可支持只读工作模式也可支持读写工作模式，且无需接触或瞄准，可在各种恶劣环境下进行高度的数据集成。

7.1.3　分销链的智能化

物联网能够实现全面感知、实时准确传递商品信息，利用智能计算技术方法对海量数据进行实时分析处理，实现智能化管理。在分销链管理中，企业必须实时精确掌握各环节的物流、信息流和资金流等。从整个分销链来看，物联网使分销链的透明度大大提高，商品在分销链各个环节能被实时追踪。把物联网应用在分销链智能运作中，实现了实时、便捷地获取零售商产品销售信息，从而及时反映零售商的市场需求，将此市场需求信息及时传递给制造商，制造商就有条件做到对零售商供货需求的真实反映，从而促进协同预测、协同计划、预测与补货计划以及准时生产，使得制造商与零售商间的联系更加紧密，库存管理也能取得很好的实施效果。在库存管理应用中，物联网有大批量数据同时采集，无需精确对位等特点，大批量出入库数据通过物联网系统实时采集、传递、核对、更新，提高了工作效率和准确度，这使得物联网在货物入库、存储、盘点、出库各个业务环节都有自动化应用。在零售环节，物联网被大量用于库存清点和损耗控制，基于物联网的商品防盗系统（EAS）、报警系统等可有效降低损耗。

RFID 技术将在分销链的诸多环节上发挥作用，安装在分销中心、仓库及商品货架上的读写器能够自动记录物品在整个分销链的流动，从生产线到最终的消费者全程记录。主要体现在以下几个环节：

库存管理是分销行业的一个十分重要环节，企业的库存管理主要包括产成品标识与定位、包装、堆放、出入库、盘存等方面。产成品用 RFID 标签进行唯一标识，对节点进行信息采集，从而实现产成品在库存管理中的有效定位，实现产成品的实时动态盘存，建立快速反应的库存管理系统，消除库存管理环节可能存在的障碍。仓储区内商品可以实现自由放置，提高仓储区的空间利用率并能够提供有关库存情况的准确信息，从而降低了库存，增强了作业的准确性和快捷性，提高了服务质量，降低了储存成本，节省了劳动力和库存空间，同时减少了整个物流中由于商品误置、送错、偷窃、损害和库存、出货错误等造成的损耗。

RFID 技术在销售环节应用产生的效益体现在销售业绩、盘点、服务质量、数据综合利用等方面。应用 RFID 标签,方便找货与盘点,改进服务质量,留住了重要的客源。通过上面有效的措施提升了销售业绩。通过 RFID 标签掌握消费者信息,把握市场销售动向,从而制定更为合理的服务战略,达到改进服务质量、扩大销售的目的。通过在商品内置 RFID 标签可以实时了解各地、各商品的销售、库存状况,以便及时生产、补货、调拨等,降低分销链的整体库存,节省资金占用。

零售环节物联网可以改进各个公司的库存管理,实现适时补货。有效跟踪运输与库存,提高效率,减少出错。比如当贴有标签的物件发生移动时,货架自动识别并向系统报告这些货物的移动。智能货架会扫描货架上摆放的商品,若存货数量降到偏低的水位,就会通过计算机提醒。因此,能够实现适时补货,减少库存成本。这些操作无需人工参与,节约了大量人工成本,提高了效率,加快了结账流程,同时提高了顾客的满意度。运输环节在运输管理在途运输的货物和车辆贴上 EPC 标签。运输线的一些检查点上安装上 RFID 接收转发装置。因此,当货物在运输途中,无论是分销中心还是各个公司都能很好地了解货物目前所处的位置及预计到达时间。特别对于价值高的物品、危险易泄漏的物品、需要封箱运输的物品等,均可以采用主动式 RFID 技术将其封装在箱内。如果出现非正常开箱,系统即可获得物品状况,及时报警,减少危害和损失。

物流智能化提高了仓储管理效率,产品、包装箱、托盘和货位都加贴 RFID 电子标签,实现所有管理单元的可视化管理,可以大大缩短包装、搬运、盘点、统计时间,从而减少货损,加速资金周转,大幅提高仓储管理效率。实现了分销链监控,实时掌握产品入库、出库情况,实现盘点作业的自动化,减少人工作业,解决人工作业易出现人为差错和信息交流不及时的传统管理模式痼疾,自动进行货龄分析,自动产生缺货和滞销品报警,实现分销链监控。

对于分销链中实时的动态运作指标,如库存中各类数据、顾客管理中的数据等均需要经过感知,经过网络传输到信息系统。这里,我们认为这些大量的数据传输到集中式的物联网云计算数据中心,再借助智能计算方法等获取分销链运作管理的决策。物联网的应用有利于分销链信息化和智能化水平的提高,可以及时追溯采购源头,减少库存管理重复作业,并可以对运输工具和货物自动定位,可用于损耗控制,并能促进智能库存管理。通过物联网得到的详细货物管理信息,连接企业管理系统,仓库出货的实时信息、销售数量以及每层店铺的存货情况、货品需更新信息及报废信息等都可得到实时有效的监控,有助于简化退换货手续、减少退换货损失,加快维修速度,为企业产品质量分析、技术改进及相关管理提供维修记录和质量依据,并能迅速定位召回商品,减少召回搜索成本,加快召回过程。综上所述,在物联网的支撑下,整个分销链的运行状况都是透明可见的,分销链成员之间能够实现信息的完全和实时共享,提高数据采集效率、准确性和完备性;后台的分析系统则对前台得到的数据进行计算、分析,得到决策建议,同时使信息自动、智能地在分销链上流通。提高分销链管理的效率,将企业从琐碎的事务性工作中解放出来,使其更专注于分销链管理流程的优化和分销链企业间的协作,从而提高整个分销链的效率和灵活性。

"智慧分销链"是结合物联网技术和现代分销链管理的理论、方法和技术,在企业中和企业间构建的、实现分销链智能化、网络化和自动化技术与管理综合集成的系统,未来的智慧分销链不仅能够使分销链运作更高效,而且可以保证分销链运作更可靠。

7.2 运作结构与设计要求

7.2.1 分销链结构框图

以 ZM 分销链为例,图 7-1 给出了该分销链的结构框图,它由分销中心、三层省级子企业、二层地区子企业和一层专卖店四层企业组成。

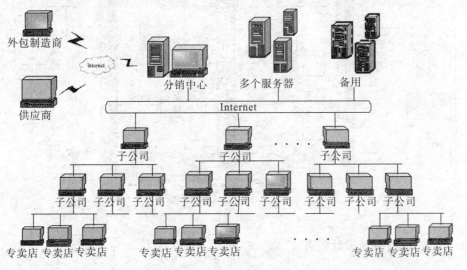

图 7-1 运作结构框图

该分销链网络遍及我国大部分省份,在全国设有几百家子企业。每个企业都是独立核算的利益主体和决策主体,具有独立的 FPS 运作管理功能,能够完成库存管理的各项工作。分销中心是分销链经营管理的核心主体,负责统一进货、制定企业营销政策、财务管理、质量管理、市场调研和促销策划等,而下层企业的主要职责是按照分销中心的要求实施运作管理。对于需求拉动的分销链,最终消费者的需求信息和订单通过分销链由低层企业向高层企业依次上传,而产品的调度则由高层企业向低层企业依次下传,最终完成 FPS 运作管理过程。每层企业都可以从外部市场接收信息和自主决策,并将各类订单通过 ERP 软件传输给其他企业,各层企业之间需要通过协商谈判等方式解决冲突问题,减少牛鞭效应,并优化库存量。

整个分销结构呈分布式网络分布,并采用集中式数据库管理。专卖店首先产生预测订货单、计划订货单、补货单和销售订单等并生成相关的报表,地区子企业接收专卖店的各类订单信息后,对这些信息进行优化处理:接受、拒绝或协商修正等。同时把相关信息与主管企业进行共享。分销中心在获取到省级子企业的相关信息后,根据各个企业的库存和销售信息对各个相应企业进行调度补货,采取接受或修正下层企业的上报数据,并集中向外部供应商订货。

由于分销链的运作管理过程是一个多渠道、多地点和多执行者的综合协同过程,这里引入多层递推的思想,将分销链的 FPS 运作过程按照实际物理模型进行了构造,如图 7-2 所示。

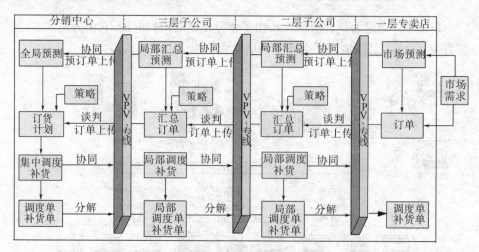

图 7-2   FPS 运作过程

7.2.2   系统设计要求

为了改变分销链传统的集中式管理模式,提高应对市场变化及用户需求的反应速度。MAOMS 需要提升系统运作管理的自动化和智能化程度,实现物流、资金流和信息流的集成统一和事前预测、事中计划与事后调度的运作管理模式。

为了优化分销链的运作管理,综合考虑目前所存在的问题,从多层系统结构和内部复杂系统管理两方面给出了智能运作管理的设计要求。

7.2.2.1 设计总体要求

总体设计要求归纳为四个部分:

(1)网络化:随着3G的开放,RFID的应用,逐步实现了Internet、物联网和移动设备的无缝连接,将分销商、各级公司和消费者紧密结合在一起,形成店面销售和网上销售的一体化网络管理模式。

(2)集成化:经济发展的一体化必然要求信息管理的一体化,需要集成企业内部的不同管理软件和设计制造软件、企业内部不同部门的数据、操作和企业内部和外部的交互等管理功能。因此,构建实现多层次、多部门和多软件功能的集成至关重要。

(3)智能化:将先进的数据处理方法、AI理论和现代通信技术应用于MAOMS中,提高系统的自适应运作水平和处理企业之间冲突的管理能力,尽量减少管理者的参与,把管理者从繁重的操作中解放出来。

(4)协调化:企业内部、企业之间或分销链与上下游伙伴之间都可能存在冲突,需要进行协商解决冲突问题。同时,企业的管理者也需要和MAOMS进行交互和通信等。这些均要求进行合理的协商、协作和协调,设计合理的软件接口和友好的人机界面等,实现人机交互和机机交互。

基于上述设计要求,结合分销链运作管理的特点,给出了分销链物流与信息流集成的MAOMS。该系统具有以下特点:

(1)能够在无人干预的情况下,根据企业的内外部环境选用适当的运作管理模型和计算方法,自治动态地完成分销链FPS等运作功能,生成预测软订单、计划订货单、补货单和调度单等。仅在必要的情况下才请求企业管理者参与。

(2)该系统充分利用AI、知识工程和网络通信技术等实现分销链的优化运作,具有通信、协商、分析决策、智能信息管理和自治的处理业务等多种功能。

(3)尽量减轻管理者的工作量,自行处理分销链企业内部和外部运作管理的冲突,协商完成FPS运作管理功能,如下层企业订货量和主管企业配货量之间的冲突。

(4)为管理者提供良好的界面,提供智能化的查询和检索功能,通过基于MA的预测计划模型、基于MA的计划订货模型和基于MA的调度补货模型等生成了各类数据报表。

7.2.2.2 分销链可靠性设计

(1)基于用户需求的分析

不断扩大的用户需求已经成为分销链管理中的难题。虽然迫切需要与用户进行沟通,但是企业还是倾向于将工作重心放在供应商沟通上,而不是用户身上。大多数的企业是与供应商合作完成产品设计,而只有少数企业是与用户合作来完成的。

智慧分销链管理将与客户关系管理紧密融合,在智慧分销链中,用户将成为分销链系统不可分割的一部分。一方面分销链管理人员需要站在用户角度来思考问题,将用户需求融入分销链管理的方方面面;另一方面鼓励和促进用户参与分销链系统的运行和管理。普通分销链通过与用户互动,进而提供及时、准确的交付物,而智慧分销链则是在整个产品生命周期(从产品研发、日常使用到产品寿命结束)都与用户紧密联系。通过大量的信息交互,智慧分销链可以进行详细的用户分类,并为他们量身定做产品。

从分销链可靠性角度来看,用户需求是另一种需要关注与管理的资源,它将有助于平衡供求关系,确保分销链系统的供应可靠性。从用户角度来看,购买消费产品是一种经济性选择,通过参与分销链的运行和管理,修正自身订购和购买产品的方式,从而获得实实在在的好处。考虑到并非所有的用户,都需要相同等级的供应可靠性,因此,可以从"标准"到"优质"对供应可靠性进行分级。智慧分销链将以不同的价格水平提供不同等级的供应可靠性,以满足用户对不同供应可靠性水平的需求,同时要将优质优价写入供应服务的合同中。

(2)智慧分销链是自适应分销链

"自适应"指的是把有问题的企业从分销链系统中隔离出来,并且在很少或不需要人为干预的情况下,使分销链系统迅速恢复到正常运行状态,从而几乎不中断对最终用户的产品供应服务。从本质上讲,自适应就是智慧分销链的"免疫系统",这是智慧分销链的最重要特征。

自适应分销链通过进行连续不断的在线运行状态自我评估,以预测分销链运行过程中可能出现的问题、发现已经存在的或正在发生的问题,并立即采取措施加以控制或纠正。为尽量减少生产供应与服务中断,需要充分应用数据获取技术,执行决策支持算法,从而降低产品供应的中断频率及持续时间,在中断发生后迅速恢复生产供应服务。

自适应分销链可以采用多个可以相互替代的分销链网络设计方式,当出现分销链运行故障或发生其他问题时,通过信息系统确定故障企业,同时和备用企业进行通信,以切除故障企业或将生产任务迅速地切换到备用的同类生产企业上,从而确保分销链运行可靠性、产品质量以及交付效率。

(3)标尺竞争可以实现分销链可靠性提升

标尺竞争理论的中心思想是通过引入相同类型的企业,并以此作为参照对象,企业成本和资金投入分别由类型相同企业的成本和资金投入决定。在标尺竞争监管的情况下,由于价格取决于同类企业的成本,监管企业要获得较多利润,就必须努力做到使自身成本低于同类企业的平均水平。这样就达到激励待监管企业提高效率、降低成本、改善服务的目的,最终待监管企业选择同类企业的平均效率水平,从而达到纳什均衡状态。

智慧分销链通过正确地运用标尺竞争理论,分销链管理者可以不需要全面了解各企业的成本与投入等相关信息,这样不仅能够有效地减少了监管机构对被监管企业的信息依赖问题,而且解决了信息不对称情况下的监管问题。对价格采用价格上限监管方式,服务可靠性监管从供应可靠度与产品合格率两方面进行控制,采用相应的数学分析方法建立了相应的监管数学模型,促使企业提高各自的服务可靠性,从而达到提升分销链整体可靠性的目的。

综上所述,未来的智慧分销链可以从这三个途径出发,达到提升分销链可靠性的目的。

7.3 智能运作管理结构

随着智能技术的发展,智能管理软件将通过集成人工智能 AI 等方法增强企业的智能管理水平,把企业管理者从繁琐的工作中解脱出来。这里采用 MA 理论和物联网构建分销链 MAOMS。该系统需要具有实时感应外界信息、处理获取信息和输出执行后的信息等功能,即一般系统所具有的输入、处理和输出三部分。

7.3.1 信息感应的智能化

将先进的数据处理方法、AI 理论和现代通信技术应用于智能运作中,有助于提高系统的自适应运作水平和处理企业之间冲突的管理能力,尽量减少管理者的参与,把管理者从繁重的操作中解放出来。在无人干预的情况下,根据企业的内、外部环境选用适当的运作管理模型和计算方法,自治动态地完成分销链的运作功能,生成预测软订单、计划订货单、补货单和调度单等,仅在必要的情况下才请求企业管理者参与。

以信息输入为例,感应部分通常需要三种方式获取信息:半自动识别、自动识别和完全需要操作人员手工输入。在感应外部信息时需要一些现场采集数据的工具,如 EDI、条形码和 RFID 技术等。

智能运作管理系统需要把从外界感知的知识转化为计算机能够识别的数字语言,并储存在数据库中。企业内部、企业之间或分销链与上下游伙伴之间,也需要和智能运作管理系统进行交互和通信等。这些感知信息既有实时的动态信息又有系统的静态信息。系统感应的静态信息包括系统中各个 Agent 的初始数据设置、分销链企业的自身状况、库存初始设置、库存管理策略、预测方法与相关静态参数、订货补货的相关设置、调度方法与策略的设置等信息。动态信息包括市场需求变化、下层企业实时订货补货量、销售量、当前库存变化量、各层企业调度量、管理者决策、审批数据、MAS 的交互通信数据和冲突数据等。

动态信息的来源包括:其他软件中的数据、现场采集数据和与管理者交互的数据。其他软件包括与企业信息化系统相关的 ERP、SCM、OA、CRM、CPFR、PDM 和 CAD/CAM/CAPP 等。

MAS 中的信息需要通过各个 Agent 进行感应处理,功能不同的 Agent 根据需要筛选、提取和分解相关信息。对于获取的这些信息需要储存在系统的数据库中,对不同类型的信息分别储存在数据库、知识库和模型库中。这些均要求进行合理的信息感应进行协商、协作和协调,设计合理的信息处理方案有助于实现人机交互和机机交互。

随着物联网技术的成熟以及竞争越来越深地进入到分销链运作管理中,智慧分销链管理系统随之出现,它是"一种基于网络、支持物联网、RFID 技术、支持企业协同物流及分销链管理"的思想,可以为智慧分销链管理提供一种可行的解决思路。

在网络的基础上,采用面向服务的架构设计 RFID 智能中间件构建 Agent,通过 Agent 组建分销链感知系统,实现对分销链上运作管理机构即时准确自动地识别和跟踪。以基于 RFID 智能中间件为核心,充分利用面向服务的架构松散耦合特点,在分销链执行平台以及各物流执行子系统之间实现 RFID 信息的共享和交流,并进一步实现对分销链产品、库存、采购、销售和用户的智慧化管理。

在感应外部信息时需要一些现场采集数据的工具,如 EDI、条形码和 RFID 等。MAOMS 需要把从外界感知的知识转化为计算机能够识别的数字语言,并储存在数据库中。这些感知信息既有实时的动态信息,又有系统的静态信息。系统感应的静态信息包括系统中各个 Agent 的初始数据设置、分销链企业的自身状况、库存初始设置、库存管理策略、预测方法与相关静态参数、订货补货的相关设置、调度方法与策略的设置等信息。动态信息包括市场需求变化、下层企业实时订货补货量、销售量、当前库存变化量、各层企业调度量、管理者决策、审批数据、MAS 的交互通信数据和冲突数据等。动态信息的来源还包括:其他软件中的数据、现场采集数据和与管理者交互的数据。MAS 中的信息需要通过各个 Agent 进行感应处理,功能不同的 Agent 根据需要筛选、提取和分解相关信息。对于获取的这些信息需要储存在系统的数据库中,对不同类型的信息分别储存在数据库、知识库和模型库中。

为了实现 Agent 对信息的识别,需要把这些信息转化为 Agent 可以认知的术语,这无疑需要采用知识发现和本体等技术。知识发现和知识感知有一定的类似之处,知识发现包括数据的选择、预处理、转换、挖掘和知识评价等。预处理包括对数据的再加工,检查其完整性及一致性;数据转换是利用聚类分析等手段进行转换;数据挖掘技术具有预处理不完整性的数据和提高数据质量的功能。感知的方法包括统计方法、ML、NN、OLAP 和可视化方法等。本体是处理底层数据的有效手段,它一般采用 XML 和本体推理层(Ontology Inferrence Layer, OIL)等语言,它们是数据等领域知识的描述框架和规范语言。

7.3.2 MAOMS 处理部分

通过网络能够实现对产品数据进行实时监控,以及库存信息在整个分销链上的共享,还可以为整个分销链设定流程管理标准。智能预测计划、计划调度、补货、运作可靠性等管理,实现为用户提供量身定制的产品及服务。

（1）Agent 相关操作分析

在 MAOMS 中存在着多个相关主体 Agent 和处理操作,需要对企业预测、计划、调度和本体等 Agent 和相关操作属性任务进行定义。分销链中的相关处理分析是以分销链企业之间的单据传递和相应操作为基础,如预测软订单、计划订货单、调度单、审批单、补货单和退货单等。还有登录查询、更新基本信息、参与交互协商、打印产品清单、系统设置和接口界面等。由于 Agent 的相关功能在前几章中已经给出,表 7 – 1 至表 7 – 6 仅给出了参与者、执行时间、活动内容和操作流程操作等内容的分析。

表 7 – 1　　　　　　　　　　　　登录查询

标题	描述
运作名称	登录查询
参与者	各个公司的管理者、系统维护人员、消费者
参与时间	启动系统运行、需要获取信息、检查系统时
内容说明	根据权限的不同,各类人员获取相应的内容,子公司的库存状况,出入库信息、盘点信息、订货情况,内部交流的信息,协商信息,各个公司的调度单
包含案例	根据权限的不同,各类人员获取相应的内容

表 7 – 2　　　　　　　　　　　　预测订货单

标题	描述
运作名称	预测软订单
参与者	公司 Agent、管理 Agent、预测 Agent、协商 Agent、本体 Agent、各个公司的管理者
参与时间	周期性预测启动时
内容说明	在分销链中,存在单层预测与多层预测,都会涉及预测方法的问题,多层预测中会出现协商问题
基本流程	最下层公司的单层预测—上报数据—审核—多层预测—协商—审核—汇总—直至分销中心
包含案例	预测方法、交互协商算法、优化模型

表 7-3　　　　　　　　　　　　　订货单

标题	描述
运作名称	订货单
参与者	公司 Agent、管理 Agent、预测订货单、补货 Agent、协商 Agent、本体 Agent、各个公司的管理者
参与时间	实时处理分销链中的库存变化和市场需求的变化
内容说明	订货单是在预测软订货的基础上,实时监控分销链中各个公司的库存状况,根据公司的补货需求等生成的订货量
基本流程	预测软订货单—补货需求计算—协商—审核—汇总—直至分销中心
包含案例	库存管理方法、交互协商算法、优化模型、补货单
扩展的用例	库存退货管理、保质期产品、应急订货

表 7-4　　　　　　　　　　　　更新基本信息

标题	描述
运作名称	更新基本信息
参与者	各个公司的管理者、系统操作人员、Agent 自身
参与时间	系统运行初始,相关系统参数需要更改,新信息的输入、旧信息的退出,发生了所有权转移时
内容说明	系统内信息的名称、编号、型号、数量、价格的变化,信息的添加或删除
基本流程	系统触发相应的参与者—修改—提交审核
包含案例	产品信息、客户档案、存货档案、部门、人员档案、库存组织、仓库档案、收发类别
扩展的用例	分销链中不同层次的权限是不一样的,如编码、部门人员

表 7-5　　　　　　　　　　　　可靠性数据单

标题	描述
运作名称	可靠性数据单
参与者	各个公司的管理者、系统操作人员、Agent 自身
参与时间	系统运行初始,在预测、计划调度的同时,启动可靠性预测预警、计划调度分析,提供监管等功能。
内容说明	系统内可靠性信息的名称、编号、结果等的变化,对相关运作参数进行检测分析
基本流程	根据系统运作管理进行实时数据监测,运用可靠性模型分析
包含案例	风险模糊模型,流程管理、标尺竞争理论
扩展的用例	分销链中不同层次的权限是不一样的,如编码、部门人员

表 7 – 6 参与交互协商

标题	描述
运作名称	参与交互协商
参与者	各个公司的管理者、Agent
参与时间	在系统需要利用管理者经验,系统需要定期询问管理者是否要更新数据库中与管理者经验相关的信息时,公司之间产生了运作、利益冲突时
内容说明	管理者定性因素的输入、公司间的预测软订货量的冲突、计划补货量的冲突、全局调度与局部调度间的冲突
基本流程	交互参数的变化、冲突的产生—识别冲突双方—进入交互协商—重复多次—协商成功(放弃)
包含案例	协商算法、定性推理、优化建模、专家系统
扩展的用例	系统与外部环境间的交互

(2) MAOMS 内部操作分析

分销链内部操作过程涉及多层企业和大多数管理者以及它们之间的相互运作过程。一般情况下,分销链内部操作的主要任务是以生成各类订单为主线,完成分销的任务预测、订货和调度的库存管理过程。如果仅仅依靠管理者交互进行相关的处理和冲突问题的解决,完成 MAOMS 的协调任务将是非常繁重的劳动。因此,构建了基于 MA 的分销链内部操作流程有助于实现分销链的 MAOMFPS,实现分销链的智能化运作管理。

分销链 MAOMS 操作流程,主要涉及运作管理中的 FPS 几个重要部分,下面给出相应地执行步骤:

第一步,在每个销售周期末,分销中心会启动下一个周期的预测,以便获得需要的预测软订货量。专卖店在管理 Agent 的作用下,根据当前的市场需求,触发单层预测 Agent 进行预测,并把预测的结果上传给其主管企业和分销中心。当主管企业接受到其管辖的所有专卖店的预测软订货量后,会根据其库存状况启动多层预测 Agent,并把预测结果上传给其主管企业和分销中心。当每个地级、省级子企业的预测软订货单被审核通过后,则生成相应的预测软订货单。

第二步,把所有的计划订货汇总上报分销中心后,分销中心会从分销链全局优化的角度进行 MAFM 操作,并把预测的结果与下层子企业的计划订货相比较,以便最后确定向外部供应商订购合理的订货量。

第三步,当新的销售周期开始时,分销中心启动调度 Agent,采用调度和监控相结合的方式实时获取各层子企业的当前库存和销售状况,以便为各个企业提供更好的服务。在调度中分销中心采用基于 MA 的调度模型进行产品分配。同理,下层子企业也采用同样的方式启动调度 Agent。

第四步,在每个销售周期内都会出现许多影响企业订货和销售的不确定性因素。为了满足各个企业的需求,启动了补货 Agent 进行再订货。补货过程从下向上逐层启动,首先是专卖店根据市场需求变化等因素进行局部补货 Agent 计算,并上传计算结果,然后主管企业采用全局补货 Agent 计算,并把计算的补货量上传给主管企业。

第五步,在分销链运作管理的过程中,各层企业之间难免产生 FPS 等运作管理冲突。对于这些冲突需要采用不同的方式进行解决。在这里,当企业之间的预测产生冲突时,启动协商 Agent;当补货产生冲突时,启动基于权重的全局优化补货 Agent;当企业之间的调度不一致时,启动基于 CBR 的调度模式进行计算。这样,通过合理的冲突消解方法可以化解上下层企业的局部利益和整体利益间的矛盾,以便有效地执行分销链企业的运作管理。

7.3.3 MAOMS 输出部分

分销链 MAOMS 与其他运作模式一样,也需要输出结果提供给系统或管理者使用。对于管理者来说,系统数据库的原始数据非常繁琐,而且各类数据量非常庞大,很难为企业管理者提供直观的决策依据。所以,管理者需要的是优化数据或统计数据,这些数据包括订货量、当前的库存量、缺货量、在途量、补货量、调度分配量、预测软订货量、销售量、入库量和出库量等。为了更加直观地反映分销链的运作管理状况,在输出部分生成优化后的数据图表等是不可或缺的。因为图表是必要、直观的决策工具,通过图表能够给管理者提供销售变化趋势、库存波动情况、历史补货变化和各个企业调度变化状况等。

对于分销链 MAOMS 来说,由于分销链中的 FPS 运作等计算结果和中间数据自治完成,需要把许多中间数据和计算结果等储存在各个 Agent 的数据库中。同时,在 MAOMS 中提供仿真功能也是不可或缺的输出部分,这些仿真结果可以为管理者提供更加直观、动态的图像。

7.4 MAOMS 设计与构建

7.4.1 平台构建

在 JADE、Swarm 和 Repast 等平台(架构)或开发环境上运用 Agent 开发方法和 Java 等语言进行编程,能够实现分销链智能运作管理的软件化。下面列举了相关的几个 Agent 开发平台(架构)或开发环境。为方便说明,下面把平台(架构)或开发环境简称为平台。

7.4.1.1 MA 平台

随着 AI 的发展和复杂社会系统的深入研究,MAS 被广泛地应用到社会、经济管理、生物、地理、军事和生命科学等学科。MAS 和开发平台的研究成为许多领域研究的热点课题，尤其是计算机科学、网络通信、生态学和社会经济等。借助 MA 平台，社会领域中的复杂系统行为和社会性难题有可能得到一定的解决。从 20 世纪 80 年代 MA 平台的研究开发以来，尤其是 Java 的出现使得平台的发展和使用更加广泛，主要平台有 Swarm、Repast、Mason、JADE、starlogo、netlogo、Zeus 和 Agentbuilder 等。前人已经给出了部分平台的回顾和评价。Railsback 等[309]对 2005 年发布的 Swarm2.2、Repast3.1、Mason version 10 和 NetLogo2.1 四个版本的平台进行了详细比较。通过 16 个傻瓜式模型从编程体验、执行速度、平台开发理念和模型构建等方面进行了测试与评价。Objective - C Swarm 平台设计概念清晰、运行稳定、模型和图形用户界面完全分离，适合于复杂系统的开发，其不足之处在于 Objective - C 语言的应用。Java Swarm 平台包括了 Objective - C Swarm 平台的优点，方便 Java 使用者，其不足之处是 Java Swarm 平台不能很好地对 Objective - C 和 Java 的优点进行取舍，其运行速度慢于 Objective - C Swarm 平台。Repast 是比较完善的 Java 平台，支持多线程运行，相对 Swarm 等其他平台来说速度较快，其不足之处就是基础元素设计不太完整。NetLogo 平台的模型不复杂且兼容性好，初始模型构造速度快，这潜在地减少了编程时间，但是缺少集成调试环境和复制性。对于有经验的程序员来说，Mason 也是不错的选择，它支持 MA 或长时间的密集计算。Serenko 等[310] 总结了 20 多个软件工具包并分为移动 Agent 工具包、MA 工具包、总体工具包和 Internet Agent 工具包四类，并对这四类软件包分别进行了比较。Bitting 等[311] 给出了六个评价标准并运用这些标准评价了 AgentBuilder、AgentSheets、Jack 和 OpenCybele 四个平台。Eitera 等[312] 从 Agent 的角度分析了如何选择合适的平台、是否有软件工业标准、开发机构（研究所）的背景和平台资料是否全面等内容。Ricordel 等[313]分析了 AgentBuilder、Jack、MadKit 和 Zeus 的设计开发并对这些软件包进行了短评。这些回顾性文献有助于帮助我们进一步了解和选用合适的平台。

7.4.1.2 MAOMS 设计开发平台

基于 MA 的设计工具主要涉及软件开发平台、仿真平台、智能计算软件、接口设计、智能方法、设计语言和数据库系统等。软件开发平台有 Agent 开发平台和本体开发软件等，如 JADE、Repast 和 Protégé 等。仿真平台主要有 Matlab/Simulink 和物流仿真软件等。智能计算软件有 GA 和 NN 等。由于目前智能管理系统的研发还处在初期阶段，各种规范和标准还需要完善，所以各类接口系统和软件的通信机制还无法有效地实现。智能管理系统的设计无疑需要应用智能方法，如 GA、NN、CBR、ML、模糊算法等优化方法。对于设计语言，Java 是目前较流行的编程语言。数据库系统是实现系统正常运作的数据基础，如 SQL

Server 2000 等。在整个系统的底层架构中,主要会涉及 Web 技术和 XML 两大类。Web 技术也具有与具体开发语言无关的特性,XML 具有可扩展性和与开发语言无关的特性,可以保证整个系统架构的高松散型、可扩展性和易移植性。它可以用来描述各 Agent 及 MA 之间的底层数据信息。具备了上述条件后,通过设计合理的软件系统架构和方案应该能够开发出 MAOMS。

根据分销链建模方法和 Govindu[314] 的研究内容,可以利用 Matlab/Simulink、JADE 和 Protégé 的智能开发平台,该平台以 SQL Server 2000 作为数据库和 Java EE 作为开发环境。智能开发平台的开发层由 Matlab/Simulink、JADE 和 Protégé 构成。在 Protégé 上采用 XML 对本体进行描述,并通过定义类、类层次、属性关系、属性值约束、类和属性之间的关系生成和编辑本体。运用 Eclipse IDE、Java 和 UML 等构建分销链运作所需要的 Agent。JADE 中的所有 Agent 遵循 FIPA 标准,FIPA 定义了 ACL 的通信方式,ACL 对 Agent 间的通信做了最基本的设定,包括消息的目的与消息内容、消息发送者与接受者、消息采用语言和消息采用本体等元素。所有的智能运作结果都反映到应用层,并通过与分销链企业的交互完成基于 MA 的 FPS 的运作管理。Agent 层是平台开发的中心工作,由管理 Agent、预测 Agent、计划 Agent、调度 Agent、协同 Agent 和本体 Agent 等组成,它们的具体功能等已经在前面进行了详细说明;应用层提供了与管理者的交互界面,该层提供了仿真优化、计算结果分析、运作监控与信息通信和交互渠道的功能。

在总体分销链建模的基础上,对不同条件下基于 MA 的预测计划模型、基于 MA 的计划订货模型、基于 MA 的调度补货模型、智能运作可靠性分析。以基于 MA 的预测运作为例,从系统设计和实现的角度构建了一个各层管理者共同参与的预测运作模型。对于 Agent 之间的通信问题,每个 Agent 都具有分析和与外界通信的能力,可以接收管理者传递的参数信息和自动获取 ERP 软件中的数据。在从 ERP 软件和外界环境中获取相应的数据后,各 Agent 模块除了完成自己的功能外,还需要通过管理 Agent 参与到交互协商中。Agent 的通信行动遵循 FIPA 标准,通信协作行动采用 KQML 语言描述。通信交互行动主要有 propose、accept、reject、achieve、ask – one 和 tell 等。

在 JADE 上采用 Java 语言,并在 SQL Server 2000 数据库中设计了存储模型库、知识库和本体库等各类资源实现分销链的预测运作。相应的设计步骤为:

第一步,分析分销链预测计划模型。首先需要分析和界定预测计划过程中预测计划的实现方法,然后分别给出每个 Agent 的具体功能和 MA 之间的相互关联性,通过运用相应的理论方法进行验证,并为开发设计做好前期工作。这些已经在第 3 章中给出了分析。

第二步,设计分销链的预测计划模型。采用 UML 等方法对分销链的预测计划进行建模。首先,管理 Agent 从管理者那里接受任务并处理,接受任务的 Agent从外部环境中得到所需的输入信息;然后接受任务的多个 Agent 之间,如果需要协同共同做决策,那么它们需要通过管理 Agent 进行协调。对于不合理的预测值,上下层企业之间需要通过协商 Agent 进行多次沟通与协调;最后当预测软订货量计算并被相关企业认可后,预测计划过程即可结束,否则再重复该过程。

第三步,在 JADE 上运用 Java 语言编程测试并运行。在理论方案设计完成之后需要具体构建每一个 Agent 的内部和外部功能,每个 Agent 的创建包括自身设置、通信和控制模块定义、感知器、反应器、局部数据库和知识库的内容等。

7.4.2　MAOMS 通信与协商

7.4.2.1　通信机制与协商

通信是 MAS 协同工作的重要条件,通信是协作的基础。一套完整的通信机制包括通信语言、通信协议和通信方式等。通常通信语言包括知识交换格式 KIF 和知识查询与操作语言 KQML 等,它定义了 MA 之间信息传递的标准语法和相应动作的表达方式。通信协议一般采用黑板模式和消息传递方式。黑板是任务、运作过程和结果的公共共享区,可以交换信息、数据和知识。任何协商都发生在每个执行环境的本地共享黑板空间上,Agent 只需要将消息发送到黑板而不需要知道接收者的位置和读取时间。基于黑板的协商要求 Agent 必须使用一致的通信和数据交换所使用的消息标识符,保证系统具有统一的命名空间。消息传递则需要根据通信语言和内部相关的规定协议完成 MA 之间的通信,如最常见的广播方式。

协商是 MAS 为了完成共同的任务,解决内部冲突的重要手段,有利于避免系统发生锁死现象。对策和学习是协商的内在机制,协商的模型[315]定义为 M $=\langle Ag,G,P,T,S\rangle$。其中,Ag 表示协商 Agent,G 表示协商目标,P 表示协商规划,T 表示所有协商 Agent 组成的集合,S 表示协商方案。协商问题涉及协商协议、协商策略和协商处理等。合同网[316]是广泛使用的协作协议,它提供了一种合同协议,规定了任务的分派和 Agent 的角色。合同网中的主体分为管理者和工作者,管理者发布任务通知书,工作者进行投标活动,管理者根据投标情况选择合适的工作者建立合同,工作者则根据合同约定完成任务。

7.4.2.2　对话劝说式协商与对策协商的冲突消解

解决冲突的方法很多,这里主要以对话劝说式协商和对策协商为例进行说明。在对策协商中,协商双方都期望获得 Nash 平衡点,因为它体现了对策中合理性行为动作的正确估计而获取的一种优化状态。由于 Nash 平衡点不一定总是存在或者可能存在多个,在这些情况下就需要寻找双方的满意解。

（1）对策协商。在对策协商模型中以合作对策为例，支付函数以效用函数表示。由于决策问题的效用函数不太容易求出，所以采用满意度代替效用函数进行求解。由于在多人多目标决策问题中不存在最优解的问题，只能得到一个满意解，通过给定双方的让步系数，在满足各自满意度函数的情况下求解冲突协商后的解。

（2）对话劝说式协商。在对话劝说式协商中，每个 Agent 都有各自的信念与意图，并以完成 FPS 运作任务为目标，但仅仅主体 Agent 所拥有的信念和意图还不足以完成相应的任务。杨佩等[317]给出了只关心两个企业之间的协商的计算公式。该公式假设信念的论据只包含自身，同时也考虑到现实中的协商往往有时间约束以及 Agent 总是对自己完全信任的状况。信念是由具有认知信度的语句所表示，认知信度通常在区间 $[0,1]$ 上，它反映了 Agent 的协商偏好。如 Agent 关于某一协商议题的信念为：罚金 100 万元（0.32）和罚金 70 万元（0.36），括号中是信念的认知信度，可以看出 Agent 的信念更倾向于提议罚金 70 万元。Agent 除了考虑自身的情况外，还要关注其他主体的信念和意图，以便根据环境状况，修改自身或其他 Agent 的意图。解决企业之间的协商问题一般选用概率统计和效用函数的方法，但是从引起企业间差异的因素来看，选用这两种方法相对繁琐。所以，引入了在动态环境中进行有效推理的信念修正理论来协商企业间的差异。如何通过传递自身的偏好来影响对方的偏好是解决该问题的关键，这里给出了信念修正法。这种方法认为当 Agent 对同一命题具有不同的认知信度时，Agent 需要交换支持各自信念的论据并进行评价而产生新的认知信度 i。

信念修正法适用于企业间差异的协商，协商 Agent 所做的工作是在分析反馈影响信息差异的基础上，经过企业之间不断交互后根据认知信度 i 修正输入参数权重。例如，专卖店的给定值与子企业的给定值经过协商 Agent 分析后发现存在差异。这时子企业反馈提议信息给专卖店，专卖店提出反提议并给出自己输入参数的模糊评价指标权重，如｛竞争者，价格，品牌｝，｛0.2（0.3），0.5（0.4），0.3（0.6）｝，子企业对比自己和专卖店提供的数据后反馈如下的信息｛0.5（0.4），0.4（0.4），0.7（0.7）｝，子企业根据专卖店反提议和实际的需求通过公式计算出认知信度 i，并根据计算结果更新专卖店的偏好。最后通过信念修正法理论使两个企业达成一致协议。

7.4.3　MAOMS 模块

对于新的系统 MAOMS 来说，我们采用 IDEF 进行了功能和需求描述。在 MAOMS 设计初期，应用 IDEF0 方法进行需求分析，逐步详细地描述系统功能，能够为进一步利用 UML 建模奠定良好的基础。这一节中用 IDEF0 构建了

MAOMS 的功能模型,用 IDEF1x 构建了 MAOMS 的数据管理和报表查询模型。

首先给出了描述分销链 MAOMS 运作管理范围的顶层 IDEF0 图。MAOMS 的主要模块包括:系统管理模块、库存管理模块、数据知识管理模块、预测管理模块、计划管理模块、调度管理模块、接口管理模块、协商管理模块和报表及查询模块等。如图 7 − 3 所示。

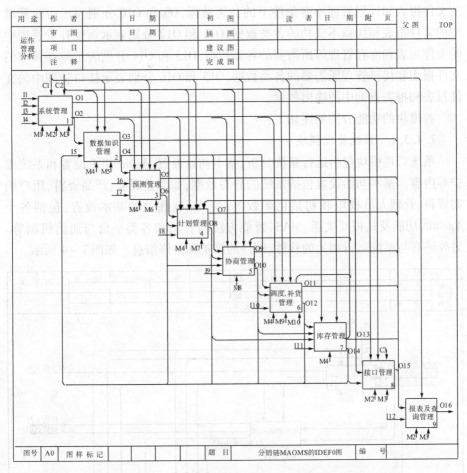

图 7 − 3　分销链运作管理的 IDEF0 图

图 7 − 3 中相应符号的含义分别为:M1、M2 和 M3 分别表示管理 Agent、系统管理者和计算机系统,M4 代表 M1、M2 和 M3 的总和,M5、M6 和 M7 分别表示本体 Agent、预测 Agent 和计划 Agent,M8、M9 和 M10 分别表示协商 Agent、调度 Agent 和补货 Agent,M11 代表 M2、M3、M6、M8、M9 和 M10 的总和;I1、I2、I3 和 I4 分别表示其他管理信息、ERP 等数据库信息、Agent 设置信息和故障信息,I5 表示 FPS、库存和协商信息,I6 和 I7 分别表示市场信息和预测 Agent 的设置信息,I8、I9 和 I10 分别表示计划 Agent 的设置信息、协商 Agent 的设置信息和调度

Agent 的设置信息,I11 和 I12 分别表示实际库存量和信息的仿真、统计等;C1 和 C2 分别表示系统功能设计规范和 Agent 设计要求,C3 表示接口标准规范;O1 和 O2 分别表示系统管理的文件报表和系统的各类基础数据,O3 和 O4 分别表示数据知识管理的文件报表和系统的各类数据,O5 和 O6 分别表示预测管理中的文件报表、预测管理冲突条件下的各类数据,O7 和 O8 分别表示计划管理中的文件报表和计划管理冲突条件下的各类数据,O9 和 O10 分别表示协商管理中的文件报表和协商不成功的各类数据,O11 和 O12 分别表示调度补货管理中的文件报表和库存管理等所需要的各类数据,O13 和 O14 分别表示库存管理的文件报表和接口管理所需要的各类数据,O15 和 O16 分别表示接口管理中的文件报表和报表查询中的输出数据。

各模块的功能分别阐述如下:

7.4.3.1 系统管理模块

系统管理模块包括运行系统分析、基本初始设置、Agent 相关设置和系统维护等内容。基本初始设置包括系统的静态数据,如企业资料、产品资料、用户档案资料、管理人员权限和初始化参数等;与 Agent 相关的基本设置,包括各个 Agent 的功能及其相互关系、MAS、智能方法与算法和各类平台与通信机制等。另外还有与系统运行相关的软件、硬件的维护和维修信息。如图 7-4 所示。

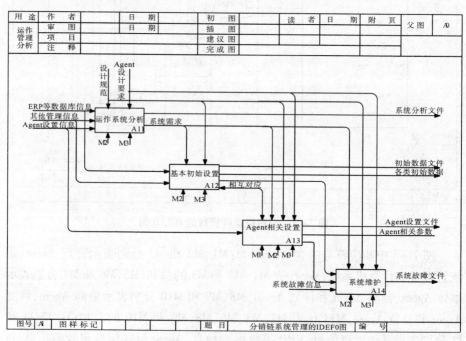

图 7-4 系统管理的 IDEF0 图

7.4.3.2 数据知识管理模块

数据知识管理模块涉及本体 Agent 所处理的大量底层信息,包括 FPS、需求、产品和协商过程的输入、输出数据和数据库管理的内容等。对于该数据模型的描述我们选用了 IDEF1X,如图 7 – 5 所示。其中,数据库备份主要实现数据储备及备份历史数据的管理。本体 Agent 和管理 Agent 起到重要的作用。对于有些知识,本体 Agent 在无办法获取其定性信息时,需要通过人为的方式完成输入。

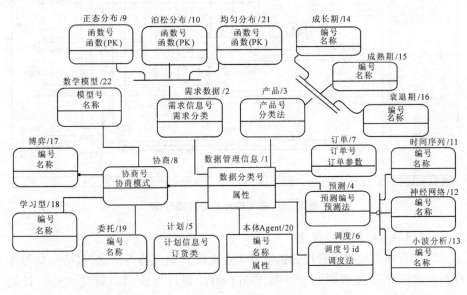

图 7 – 5 数据知识管理的 IDEF1X 图

7.4.3.3 预测管理模块

预测管理模块包括用户管理、市场状况调查、历史销售状况和预测方法等子模块。用户管理对象包括外部的消费者和分销链企业,主要涉及信息采集、消费者档案信息、消费者服务水平、各层企业的库存状况和销售状况等内容。预测受到定性因素和定量因素的影响,这些数据的准确度很大程度上影响着预测的精度。预测管理过程包括预测方案的设定、一层专卖店根据市场信息进行预测、二层子企业进行局部和全局预测优化、三层子企业进行局部和全局预测优化、分销中心进行全局预测优化。其预测功能模型如图 7 – 6 所示。预测方法是预测研究的重要内容,涉及传统预测方法和智能预测方法等。基于 MA 的预测计划功能由管理 Agent、单层预测 Agent、多层预测 Agent 和协商 Agent 等负责完成。

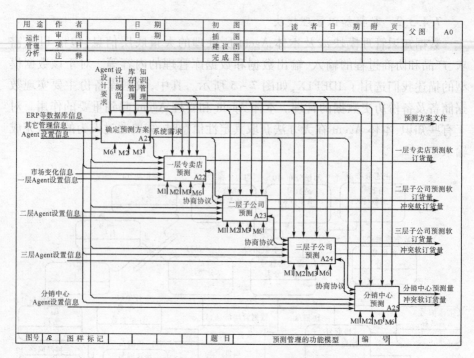

图 7-6　预测管理的功能模型图

7.4.3.4　计划管理模块

计划管理模块用于管理分销链各个企业的计划订货等活动,包括一些与库存相关的操作和流程等问题。基于 MA 的计划订货模型由管理 Agent、计划 Agent 和协同 Agent 等负责完成,分销链中各层企业通过计划管理模块获取相应的订货量或冲突订货量。计划管理过程与预测管理类似,其功能模型如图7-7所示。

7.4.3.5　协商管理模块

协商管理模块是分销链运作管理中重要的组成部分,在预测管理模块、计划管理模块和调度补货管理模块中都设有协商管理功能。协商管理中的协商协议和协商算法是设计的重要内容,如预测管理模块中选用管理者评价下的协商进行冲突消解,协商 Agent 中采用了评价下的全局最优计算;计划管理模块采用了企业之间协商谈判的方式解决冲突问题;调度模块中选用了基于 CBR 的方法解决预测 Agent 和计划 Agent 等中没有解决的冲突订货问题,如图 7-8 所示。

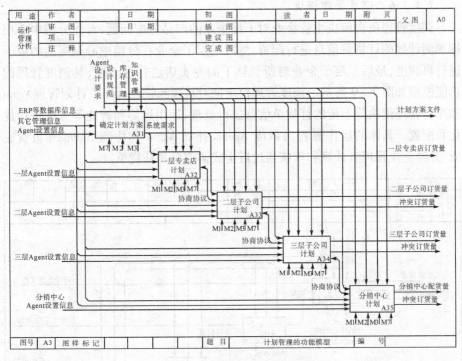

图7-7 计划管理的功能模型图

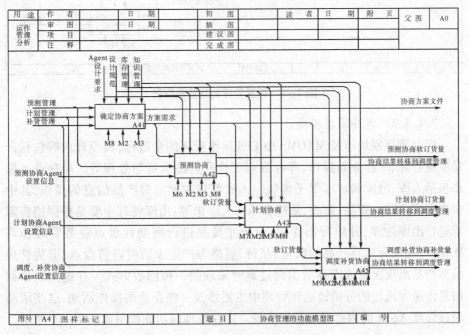

图7-8 协商管理的功能模型图

7.4.3.6 调度管理模块

调度管理负责解决主管企业对下层企业的产品分配问题,首先分销中心根据预测计划的订货量信息进行配货,然后三层子企业在分销中心调度的约束下进行再调度,最后二层子企业对所管辖下的专卖店进行在调度,其调度管理的功能模型如图7－9所示。调度管理模块把对从预测管理 Agent、计划管理Agent和库存管理模块等上传的订货单信息进行处理,运用运筹和智能等方法进行优化和配置。具体的运作过程由调度 Agent、补货 Agent 和协商 Agent 等负责完成,并经企业管理者计算和审核通过后生成调度单和补货单。

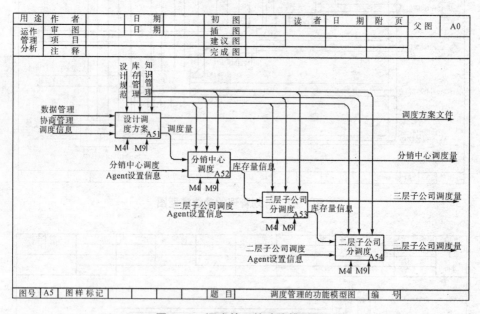

图7－9 调度管理的功能模型图

7.4.3.7 库存管理模块

库存管理模块涉及 MAOMS 中 FPS 运作管理的全过程,其设计内容包括产品质量管理、库存业务操作、库存盘点工作和产品退货与处理等。库存业务操作包括入库、出库和转库等子模块。入库管理主要是对产品信息的操作,其中包含查询、添加、删除、修改、质检和填写入库单等;出库管理主要是根据销售需求进行出库处理、并填写出库单;盘点主要是进行周期性盘点业务管理和当 MAOMS 与实际库存产品的数量、品种、规格等产生矛盾时进行盘点;退货管理是当产品出现次品或库存量出现过剩时采取的一种回收方式。在这些以单据信息传递为流程的分销链运作管理中主要涉及一些企业的操作活动,这些活动通过管理 Agent 的内部设置能够实现。库存管理的功能模型如图7－10所示。

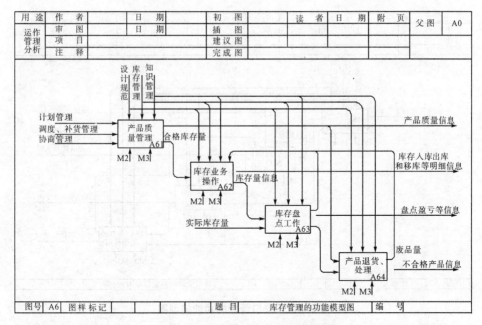

用途	作者		日 期		初 图		读 者	日 期	附 页	父图	A0
运作	审 图		日 期		插 图						
管理	项 目				建议图						
分析	注 释				完成图						

| 图号 A6 | 图样标记 | | 题 目 | 库存管理的功能模型图 | 编 号 | |

图 7-10　库存管理的功能模型图

7.4.3.8　接口管理模块

接口管理模块主要涉及 Agent 内部接口、MAS 之间的接口设置、管理者与系统接口、MAS 系统与其他系统间的接口和系统良好的视图界面等。MAS 之间的接口设计是系统设计的关键,因为 MAS 的通信和交互是解决冲突、进行协商的必要手段,它涉及接口设计标准和通信机制等。管理者与系统的接口是管理者与系统交互的门户,是输入和输出信息的重要渠道。MAOMS 与其他系统的交换信息设计将涉及不同的标准和规范。其功能模型如图 7-11 所示。

7.4.3.9　报表与查询模块

报表与查询模块主要包括各类入库单、出库单、软订货单、订货单、销售单、调度单、协商数据、操作记录和历史数据等相关信息和统计数据。这些数据信息通过仿真等可视化方法可以生成各类曲线、图表和报表等。该模块有助于管理者实时监控系统运行的状况,方便上层决策者进行分析和决策。其数据模型如图 7-12 所示。

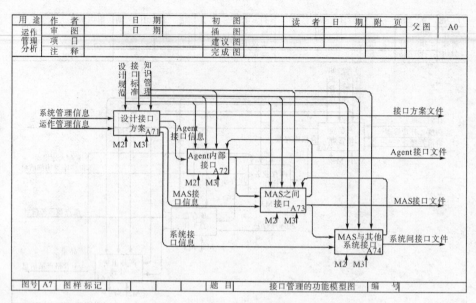

图 7 – 11　接口管理的功能模型图

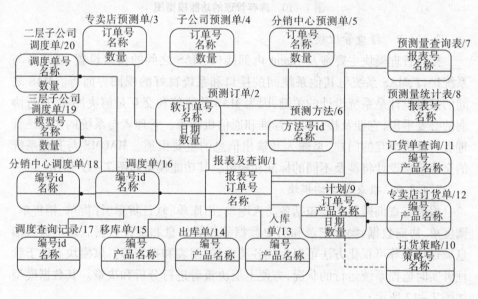

图 7 – 12　报表与查询管理的 IDEF1X 图

7.4.4　MAOMS 构建

利用 MA 理论和物联网技术构建 MAOMS,有助于改进系统性能和减轻管理者的工作量等。下面给出了分销链 MAOMS 的构建过程。

7.4.4.1 MAOMS 目标与组织结构

根据运作管理的要求,MAOMS 的总体目标需要低成本和高效率地完成分销链的运作管理任务。这里将总目标分解为如下子目标:①运作管理中的预测问题。收集销售资料、市场资料、库存信息和采用预测方法等计算软订货信息。②运作管理中的计划问题。根据销售预测和库存状况制订订货计划等。③运作管理中的调度补货问题。生成调度单和补货单,发送产品调度信息给相关的子企业。④对各运作管理过程进行可靠性监控,实现风险防范。

7.4.4.2 界定 Agent 角色

MAOMS 的目标完成之后需要设定这些目标的 Agent 角色。角色相当于现实业务管理中的部门和岗位,它相对稳定。虽然担任这个部门和岗位的工作人员可以变动,但是其功能角色是不变的。在智能管理系统的构建设计中,对Agent角色进行了形式化的定义。角色描述如下:角色名称、角色功能特征和角色通信接口等。分销链运作管理中可以建立如下角色:分销中心、各层子企业、管理角色、预测角色、计划角色和调度角色等。分销中心扮演着整体优化的管理身份,对于其余子企业,除最下层仅仅具有被管理者身份外均扮演着既是管理者,又是被管理者身份的两种角色。每一个部门的角色又被分为具有不同功能特点的多个角色。另外,角色与用户也是多对多的关系,一个角色可以包含多个用户,一个用户也可以属于多个角色。

7.4.4.3 构建分销链 MAOMS

随着3G的开放,无线网络的应用,逐步实现了 Internet 和移动设备的无缝连接,改变了分销链传统的集中管理模式,提高了应对市场变化及用户需求的反应速度。智能运作管理系统需要提升系统运作管理的自动化和智能化程度,实现物流、资金流和信息流的集成统一和事前预测、事中计划与事后调度的运作管理模式。将供应商、制造商、分销商和消费者紧密结合在一起,形成店面销售和网上销售的一体化网络管理模式。该系统充分利用 AI、知识工程和网络通信技术等实现分销链的优化运作,具有通信、协商、分析决策、智能信息管理和自治的处理业务等多种功能。根据系统运作的实际状况,系统中各个企业一般具有独立的分析决策能力,并基于自身利益最大化的前提进行运作,形成了动态、交互的分散式交互信息网络。

分销链 MAOMS 的框架采用 B/S 结构并以 TCP/IP 作为底层通信协议,通过 Web 服务、数据接口和安全防火等进行了构建。

该系统由组织层、应用服务层、Web 服务层、人机交互层和底层数据层组成。由企业 Agent 组成的组织层是系统的受益主体,也被看成 MAOMS 的一部分。数据服务器集中了所有的应用逻辑、开发维护和数据备份等工作,客户端只需装操作系统和必要的客户端软件。基于这个系统,分销链各层企业能够方便地以 Web 浏览器的方式运行 MAOMS。人机交互层提供了人机交互界面和信息显示,负责向统一资源定位器(Uniform Resource Locator,URL)所指定的 Web 服务器提出信息查询和更新等服务申请。Web 服务层由 Web 服务器及其控制下的 Web 扩展和防火墙等构成,是客户与应用服务层的接口。Web 服务器对用户进行身份验证,用超文本传输协议(Hypertext Transfer Protocol,HTTP)将结果送给浏览器显示。应用服务层是实现 MAOMS 核心业务的重要部分,由多个功能不同的 Agent 组成,这些 Agent 由管理 Agent、企业 Agent、单层预测 Agent、多层预测 Agent、全局调度 Agent、基于 CBR 的调度 Agent、局部补货 Agent、全局补货 Agent、基于权重的补货 Agent、本体 Agent、可靠性 Agent 等组成。它们接收从 Web 服务层发出的请求消息,根据分销链的服务要求,与底层数据层进行交互,实现对资源的存取、查询、删除和添加等功能,并返回应答消息。底层数据层负责管理 MAOMS 的信息源,如数据库、知识库、模型库和案例库等,并根据应用服务器的请求进行资源操作,并将操作结果返回应用服务器。

以某集团企业为例,设计了基于 MA 的四层分销链智能运作管理模型,如图 7-13 所示。各企业成员的主要工作是监控系统运营状况、系统数据反馈和获取需要的有用订单信息并进行审核等。该智能运作系统将有利于提升企业 ERP 等数据库系统的使用效率、有效地加强企业的智能运作水平。在该模型中,分销链企业的主要工作是监控系统的运营状况、系统数据反馈和获取需要的订单量信息并进行审核等。分销链企业在进行 FPS 运作管理的过程中一般都具有独立的分析决策能力,能够根据分销链企业的智能运作管理模型和运作实际状况,在基于自身利益最大化的前提下进行运作。后三层企业都有智能自学习系统,能够自治地完成该企业的运作管理功能。通过该智能运作管理模型,分销链企业能够从以往繁重的信息处理工作中解脱出来,以往所做的许多工作都可以由模型的自学习系统来完成。例如,分销链中下层企业以往一般是根据上个月的销售量,采用主观判断方法,向主管企业汇报预测软订单的数量,现在可以运用该模型实现分销链的自适应运作。在不需要管理者过多干预的情况下,可以完成分销的 FPS 等运作管理功能。该模型将有助于提升企业 ERP 等软件的使用效率、有效地加强分销链企业的 MAOMFPS。

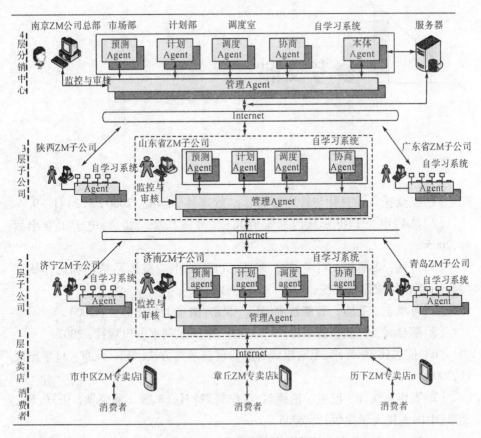

图 7-13　智能运作管理模型

小结

根据智能运作管理的设计要求和需求分析,讨论了分销链 MAOMS 的信息感应、信息处理和输出执行三个部分;设计了基于 Matlab/Simulink、JADE 和 Protégé 的智能开发平台,并讨论了 MAOMS 的通信机制和协商问题;运用 IDEF 分析了 MAOMS 模块,并给出了分销链 MAOMS 应用原型。

参考文献

[1]王众托. 信息化与管理变革[J]. 管理科学学报, 2000, 3(2):1-9.

[2]陈启申. ERP-从内部集成起步[M].2版. 北京:电子工业出版社,2005.

[3]但斌,张旭梅,刘飞,等. 基于 CPFR 的供应链体系结构和运作研究[J]. 计算机集成制造系统, 2000, 6(4):41-44.

[4]曹承志,王楠. 智能技术[M]. 北京:清华大学出版社, 2004.

[5]蔡自兴, 智能控制导论[M]. 北京:中国水利水电出版社, 2007.

[6] 倪志伟,李锋刚,毛雪岷. 智能管理技术与方法[M]. 北京:科学出版社,2007.

[7]杰伊·海泽, 巴里·伦德尔,运作管理[M].8版. 陈荣秋, 张祥,译. 北京:中国人民大学出版社, 2006.

[8]Prasad S, Babbar S. International operations management research[J]. Journal of Operations Management, 2000, (18):209-247.

[9]Prasad S, Babbar S, Calis A. International operations management and operations management research: a comparative analysis[J]. Omega, 2000, 28:97-110.

[10]Shafer S M, Smunt T L. Empirical simulation studies in operations management: context, trends, and research opportunities[J]. Journal of Operations Management, 2004,22:345-354.

[11]Shafer S M, Smunt T L. Empirical simulation studies in operations management: context, trends, and research opportunities[J]. Journal of Operations Management, 2004.

[12] Mihalis G, Michalis L. A multi-Agent based framework for supply chain risk management[J]. Journal of Purchasing and Supply Management, 2011, 17(1):23-31.

[13] Hyun S K, Jae H C. Supply chain formation using Agent negotiation

[J]. Decision Support Systems, 2010, 49(1): 77 – 90.

[14] Minhong W, Jiming L, Huai Q W, et al. On – demand e – supply chain integration: A multi – Agent constraint – based approach[J]. Expert Systems with Applications, 2008(34):2683 – 2692.

[15] Paul O L. Agent – based distributed manufacturing control: A state – of – the – art survey[J]. Engineering Applications of Artificial Intelligence, 2009.

[16] 盐见弘. 可靠性工程基础[M]. 北京: 科学出版社, 1982.

[17] 赵宏霞, 杨皎平. 供应链的可靠性管理研究[J]. 现代管理科学, 2007(3): 55 – 57.

[18] 王玮, 范世东. 基于可靠性的供应链管理策略[J]. 武汉理工大学学报:信息与管理工程版, 2009, 31(2): 326 – 328, 350.

[19] Rungtusanatham M J, Choi T Y, Hollingworth D G, et al. Survey research in operations management: historical analyses[J]. Journal of Operations Management, 2003(21):475 – 488.

[20] Hensley R L. A review of operations management studies using scale development techniques[J]. Journal of Operations Management, 1999 (17): 343 – 358.

[21] Scudder G D, Hill C A. A review and classification of empirical research in operations management[J]. Journal of Operations Management, 1998:91 – 101.

[22] Pannirselvam G P, Ferguson L A, Ash R C, et al. Operations management research: an update for the 1990s[J]. Journal of Operations Management, 1999(18):95 – 112.

[23] Flynn B B, Sakakibara S, Schroeder R G, et al. Empirical research in operations management[J]. Journal of Operations Management, 1990, 9 (2):250 – 284.

[24] Rabinovich E, Knemeyer A. M, Mayer C. M. Why do internet commerce firms incorporate logistics service providers in their distribution channels? the role of transaction costs and network strength[J]. Journal of Operations Management, 2007, 25 (3):661 – 681.

[25] Stuart I, McCutcheon D, Handfield R, et al. Effective case research in operations management: a process perspective[J]. Journal of Operations Management, 2002(20):419 – 433.

[26] Karniouchina E V, Moore W L, Rhee B van der, et al. Issues in the use of ratings – based versus choice – based conjoint analysis in operations management research[J]. European Journal of Operational Research, 2008.

参考文献

[27] Alptekinoglu A, Tang C S. A model for analyzing multi – channel distribution systems[J]. European Journal of Operational Research, 2005(163):802 – 824.

[28] Tsiakis P, Papageorgiou L G. Optimal production allocation and distribution supply chain networks. Int. J. Production Economics, 2008.

[29] 徐士钰. 线性目标规划在产品分销决策中的应用[J]. 东南大学学报, 1996, 26(6):80 – 86.

[30] 殷梅英, 王梦光, 刘士新. 供应链分销阶段运作绩效评价[J]. 系统工程理论方法应用, 2004, 13(5):400 – 403.

[31] 吕萍. 传统分销系统的经销商的库存管理[J]. 数学的实践与认识, 2006, 36(3):96 – 103.

[32] Yang A, Yuan Y. An object/Agent based system modeling framework for integrated process plant operations [C]. In AIChE annual meeting. Dallas, TX, 1999.

[33] Lin W, Yu Q, et al. A study of contemporary integrated process operation system[J]. Control and Instruments in Chemical Industry, 2000, 27(1):1 – 3.

[34] Yu Q, Huang Q, Lin W. An object/agent based environment for the computer integrated process operation system[J]. Computers and Chemical Engineering, 2000.

[35] Sarker R, Kara S, Freeman G. A multi – agent simulation study for supply chain operation[C]. Proceedings of the 2005 International Conference on Computational Intelligence for Modelling, Control and Automation, and International Conference on Intelligent Agents, Web Technologies and Internet Commerce (CIMCA – IAWTIC'05).

[36] Anosike A I, Zhang D Z. An agent – based approach for integrating manufacturing operations[J]. International Journal of Production Economics, 2007.

[37] Chen C, Kim J K. Optimization for intelligent operation of supply chains [J]. Chemical Engineering Research and Design, 2007, 85(A12):1611 – 1629.

[38] Lee J H, Kim C O. Multi – Agent systems applications in manufacturing systems and supply chain management: a review paper[J]. International Journal of Production Research, 2008, 46(1):233 – 265.

[39] Mahdavi I, Mohebbi S, Zandakbari M, et al. Agent – based web service for the design of a dynamic coordination mechanism in supply networks[J]. J Intell Manuf, DOI 10]1007/s10845 – 008 – 0173 – 6.

[40] Kimbrough S O, Wu D J, Zhong F. Computers play the beer game: can

artificial agents manage supply chains? [J]. Decision Support Systems, 2002.

[41]Yu W B. Agent – based demand forecasting for supply chain management [J]. Kentucky, University of Louisville, 2003.

[42]Moyaux T, Chaib – draa B, D'amours S. Multi – Agent coordination based on tokens: reduction of the bullwhip effect in a forest supply chain [C]. AA-MAS2003, Melbourne, Australia, ACM Press NY, USA, 2003.

[43]Cheung C F, Wang W M, Kwok S K. Knowledge – based inventory management in production logistics: a multi – agent approach[J]. Part B: J. Engineering Manufacture, 2005.

[44]Liang W Y, Huang Ch C. Agent – based demand forecast in multi – echelon supply chain[J]. Decision Support Systems, 2006.

[45]Bullard J, Duffy J. A model of learning and emulation with artificial adaptive agents[J]. Journal of Economic Dynamics and Control, 1998.

[46]Dellafuente D, Lozano J. Application of distributed intelligence to reduce the bullwhip effect[J]. International Journal of Production Research, 2007, 45(8): 1815 – 1833.

[47]Fazel Zarandi M H, Pourakbar M, Turksen I B. A fuzzy agent – based model for reduction of bullwhip effect in supply chain systems[J]. Expert Systems with Applications, 2008.

[48]Kut C S, Zheng X N. Impact of supplier's lead time and forecast demand updating on retailer's order quantity variability in a two – level supply chain[J]. Int. J. Production Economics, 2003.

[49]Cakanyildirim M, Bookbinder J H, Gerchak Y. Continuous review inventory models where random lead time depends on lot size and reserved capacity[J]. Int. J. Production conomics, 2000.

[50]Yan Houmin, Liu Ke, Hsu A. Optimal ordering in a dual – supplier system with demand forecast updates[J]. Production and Operations Management, 2003, 12(1):30 – 45.

[51]余玉刚, 梁樑, 王志强, 等. 订单生产方式下供应链买卖双方1:n 协调订货批量模型[J]. 系统工程, 2004, 22(1):33 – 38.

[52]周威, 金以慧. 具有模糊缺陷率和订货费用的库存管理研究[J]. 计算机集成制造系统, 2006, 12(5):765 – 771.

[53]曹细玉, 宁宣熙, 覃艳华. 易逝品供应链中的联合广告投入、订货策略与协调问题研究[J]. 系统工程理论与实践, 2006(3):102 – 107.

[54]Ertogral K, Wu S D. Auction – theoretic coordination of production plan-

参考文献

ning in the supply chain[J]. IIE Transactions, 2000.

[55]刘剑虹, 邓益华. 二次博弈下供应链的均衡订货批量分析[J]. 中国管理科学, 2004, 12(6):42 – 45.

[56]Moinzadeh K, Aggarwal P K. An information based multiechelon inventory system with emergency orders. Operations Research, 1997, 45(5):694 – 701.

[57]Hausman W H, Lee H L, Zhang A X. Joint demand fulfillment probability in a mulit – item inventory system with independent order – up – to policies[J]. European Journal of Operation Research, 1998.

[58]樊凡, 赵晓波, 刘晓亮. 具有订货提前期和概率资源约束的多品种库存系统[J]. 清华大学学报:自然科学版, 2005, 45(5):717 –720.

[59]Erkip N, Warren H H, Steven N. Optimal centralized ordering policies in multi – echelon inventory systems with correlated demands[J]. Management Science, 1990, 36(3):381 –392.

[60]Li Jinghua, Liu Wenjian. An Agent – based system for multi – project planning and scheduling[C]. Proceedings of the IEEE, International Conference on Mechatronics & Automation, Canada, 2005.

[61]孔莲芳, 罗天德. 基于 Agent 的分布式协商策略在供应链动态计划中的应用[J]. 计算机集成制造系统, 2006, 12 (7):1128 – 1133.

[62]Lin F R, Lin Y Y. Integrating multi – agent negotiation to resolve constraints in fulfilling supply chain orders[J]. Electronic Commerce Research and Applications, 2006.

[63]Kazemi A, Fazel Zarandi M H, Moattar Husseini S M. A multi – Agent system to solve the production – distribution planning problem for a supply chain: a genetic algorithm approach[J]. Int J Adv Manuf Technol. 2009, 44(1 – 2):180 – 193.

[64]Karageorgos A, Mehandjiev N, Weichhart G, et al. Agent – based optimisation of logistics and production planning[J]. Engineering Applications of Artificial Intelligence, 2003.

[65]Fung R Y K, Chen Tsiushuang. A multi – agent supply chain planning and coordination architectture[J]. Int J Adv Manuf Technol, 2005, 25(1):811 – 891.

[66]Jung H, Jeong B. Decentralised production – distribution planning system using collaborative agents in supply chain network [J]. Int J Adv Manuf Technol, 2005.

[67]Yoo, M J. An industrial application of agents for dynamic planning and

scheduling[C]. AAMAS'02: Proceedings of the first international joint conference on Autonomous Agents and multiAgent systems, ACM Press, Italy, 2002.

[68]Caridi M, Sianesi A. Multi – Agent systems in production planning and control:an application to the scheduling of mixed – model assembly lines[J]. International Journal of Production Economics, 2000, 68(1):29 –42.

[69]Wong T N, Leung C W, Mak K L, et al. Dynamic shopfloor scheduling in multi – agent manufacturing systems[J]. Expert Systems with Applications, 2006, 31(3):486 –494.

[70]尹文君,刘民,吴澄. 进化计算在生产线调度研究中的现状与展望[J]. 计算机集成制造系统, 2001, 7(12):1 –6.

[71]Shen W M, Distributed manufacturing scheduling using intelligent agents [J]. IEEE Intelligent Systems, 2002.

[72]Sousa P, Ramos C. A distributed architecture and negotiation protocol for scheduling in manuf acturing systems[J]. Computers in Industry, 1999.

[73]Shen W. Integration of agent – based approaches with genetic algorithms for manufacturing scheduling[C]. Proc. Agents 2001 Workshop Holon:Autonomous and Cooperative Agents for Industry, 2001.

[74]Kornienko S, Kornienko O, Priese J. Application of multi – agent planning to the assignment problem[J]. Computers in Industry, 2004.

[75]Feng S C. Preliminary design and manufacturing planning integration using web – based intelligent agents[J]. Journal of Intelligent Manufacturing, 2005.

[76]Fichtner D, Nestler A, Dang T, et al. Use of agents and neural networks for acquisition and preparation of distributed NC information to support NC planning [J]. International Journal of Computer Integrated Manufacturing, 2006.

[77]Sadeh N M, Hildum D W, Kjenstad D, et al. MASCOT:an agent – based architecture for dynamic supply chain creation and coordination in the internet economy[J]. Production Planning & Control, 2001, 12(3):212 –223.

[78]Gjerdrum J, Shah N, Papageorgiou L G. A combined optimization and agent – based approach to supply chain modelling and performance assessment[J]. Production Planning & Control, 2001, 12(1): 81 –88.

[79]Kim B I. Intelligent Agent based planning, scheduling, and control – warehouse management application[J]. Rensselaer Polytechnic Institute, Troy, New Yock, 2002.

[80]Sauer J, Appelrath H J. Scheduling the supply chain by teams of agents [C]. Proceedings of the 36th Hawaii International Conference on System Sciences

(HICSS'03), 2003.

[81] Frey D, Stockheim T, Woelk P, et al. Integrated multiAgent – based supply chain management[C]. Proceedings of the 12th IEEE International Workshops on Enabling Technologies: Infrastructure for Collaborative Enterprises (WETICE'03), Austria, 2003.

[82] Choi H R, Kim H S, Park B J, et al. multi – agent based integration scheduling system under supply chain management environment[J]. Lecture Notes in Computer Science 2004, 30(29):249 – 263.

[83] Ta Lun, Chai Y T, Liu Y. A multi – agent approach for task allocation and execution for supply chain management[J]. IEEE, 2005.

[84] Wan G H. Joint production and delivery scheduling in two – level supply chains: a distributed agent approach[C]. IEEE International Conference on Systems, Man and Cybernetics, 2004:1522 – 1526.

[85] Deshpande U, Gupta A, Basu A. Multi – agent modeling and fuzzy task assignment for real – time operation in a supply chain[J]. Studies in Computational Intelligence, 2006.

[86] Deshpande U, Gupta A, Basu A. Assignment for real – time operation in a supply chain multi – agent modeling and fuzzy task[J]. Studies in Computational Intelligence, 2006.

[87] Kaihara T. Agent – based double auction algorithm for global supply chain system[J]. IEEE, 2000: 678 – 683.

[88] Lau J S K, Huang G Q, Mak K L, et al. Distributed project scheduling with information sharing in supply chains: part I – an agent – based negotiation model[J]. International Journal of Production Research, 2005, 43(22):4813 – 4838.

[89] Lau J S K, Huang G Q, Mak K L, et al. Distributed project scheduling with information sharing in supply chains: part II – theoretical analysis and computational study[J]. International Journal of Production Research, 2005, 43(23):4899 – 4927.

[90] Anussornnitisarn P, Nof S Y, Etzion O. Decentralized control of cooperative and autonomous agents for solving the distributed resource allocation problem [J]. Int. J. Production Economics, 2005.

[91] Lau Jason S K, Huang George Q, Mak K L, et al. Agent – based modeling of supply chains for distributed scheduling[J]. IEEE Transactions on Systems, Man, and Cybernetics – part A: Systems and Humans, 2006, 36(5):847 – 861.

[92] Chen Y M, Wang S C. Framework of agent – based intelligence system

with two – stage decision – making process for distributed dynamic scheduling[J].
Applied Soft Computing, 2007.

[93]Lin F R, Kuo H C, Lin S M. The enhancement of solving the distributed
constraint satisfaction problem for cooperative supply chains using multi – agent sys-
tems[J]. Decision Support Systems, 2008, 45(4):795 – 810.

[94]Axsater S, Zhang W F. A joint replenishment policy for multi – echelon
inventory control[J]. Int. J. Production Economics, 1999.

[95]杜少甫，梁樑，张靖江,等. 考虑产品变质的 VMI 混合补货发货策略
及优化仿真[J]. 中国管理科学, 2007, 15(2):64 – 69.

[96]Bollapragad R, Rao U S. Replenishment planning in discrete – time, ca-
pacitated, non – stationary, stochastic inventory systems[J]. IIE Transactions, 2006.

[97] 戢守峰, 杜晓璐, 黄小原. 不同客户服务水平下补货发货模型的选
择[J]. 东北大学学报:自然科学版, 2006, 27(11):1283 – 1286.

[98] Yao D Q, Hisashi K, Samar K M. Incentives to reliable order fulfillment
for an Internet drop – shipping supply chain[J]. International Journal of Production
Economics, 2008, 113(1): 324 – 334.

[99] Lawrence V S. Supply chain robustness and reliability: Models and algo-
rithms[M]. Evanston: Northwest University, 2003.

[100] Inneke V N, Nico V. The impact of delivery lot splitting on delivery re-
liability in a two – stage supply chain[J]. International Journal of Production Eco-
nomics, 2006, 104(2): 694 – 708.

[101] Hau L L. Aligning supply chain strategies with product uncertainties
[J]. California Management Review, 2002 ,44(3): 104 – 119.

[102] Esmail M. Supply interruptions in a lost – sales inventory system with
random lead time[J]. Computers and Operations Research, 2003, 30(3): 411
– 426.

[103] Hans P W, Gregor V C, Carsten B. A systematic approach for ensuring
the logistic process reliability of supply chains[J]. CIRP Annals – Manufacturing
Technology, 2003, 52(1): 375 – 380.

[104] Khalid S. Trend forecasting for stability in supply chains[J]. Journal of
Business Research, 2008, 61(11): 1113 – 1124.

[105] Thomas M U. Supply chain reliability for contingency operation[C].
Proceedings of the Annual Reliability and Maintainability Symposium, Seattle, USA:
2002.

[106] 陈国华, 王永建, 韩桂武. 基于可靠性的供应链构建[J]. 工业工程

与管理, 2004, 9(1): 72 - 74.

[107] Tamrat T, Marijn J. Simulation - based experimentation for designing reliable and efficient Web service orchestrations in supply chains[J]. Electronic Commerce Research and Applications, 2008, 7(1): 82 - 92.

[108] 陈国华, 张根保, 任显林, 等. 基于故障树分析法的供应链可靠性诊断方法及仿真研究[J]. 计算机集成制造系统, 2009, 15(10): 2034 - 2038.

[109] Philip J B, Emad E N. Measures of component importance in reliability theory[J]. Computers and Operations Research, 1995, 22(4): 455 - 463.

[110] 陈成, 薛恒新, 张庆民. 基于可靠性的供应链冗余设计及成员重要度分析[J]. 技术经济, 2009, 28(3): 113 - 118.

[111] Jin F Y, Yu X, Thu H T. Selecting sourcing partners for a make - to - order supply chain[J]. Omega, 2010, 38(3 - 4): 136 - 144.

[112] Yi K L, Cheng T Y. Optimal carrier selection based on network reliability criterion for stochastic logistics networks[J]. International Journal of Production Economics, 2010, 128(2): 510 - 517.

[113] Li L, Zabinsky Z B. Incorporating uncertainty into a supplier selection problem[J]. International Journal of Production Economics, 2009, 132(1): 52 - 57.

[114] 廖雯竹, 潘尔顺, 奚立峰. 基于 Tabu 搜索和蚂蚁算法的系统可靠性分析[J]. 上海交通大学学报, 2008, 42(8): 1291 - 1295.

[115] 杜凤娥, 刘立伟. 系统可靠性优化的离散多目标决策方法[J]. 系统工程与电子技术, 2003, 25(7): 823 - 825.

[116] 谢将剑, 吴俊勇, 吴燕. 基于遗传算法的牵引供电系统可靠性建模[J]. 铁道学报, 2009, 31(4): 47 - 51.

[117] 杨媛, 吴俊勇, 吴燕, 等. 基于可信性理论的电气化铁路接触网可靠性的模糊评估[J]. 铁道学报, 2008, 30(6): 115 - 119.

[118] Fabian J S, Arnd H. Ensuring responsive capacity: How to contract with backup suppliers[J]. European Journal of Operational Research, 2010, 207(2): 725 - 735.

[119] Anthony C, Hai Y, Hong K L, et al. A capacity related reliability for transportation networks [J]. Journal of Advanced Transportation, 1999, 33(2): 183 - 200.

[120] 贺星, 孙丰瑞, 刘永葆, 等. 基于 Hopfield 神经网络的燃气轮机可靠性分配[J]. 华中科技大学学报: 自然科学版, 2009, 37(6): 48 - 51.

[121] Li L, Zabinsky Z B. Incorporating uncertainty into a supplier selection

problem[J]. International Journal of Production Economics, 2009, 132(1): 52 -57.

[122] 廖雯竹, 潘尔顺, 奚立峰. 基于 Tabu 搜索和蚂蚁算法的系统可靠性分析[J]. 上海交通大学学报, 2008, 42(8): 1291 -1295.

[123] 杜凤娥, 刘立伟. 系统可靠性优化的离散多目标决策方法[J]. 系统工程与电子技术, 2003, 25(7): 823 -825.

[124] 谢将剑, 吴俊勇, 吴燕. 基于遗传算法的牵引供电系统可靠性建模[J]. 铁道学报, 2009, 31(4): 47 -51.

[125] 杨媛, 吴俊勇, 吴燕, 等. 基于可信性理论的电气化铁路接触网可靠性的模糊评估[J]. 铁道学报, 2008, 30(6): 115 -119.

[126] Bartlett L M, Andrews J D. An ordering heuristic to develop the binary decision diagram based on structural importance[J]. Reliability Engineering and System Safety, 2001, 72(1): 31 -38.

[127] Meng F C. Relationships of fussell -vesely and birnbaum importance to structural importance in coherent systems[J]. Reliability Engineering and System Safety, 2000, 67(1): 55 -60.

[128] Jose F E, David W C, Upyukt P. Component criticality importance measures for the power industry[J]. Electric Power Systems Research, 2007, 77 (5 -6): 407 -420.

[129] Hwang F K. A new index of component importance[J]. Operations Research Letters, 2001, 28(2): 75 -79.

[130] Vanderlei C B. Component importance in a random environment[J]. Statistics and Probability Letters, 2000, 48(2): 173 -179.

[131] Borgonovo E. The reliability importance of components and prime implicants in coherent and non -coherent systems including total -order interactions[J]. European Journal of Operational Research, 2010, 204(3): 485 -495.

[132] Marseguerra M, Zio E. Monte Carlo estimation of the differential importance measure: application to the protection system of a nuclear reactor[J]. Reliability Engineering and System Safety, 2004, 86(1): 11 -24.

[133] 肖德辉. 可靠性工程[M]. 北京: 宇航出版社, 1995.

[134] 张德海, 刘德文. 物流服务供应链的故障树分析及优化[J]. 统计与决策, 2009(14): 75 -77.

[135] Lin Y. System reliability evaluation for a multistate supply chain network with failure nodes using minimal paths[J]. Transactions on Reliability, 2009, 58 (1): 34 -40.

参考文献

[136]任常锐，柴跃廷，刘义. 供需链仿真技术的发展现状与趋势[J]. 计算机集成制造系统，2004，10(2):121 - 126.

[137]金淳，刘昕露. 供应链协调的仿真建模方法研究综述[J]. 计算机应用研究，2004(1):1 - 4.

[138]翟东升，余旸. 供应链系统建模与仿真综述[J]. 集团经济研究，2006，198(5):64.

[139]ShayerJ A, Lemmes L. Economic value added of supply chain demand planning: A system dynamics simulation[J]. Robotics and Computer - Integrated Manufacturing, 2006, 22(5 - 6): 550 - 556.

[140]Tamrat T, Marijn J. Simulation - based experimentation for designing reliable and efficient Web service orchestrations in supply chains[J]. Electronic Commerce Research and Applications, 2008, 7(1): 82 - 92.

[141]肖刚，李天柁. 系统可靠性分析中的蒙特卡罗方法[M]. 北京：科学出版社，2003.

[142]Braubach L, Pokahr A, Lamersdorf W. A generic time managenment service for distributed multi - agent systems [J]. Applied Artificial Intelligence, 2006.

[143]Macal C M, North M J. Agent - based modeling and simulation: desktop abms[C]. Proceedings of the Winter Simulation Conference,2007.

[144]Thierry C, Thomas A, Bel G. Simulation for supply chain management: An overview[J]. Simulation For Supply Chain Management, 2008:1 - 36.

[145]Fox M S, Barbuceanu M, Teigen R. Agent - oriented supply - chain management[J]. Flexible Manufacturing Systems, 2000,12(2/3):165 - 188.

[146]Garcia - Flores R, Wang X Z. A multi - Agent system for chemical supply chain simulation and management support[J]. OR Spectrum, 2002,24(3):343 - 370.

[147]林杰，冯凌，尤建新. 基于 Agent 的供应链运作仿真技术的研究[J]. 工业工程与管理，2005(4)40 - 44.

[148]Nfaoui E H, Quzrout Y. An approach of agent - based distributed simulation for supply chains - negotiation protocols between collaborative agents[C]. The 20th annual European Simulation and Modelling Conference, France, 2006:290 - 295.

[149]Li Y, Zhao J M. Applying adaptive multi - agent modeling in agile supply chain simulation[C]. Proceedings of the Fifth International Conference on Machine Learning and Cybernetics, Dalian, 2006: 4191 - 4196.

[150] Wang Y C, Fang L P. Design of an intelligent agent – based supply chain simulation system[J]. IEEE, 2007:1836 – 1841.

[151] Chatfield D C, Hayya J C, Harrison T P. A multi – formalism architecture for agent – based, order – centric supply chain simulation[J]. Simulation Modelling Practice and Theory, 2007.

[152] Parrod N, Thierry C, Fargier H. Cooperative subcontracting relationship within a project supply chain: a simulation approach[J]. Simulation Modelling Practice and Theory, 2007.

[153] Albino V, Carbonara N, Giannoccaro I. Supply chain cooperation in industrial districts: a simulation analysis[J]. European Journal of Operational Research, 2007.

[154] Santa – Eulalia L A de, Frayret J M, D'Amours S. Essay on conceptual modeling, analysis and illustration of agent – based simulations for distributed supply chain planning[J]. INFOR, 2008, 46(2): 97 – 116.

[155] 毛新军, 常志明, 王戟, 等. 面向 Agent 的软件工程:现状与挑战[J]. 计算机研究与发展, 2006, 43(10):1782 – 1789.

[156] 罗批, 司光亚, 胡晓峰. 战争系统基于 Agent 建模若干问题的讨论[J]. 复杂系统与复杂性科学, 2005, 2(1):33 – 38.

[157] Pavo'n J, Go'mez – Sanz J, Fuentes R. Agent – Oriented Methodologies[M]. Idea Group Publishing, 2005:236 – 276.

[158] Garcia – Sa'nchez F, Valencia – Garcia R, Martinez – Be'jar R, et al. An ontology, intelligent agent – based framework for the provision of semantic web services[J]. Expert Systems with Applications, 2009, 36(2):3167 – 3187.

[159] Bice Cavallo. Computational Economics – Research lines, trends and opportunities. 2005[EB/OL]. cise. rcost. unisannio. it/ files/active/0/TR – CISE – 051120]pdf.

[160] Pierre – Michel Ricordel, Yves Demazeau. From analysis to deployment: a multi – agent platform survey[EB/OL]. www – lia. deis. unibo. it/confs/ESAW00/pdf/ESAW07]pdf.

[161] Alexander Serenko, Brian Detlor. Agent toolkits: a General overview of the market and an assessment of instructor satisfaction with utilizing toolkits in the classroom[R]. Working Paper #455 July, 2002.

[162] AgentLink. Review of software productions for multi – agent systems. Jun 2002[EB/OL]. www. AgentLink. org.

[163] Elijah Bitting, Jonathan Carter, and Ali A. Ghorbani. Multiagent sys-

参考文献

tems development kits: An evaluation[DB/OL]glass. cs. unb. ca/ias/papers/cnsr03 — masdk. pdf.

[164] Thomas Eiter, Viviana Mascardib. Comparing environments for developing software agents [J]. AI Communications, 2002,15:169 – 197.

[165]毛新军,闻琪,王怀民,等. 面向 Agent 的软件开发方法[J]. 计算机科学, 2003, 30(5):94 – 96.

[166]郭峰, 姚淑珍. 面向 Agent 软件开发方法比较与应用原则[J]. 计算机科学, 2004, 31(8):190 – 193.

[167]Wooldridge M, Jennings N R, Kinny D. The gaia methodology for agent – oriented analysis and design[J]. Autonomous Agents and Multi – Agent Systems, 2000.

[168]Zambonelli F, Omicini A. Challenges and research directions in agent – oriented software engineering [J]. Autonomous Agents and Multi – Agent Systems, 2004.

[169]Hikkanen A, Kalakota R, Saengcharoenrat P, et al. Distributed decision support systems for real time supply chain management using agent technologies[J]. Readings in Electronic Commerce , 1997: 275 –291.

[170]Galland S, Grimaud F, Beaune P, et al. MAMA – S: an introduction to a methodological approach for the simulation of distributed industrial systems[J]. International Journal of Production Economics, 2003.

[171]Arunachalam R, Sadeh N M, Eriksson J, et al. The TAC supply chain game[R]. Technical Report CMU – CS – 03 – 184, Carnegie Mellon University, Pittsburgh, PA, 2003.

[172]Arunachalam R, Sadeh N M. The supply chain trading agent competition [J]. Electronic Commerce Research and Applications, 2005, 4(1):66 –84.

[173]Li H L, Xiao R B. A multi – agent virtual enterprise model and its simulation with Swarm[J]. International Journal of Production Research, 2006, 44(9): 1719 –1737.

[174]Tian J, Tianfield H. Multi – agent modeling and simulation for petroleum supply chain[J]. Lecture Notes in Computer Science,2006,414:496 – 501.

[175]周庆,陈剑. 基于 Swarm 的供应链运作模型的仿真研究[J]. 系统仿真学报, 2008, 20(16): 4398 –4403.

[176]Fox M S. The intelligent management system: an overview[M]. Processes and Tools For Decision Support, Netherlands: North – Holland Company, 1982.

[177]Li Z B, Zhang H T. Intelligent systems research in China[J]. Expert

Systems, 2003, 20(2):51 – 59.

[178] Prasad S, Shah V, Hasan J. A prototype intelligent model management system for inventory decision support[J]. Omega, 1996, 24(2):153 – 166.

[179] Xia Q, Rao M. Knowledge architecture and system design for intelligent operation support systems[J]. Expert Systems with Applications, 1999.

[180] Rao M, Sun X, Feng J. Intelligent system architecture for process operation support[J]. Expert Systems with Applications. 2000.

[181] 王成耀, 涂序彦, 周永东. 基于 Web 的多层智能管理系统实现方法[J]. 计算机集成制造系统, 2000, 6(2):81 – 84.

[182] Linn R J, Zhang W, Li Z Y. An intelligent management system for technology management. Computers & Industrial Engineering, 2000.

[183] 郜焕平. 智能管理系统研究开发及应用[J]. 北京:冶金工业出版社, 2001.

[184] Choy K L, Lee W B, Lo V. Development of a case based intelligent customer – supplier relationship management system[J]. Expert Systems with Applications, 2002, 23(3):281 – 297.

[185] Park J H, Park S C. Agent – based merchandise management in business – to – business electronic commerce[J]. Decision Support Systems, 2003.

[186] Parker B. The emergence of intelligent operations management [R]. Manufacturing Insights,2008.

[187] Lau H C W, Hoa G T S, Chu K F, et al. Development of an intelligent quality management system using fuzzy association rules[J]. Expert Systems with Applications, 2009.

[188] Pendharkar P C. A computational study on design and performance issues of multi – agent intelli gent systems for dynamic scheduling environments[J]. Expert Systems with Applications, 1999.

[189] 李刚, 孙林岩. 基于多 Agent 的柔性企业资源计划系统体系结构研究[J]. 计算机工程, 2002.

[190] Ohtani T. An intelligent system for managing and utilizing information resources over the internet. Int. J. Artit. Intell. Tools,2002, 11(1):117 – 138.

[191] Sadeh N M, Hildum D W, Kjenstad D. Agent – based e – supply chain decision support [J]. Journal of Organizational Computing and Electronic Commerce, 2003,13(3/4):225 – 241.

[192] 郭健. 基于多 Agent 的智能管理信息系统研究[D]. 天津:天津大学, 2004.

［193］沈睿. 多智能代理技术在分销管理信息系统中的应用研究［D］. 杭州:浙江大学, 2005.

［194］雷星晖,苏涛. 供应链参考模型中基于智能体的库存管理研究［J］. 同济大学学报:自然科学版, 2006, 34(2):270 - 274.

［195］许智超. 电子商务订单实时处理的智能系统研究［D］. 大连:大连理工大学, 2005.

［196］Zhang Zili, Zhang Chengqi. Building agent - based hybrid intelligent systems:a case study［J］. Web Intelligence and Agent Systems:An international journal, 2007.

［197］赵林度,杨世才. 基于 Multi - Agent 的城际灾害应急管理信息和资源协同机制研究［J］. 灾害学, 2009, 24(1):139 - 143.

［198］Trappey A J C, Lu T H, Fu L D. Development of an intelligent Agent system for collaborative mold production with RFID technology［J］. Robotics and Computer - Integrated Manufacturing, 2009.

［199］Wooldridge M, Jennings N. Intelligent Agents, Theory and Practice［J］. Knowledge Engineering Review, 1995, 10(2): 115 - 152.

［200］石纯一, 黄昌宁,等. 人工智能原理［M］. 北京:清华大学出版社, 1993.

［201］Fu Y, Souza R D, Wu J. Multiagent enabled modeling and simulation towards collaborative inventory management in supply chain［C］. Proceedings of the 2000 Winter Simulation Conference,Orlando, USA:ACM, 2000:1763 - 1771.

［202］Oluyomi A, Karunasekera S, Sterling L. A comprehensive view of Agent - oriented patterns［J］. Aut onomous Agents and Multi - Agent Systems, 2007.

［203］Bernon C, Cossentino M, Pavon J. An overview of current trends in European AOSE research［J］. Informatica, 2005.

［204］Gruber T R. A translation approach to portable ontology specifications［J］. Knowledge Acquisition, 1993, 5(2):199 - 220.

［205］Borst W N. Construction of engineering ontologies for knowledge sharing and reuse［M］. University of Twente, Enschede, 1997.

［206］Studer R, Benjamins V R, Fensel D. Knowledge engineering principles and methods［J］. Data and Knowledge engineering, 1998, 25(1/2):161 - 197.

［207］Chang S L, Young C C, Mei H W. Ontological recommendation multi - Agent for Tainan City travel［J］. Expert Systems with Applications, 2009.

［208］Ruey S C, Duen K C. Apply ontology and agent technology to construct virtual observatory［J］. Expert Systems with Applications, 2008.

[209] Antoniou G, Harmelen F V. Web Ontology Language：OWL[R]. Heidelberg：Spring – verlag, 2003.

[210] Meditskos G, Bassiliades N. A combinatory framework of Web 2.0 mashup tools, OWL – S and UDDI[J]. Expert Systems with Applications, 2011, 38 (6)：6657 – 6668.

[211] 茹诗松. 贝叶斯统计学[M]. 北京：中国统计出版社, 1999.

[212] Steven F. Railsback, Steven L. Lytinen, Stephen K. Jackson. Agent – based simulation platforms：review and development recommendations [J]. Simulation,2006,82(9):609 – 623.

[213] 张传忠,雷鸣. 分销管理[M]. 武汉：武汉大学出版社,2000.

[214] Yuan Y, Liang T P, Zhang J J. Using agent technology to support supply chain management：potentials and challenges[R]. Michael G. DeGroote School of Business Working Paper453, 2001.

[215] Crespi V, Galstyan A, Lerman K. Top – down vs bottom – up methodologies in multi – agent system design[J]. Auton Robot, 2008.

[216] Schneeweiss C. Hierarchical planning in organizations：elements of a general theory[J]. Internatio nal Journal of Production Economics, 1998.

[217] 陈志祥. 分布式多代理体系结构供应链协同技术研究[J]. 计算机集成制造系统, 2005, 11(2)：212 – 218.

[218] 黄炳强. 机器学习方法及其应用研究[D]. 上海：上海交通大学, 2007.

[219] Lee C H,Wang M H. Ontology – based computational intelligent multi – Agent and its application to CMMI assessment[J]. Applied Intelligence, 2009, 30 (3):203 – 219.

[220] 胡鹤. 本体方法及其空间推理应用研究[D]. 长春：吉林大学, 2004.

[221] 肖德辉. 可靠性工程[M]. 北京：宇航出版社, 1995.

[222] John Q, Lesley W. Trading reliability targets within a supply chain using Shapley's value[J]. Reliability Engineering and System Safety, 2007, 92 (10)：1448 – 1457.

[223] 贺星, 孙丰瑞, 刘永葆, 等. 基于 Hopfield 神经网络的燃气轮机可靠性分配[J]. 华中科技大学学报：自然科学版, 2009, 37(6)：48 – 51.

[224] Daganzo C F. On the stability of supply chains[J]. Operations Research, 2004, 52(6)：909 – 921.

[225] Smith R G. The contract net protocol：high level communication and

control in distributed problem solver[J]. IEEE Transactions on Computers, 1980, 29(12): 1104 – 1113.

[226]焦李成,刘静,钟伟才. 协同进化计算与 Multi – Agent 系统[M]. 北京:科学出版社, 2006.

[227]王宇,刘小健,董元胜. 基于 MATLAB 的 ANFIS 网络在水运货运量预测中的应用[J]. 武汉理工大学学报:交通科学与工程版,2004,28(4):501 – 503.

[228]Sterman J D. Modeling managerial behavior: misperceptions of feedback in a dynamic decision making experiment[J]. Management Science, 1989, 35(3): 321 – 339.

[229]Zhang Y Q, Akkaladevi S, Vachtsevanos G, et al. Granular neural web Agents for stock prediction[J]. Soft Computing, 2002, 6(5): 406 – 413.

[230]Lee R S T. iJADE stock advisor: an intelligent Agent based stock prediction system using hybrid RBF recurrent network[J]. IEEE transaction on systems, man and cybernetics, part A, 2004, 34(3): 421 – 428.

[231]雷英杰,张善文,李继武,等. MATLAB 遗传算法工具箱及应用[M]. 西安:西安电子科技大学出版社, 2005.

[232]周明,孙树栋. 遗传算法原理及应用[M]. 北京:国防工业出版社, 2002.

[233]孙志周. 基于小波网络的数据挖掘技术及其在销售预测中的应用[D]. 长沙:湖南大学, 2004.

[234]傅玉颖,潘晓弘. 不确定情况下基于模糊集理论的库存管理研究[J]. 系统工程理论与实践, 2005, 25(9):54 – 58.

[235]张庆民,薛恒新,刘明忠,等. 基于多智能体的分销链预测优化模型研究[J]. 计算机集成制造系统, 2007, 13(12):2388 – 2394.

[236]封志明,郑海霞,刘宝勤. 基于遗传投影寻踪模型的农业水资源利用效率综合评价[J]. 农业工程学报, 2005, 21(3): 66 – 70.

[237]雷英杰,张善文,李继武,等. Matlab 遗传算法工具箱及应用[M]. 西安: 电子科技大学出版社, 2005.

[238]郭亚军. 综合评价理论与方法[M]. 北京: 科学出版社, 2002].

[239]许树柏. 实用决策方法——层次分析法原理[M]. 天津:天津大学出版社, 1988.

[240]Fan Zhiping, Jiang Yanping. An overview on ranking methods of fuzzy judgement matrix[J]. Systems Engineering, 2001, 19(5):12 – 18.

[241]Li S G, Kuo X. The inventory management system for automobile spare

parts in a central ware house[J]. Expert Systems with Applications, 2008, 34(2): 1144 – 1153.

[242]Wong K W J, Li H. Application of the analytic hierarchy process (AHP) in multi – criteria analysis of the selection of intelligent building systems [J]. Building and Environment, 2008.

[243]Super decisions. http://www.superdecisions.com.

[244]钟磊钢,魏明. 缺货量部分拖后订货的易变质物品的库存模型[J]. 东北大学学报,2008,4(4):593 – 596.

[245]Erol I, Ferrell W G. A methodology for selection problems with multiple, conflicting objectives and both qualitative and quantitative criteria[J]. Int. J. Production Economics, 2003.

[246]Li D F, Yang J B. Fuzzy linear programming technique for multiattribute group decision making in fuzzy environments[J]. Information Sciences, 2004.

[247]Xia H C, Li D F, Zhou J Y, et al. Fuzzy LINMAP method for multiattribute decision making under fuzzy environments[J]. Journal of Computer and System Sciences, 2006.

[248]Yang T, Chen M C, Hung C C. Multiple attribute decision – making methods for the dynamic operator allocation problem[J]. Mathematics and Computers in Simulation, 2007.

[249]Kaeageorgos A, Mehandjiev N, Weichart G, et al. Agent – based optimisation of logistics and production planning[J]. Engineering Applications of Artificial Intelligence, 2003.

[250]李士勇. 模糊控制、神经控制和智能控制论[M]. 哈尔滨:哈尔滨工业大学出版社, 1998.

[251]黄永安, 马路, 刘慧敏. MATLAB7.0/SIMULINK6.0 建模仿真开发与高级工程应用[M]. 北京:清华大学出版社, 2005.

[252]Martinsons M G, Westwood R I. Management information systems in the Chinese business culture: an explanatory theory[J]. Information & Management, 1997, 32(5):215 – 228.

[254]Ren Y J. Multi – Agent workflow model (MAWM): a workflow model designed for Chinese business processes [M]. The Chinese University of Hong Kong, 2001.

[255]Rosenbloom B, Larsen T. Communication in international business – to – business marketing channels: Does culture matter? [J]. Industrial Marketing Management, 2003, 32 (4):309 – 315.

[256] Verrijdt J H C M, De Kok A G. Distribution planning for a divergent N - echelon network without intermediate stocks under service restrictions. International Journal Production Economics, 1995.

[257] 但斌,肖剑,刘晓红,等. 基于交货期窗口约束的多级供应链批量调度问题研究[J]. 计算机集成制造系统, 2007, 13(2):310 - 316.

[258] Waston I, Marir F. Case - based reasoning:a review[J]. The Knowledge Engineering Review, 1994, 9(4):355 - 381.

[259] 李锋刚,倪志伟,杨善林,等. 案例推理中属性约简及其性能评价[M]. 清华大学学报:自然科学版, 2006, 46(S1):1025 - 1029.

[260] 黄继鸿,姚武,雷战波. 基于案例推理的企业财务危机智能预警支持系统研究[J]. 系统工程理论与实践, 2003, 12:46 - 52.

[261] Axsater S, Zhang W. A joint replenishment policy for multi - echelon inventory control[J]. International Journal of Production Economics, 1999, 59(1/3):243 - 250.

[262] Khouja M, Park S, Saydam C. Joint replenishment problem under continuous unit cost change[J]. International Journal of Production Research, 2005, 43(2):311 - 326.

[263] Banerjee A, Kim S L, Burton J. Supply chain coordination through effective multi - stage inventory linkages in a JIT environment[J]. International Journal of Production Research, 2007.

[264] Karageorgos A, Mehandjiev N, Weichhart G, et al. Agent - based optimization of logistics and production planning[J]. Engineering Applications of Artificial Intelligence, 2003.

[265] 陈旭. 考虑需求信息更新的易逝品的订货策略[J]. 计算机集成制造系统, 2003, 9(11):1038 - 1043.

[266] 陈旭. 需求信息更新条件下易逝品的批量订货策略[J]. 管理科学学报, 2005, 8(5):38 - 42.

[267] 赵金实,王浣尘. 不确定需求下供应链补货策略[J]. 组合机床与自动化加工技术, 2008(4):95 - 98.

[268] 周永务. 随机需求下两层供应链协调的一个批量折扣模型[J]. 系统工程理论与实践, 2006(7):25 - 31.

[269] Vasan A, Raju K S. Comparative analysis of Simulated Annealing, Simulated Quenching and Genetic Algorithms for optimal reservoir operation[J]. Applied Soft Computing, 2009, 9(1):274 - 281.

[270] Tsai S J, Sun T Y, Liu C C, et al. An improved multi - objective parti-

cle swarm optimizer for multi – objective problems[J]. Expert Systems with Applications, 2010, 37(8): 5872 –5886.

[271] Deb K, Pratap A, Agarwal S, et al. A fast and elitist multi – objective genetic algorithm: NSGA – II[J]. IEEE Transaction on Evolutionary Computation, 2002, 6(2): 182 –197.

[272] 王晓鹏. 多目标优化设计中的 Pareto 遗传算法[J]. 系统工程与电子技术, 2003, 25(12): 1558 –1561.

[273] Mall R, Dehuri S. Predictive and comprehensible rule discovery using a multi – objective genetic algorithm. Knowledge – Based System, 2006, 19 (6):413 –421.

[274] 刘元洪, 罗明. 供应链成员企业可靠性评价指标体系研究[J]. 商业研究, 2007(4): 120 –122.

[275] 谈晓勇, 朱心亮. 基于灰色理论的供应链成员企业可靠性综合评价研究[J]. 重庆交通大学学报:自然科学版, 2008, 27(6): 1164 –1167.

[276] Zedeh L A. Fuzzy sets [J]. Information and Control, 1965, 8 (3):338 –353.

[277] 李士勇. 工程模糊数学及应用[M]. 哈尔滨: 哈尔滨工业大学出版社, 2004.

[278] Lim T J, Lee C H. Analysis of system reliability with dependent repair modes[J]. IEEE Transactions on Reliability, 2000, 49(2):153 –162.

[279] 郭永基, 席勇健. 大规模电力系统可靠性评估的新算法[J]. 清华大学学报, 1999, 39(1): 17 –25.

[280] Lin Y. System reliability evaluation for a multistate supply chain network with failure nodes using minimal paths[J]. Transactions on Reliability, 2009, 58 (1):34 –40.

[281] Zhao L C, Kong F J. A new fomula and an algorithm for reliability analysis of network[J]. Microelectron Reliability, 1987, 37(3): 511 –518.

[282] Locks M O. A minimizing algorithm for sum of disjoint[J]. IEEE Transactions on Reliability, 1987, 36(4): 445 –453.

[283] Sinnamon RM, Andrews J. D. New approaches to evaluating fault trees [J]. Reliability Engineering and System Safety, 1997, l58(4): 89 –96.

[284] Kong F J, Guang X W. An algorithm for computing SKT reliability of network[J]. Journal of Northeastern University(Natural Science), 1998, 19(4): 335 –337.

[285] Wood R K. Factoring algorithm for computing k – terminal nerwork reli-

ability[J]. IEEE Transactions on Reliability, 1986, 35(8): 269 – 278.

[286] Colbourn C J. The combination of networks reliability[M]. New York: Oxford University Press, 1987.

[287] 王少萍. 工程可靠性[M]. 北京: 北京航空航天大学出版社, 2000.

[288] 舒波, 李胜芬. 动态供应链中节点企业强壮性评价指标体系的构建[J]. 技术经济, 2005, 24(3): 61 – 64.

[289] Hamze H H. Reliability and component importance analysis of substation automation systems[J]. International Journal of Electrical Power and Energy Systems, 2010.

[290] Lavon B P, Jo E P. Reliability Polynomials and Link Importance in Networks[J]. IEEE Transactions on Reliablity, 1994, 43(1): 51 – 58.

[291] Tong L, Trivedi K S. An importance algorithm for coherent – system reliability[J]. IEEE Transactions on Reliability, 1998, 47(1): 73 – 78.

[292] 张沛超, 高翔. 全数字化保护系统的可靠性及元件重要度分析[J]. 中国电机工程学报, 2008, 28(1): 77 – 82.

[293] Smith C O. Introduction to reliability in design[M]. New York: McGraw – Hill, 1976.

[294] Luke Y. Reliability analysis for redundancy of industrial power distribution systems[J]. Microelectronics and Reliability, 1978, 18(3): 259 – 265.

[295] F. A. 蒂尔曼. 系统可靠性最优化[M]. 黄清莱, 郭威, 译. 北京: 国防工业出版社, 1988.

[296] 肖美丹, 李从东, 张瑜耿. 基于未知模糊理论供应链风险评估[J]. 软科学, 2007, 21(5): 27 – 30].

[297] 赖茇宇, 郑建国. 供应链风险量化分析与优化控制[J]. 东华大学学报: 自然科学版, 2007, 33(2): 158 – 162.

[298] Dong Q Y, Hisashi K, Samar K M. Incentives to reliable order fulfillment for an Internet drop – shipping supply chain[J]. International Journal of Production Economics, 2008, 113(1): 324 – 334.

[299] So Y S, In S C. Fuzzy QFD for supply chain management with reliability consideration[J]. Reliability Engineering and System Safety, 2001, 72(3): 327 – 334.

[300] John B, Paul L, Bob S, et al. Managing successful total quality relationships in the supply chain[J]. European Journal of Purchasing and Supply Management, 1994, 1(1): 7 – 17.

[301] Alexander V S, Leonid B S, Nikolai C, et al. Soft – computing technol-

ogies for configuration of cooperative supply chain[J]. Applied Soft Computing, 2004, 4(1): 87 - 107.

[302] 储企华. 现代企业绩效管理[M]. 上海: 文汇出版社, 2002.

[303] Shleifer A. A theory of yardstick competition[J]. Rand Journal of Economics, 1985, 16(3): 319 - 327.

[304] Yatchew A. Incentive regulation of distributing utilities using yardstick competion[J]. The Electricity Journal, 2001, 14(1): 56 - 60.

[305] 段登伟, 刘俊勇, 牛怀平, 等. 基于标尺竞争模式的配电侧电力市场综述[J]. 电网技术, 2005, 29(8): 8 - 13, 29.

[306] 魏权龄. 评价相对有效性的 DEA 方法[M]. 北京: 中国人民大学出版社, 1987.

[307] 岳顺民, 余贻鑫. 配电市场价格监管方法[J]. 电力系统自动化, 2004, 28(22): 13 - 18.

[308] 涂序彦, 李秀山, 陈凯. 智能管理[M]. 北京:清华大学出版社, 1995.

[309] Railsback S F, Lytinen S L, Jackson S K. Agent - based simulation platforms:review and development recommendations, 2006.

[310] Serenko A, Detlor B. Agent toolkits: a general overview of the market and an assessment of instructor satisfaction with utilizing toolkits in the classroom. Working Paper, 2002.

[311] Bitting E, Carter J, Ghorbani A A. MultiAgent systems development kits:an evaluation. glass. cs. unb ca /ias/papers/cnsr03 - masdk. pdf.

[312] Eiter T, Mascardib V. Comparing environments for developing software Agents[J]. AI Communications, 2002(15):169 - 197.

[313] Ricordel P M, Demazeaul Y. From analysis to deployment: a mlti - Agent platform survey. www - lia. deis. unibo. it/confs/ESAW00/pdf/ESAW07]pdf.

[314] Govindu R. Multi - Agent systems for supply chain modeling: methodological frameworks. School of Wayne State University, 2006.

[315] 贲可荣, 张彦铎, 人工智能[M]. 北京:清华大学出版, 2006.

[316] 蔡自兴. 人工智能控制[M]. 北京:化学工业出版社, 2005.

[317] 杨佩, 高阳, 陈兆乾. 一种劝说式多 Agent 多议题协商方法[J]. 计算机研究与发展, 2006,43 (7):1149 -1154.